합충변화

합충변화

초판 1쇄 발행 2021년 6월 17일

지은이 최제현
펴낸이 장길수
펴낸곳 지식과감성#
출판등록 제2012-000081호

교정 김민경, 김혜련
디자인 김민경, 최지희
편집 최지희
검수 정은지, 이현
마케팅 고은빛, 정연우

주소 서울시 금천구 벚꽃로298 대륭포스트타워6차 1212호
전화 070-4651-3730~4
팩스 070-4325-7006
이메일 ksbookup@naver.com
홈페이지 www.knsbookup.com

ISBN 979-11-6552-896-6(03180)
값 25,000원

• 이 책의 판권은 지은이와 지식과감성#에 있습니다.
• 이 책 내용의 전부 또는 일부를 재사용하려면 반드시 양측의 서면 동의를 받아야 합니다.
• 잘못된 책은 구입하신 곳에서 바꾸어 드립니다.

지식과감성#
홈페이지 바로가기

합충변화

道昀 최제현 지음

변화는 성장이며 성장은 곧 변화이다.
우리가 진실로 알아야 하는 것은 가유적인 지식이나
자극적인 정보가 아닌 본질을 보는 안목이다.

★★★
사주명리의
교과서
2021

프롤로그

배움은 어떻게 삶의 무기가 되는가

공자는 배움의 즐거움에 대하여 이렇게 말씀하셨다.

> 학이시습지 불역열호(學而時習之 不亦說乎)
> 때때로 배우고 익히면 즐겁지 아니한가
> - 《논어》

공자 자신 또한 처음부터 아는 사람이 아닌 배우길 좋아하는 사람이라고 말씀하였다. 이것이 공자의 호학(好學) 정신이다.

배우는 것은 즐겁고 행복한 일이다.
그것이 새로운 것에 대한 호기심이어도 좋고
오래전부터 궁금해 왔던 진리나 학문이어도 상관없다.
단지 배움에 대한 깊은 사유와 실천이 병행된다면 말이다.

우리는 정보의 홍수 속에 살고 있다.
매일 수없이 쏟아지는 새로운 지식으로부터 소외되지 않을까 걱정하고 불안해하는 것도 현실이다.
그러나 정말 중요한 진리나 지식은 본질적으로 변화되지 않는 속성을 지니고 있다.
사계절이 순환하고 밤이 되어 수축했던 기운이 낮이 되면 다시 팽창되는 현상처럼 말이다.

현대사회에서 매일 생산되는 정보와 지식들은 잘 포장된 선물 꾸러미처럼 우리의 뇌를 현혹시킨다.
어떤 것을 취하고 취하지 말아야 할지조차 모호하다.
그러한 정보들은 마치 마음에서 잠시 일어나는 번뇌처럼 금세 사라지고 잊혀지기도 한다.
그로 인하여 우리의 마음은 더 공허하고 고립되기도 한다.

그렇다면 우리의 마음을 풍요롭고 아름답게 만드는 배움은 무엇일까?

진실로 우리가 알아야 하는 것은 가유(假有)적이고 자극적인 정보나 지식이 아닌 본질을 보는 안목이다.

합충변화

보여지는 형상에 현혹되지 말고 본성을 이해하고 받아들이라는 의미이다.
바다에서 파도가 일어나지만 진짜 파도를 만드는 것은 바람인 것이다.

화단의 꽃이 아름답게 피는 것은 땅의 기운 때문이 아닌 태양의 힘 때문인 것이다.

우리의 배움도 마찬가지이다.
근원과 원리가 있는 배움이 되어야 학문의 깊이와 발전이 생기고 공허와 소외에 빠지지 않을 수 있다.
진실한 배움은 단순히 지식과 경험을 이용하는 것만이 아닌 삶에서 무기가 될 수 있는 유일한 방어수단이 될 수도 있다.

정말 소중한 것은 눈에 보이지 않는다.
매일 우리가 마주하는 자연의 순환 원리처럼
보이지 않는다고 해서 없는 것이 아니라
오히려 너무도 선명하게 존재하는 것이다.

봄을 만드는 것도
밤을 만드는 것도

보이지 않는 그것에 의해서 만들어지는 것이다.

최 제 현

목차

프롤로그: 배움은 어떻게 삶의 무기가 되는가 5
합충(合沖)변화를 시작하면서 12
인생의 3가지 선택 14

제1장 합충(合沖)의 조화와 균형

1) 천간지지와 합충(合沖) 25
2) 합(合)의 의미 35
3) 합(合)의 성사 여부 43
4) 합화(合化)의 길흉(吉凶) 51
5) 일화격(日化格) 71

제2장 천간합(天干合)과 천간극(天干剋)

1) 천간합(天干合)의 이해 86
2) 천간합(天干合)의 특성 91
3) 천간합(天干合)의 종류 102
4) 천간합(天干合)의 응용 109
5) 천간의 극(剋) 114
6) 천간극(天干剋)의 형태 118

제3장 지지합(地支合)

1) 12지지(十二地支)의 특성 — 142
2) 삼합(三合)의 원리 — 153
3) 삼합(三合)의 생왕고(生旺庫)의 역할 — 160
4) 삼합(三合)의 실전 사주 분석 — 174
5) 지지방합(地支方合) — 177
6) 방합(方合)의 실전 사주 분석 — 185
7) 지지육합(地支六合) — 188
8) 육합(六合)의 실전 사주 분석 — 201
9) 암명합(暗明合) — 206

제4장 합(合)의 다양성

1) 합(合)의 심리적 특성 — 216
2) 합(合)의 사회적 특성 — 218
3) 합(合)의 궁성론 — 221

제5장 천간합(天干合)과 지지합(地支合)의 차이점 — 228

🦋 합충변화 시험문제 — 231

제6장 지지충(地支沖)

1) 충(沖)과 극(剋)의 공통점과 차이점   246
2) 충(沖)의 형태적 의미와 본질적 의미   249
3) 지지육충(地支六沖)   252
4) 충(沖)의 특징   254
5) 충극(沖剋)의 길흉작용과 목적   260
6) 충(沖)의 종류   261
7) 지지육충(地支六沖)의 임상   282

제7장 입고(入庫) 개고(開庫) 입묘(入墓) 현상

1) 입고(入庫) 개고(開庫) 입묘(入墓) 현상의 특성   298
2) 입개고(入開庫) 입묘(入墓)된 사주 분석   304

제8장 형살(刑殺)의 특성

1) 형살(刑殺)의 종류와 특성   310
2) 형살(刑殺)의 실전 사주 분석   326

제9장 # 12운성(十二運星)

   1) 12운성(十二運星)의 이해   333
   2) 12운성(十二運星)의 역사적 근거   339
   3) 12운성(十二運星)의 궁성론   342
   4) 12운성(十二運星)의 응용   346

제10장 # 핵심 신살론(神殺論)

   1) 괴강(魁罡)   448
   2) 백호대살(白虎大殺)   452
   3) 원진귀문(怨嗔鬼門)과 원진(怨嗔)   455
   4) 천라지망(天羅地網)   463
   5) 양인살(羊刃殺)   469
   6) 고란살(孤鸞殺)   475
   7) 천을귀인(天乙貴人)   479
   8) 공망(空亡)   481
   9) 암록(暗祿)   486
  10) 건록(建祿)   487

에필로그   491

합충(合沖)변화를 시작하면서

햇살에 녹은 꽃향기가 탐스럽게 반짝거린다.
오색으로 치장한 꽃 무리 사이로
새하얀 나비가 우아한 몸짓을 펄럭인다.
나비는 어디서 왔을까?
길 잃은 한 접(蝶)이 꽃이 되고 바람이 되어
깊은 잠에 빠져든다.

아름다운 나비도 그전에는 작고 볼품없는 애벌레였다.
그러나 애벌레가 껍질을 벗고 세상 밖으로 나와 나비가 된 것이다.
애벌레가 나비가 된 것은 화육(化育)이다.
시간이란 마법을 통해 새로운 형태의 생명으로 재탄생한 것이다.

이 세상에 존재하는 모든 것은 변화를 매개로 성장을 지속한다.
작은 씨앗이 꽃이 되는 것도 변화이고 성장이다.
변화는 성장하기 위해 발생하는 음양오행적인 현상이다.

계절의 순환도 변화를 매개로 만물과 인연하고 생명을 성장시킨다.
봄 여름 가을 겨울도 성장을 위한 변화인 것이다.

우리가 이 책을 통해 공부해야 할 합충(合沖)도 이와 다르지 않다.
합충(合沖)은 변화를 만들고 변화는 성장을 목적으로 한다.
모든 생명은 성장하기 위해 나비의 변신처럼 변화를 동반해야 한다.
합충(合沖)도 생극(生剋)을 근거로 성장하는 구조이다.

우리 모두가 나비로 변신할 수 있게 이 책이 여러분들을 이끌 것이다.
학문에 있어 가장 중요한 요소는 얼마나 빨리 가느냐가 아니라 포기하지 않고 끝까지 완주하는 것이다.

성장은 변화를 통해야만이 이룰 수 있는 꿈인 것이다.

도윤 최 제 현

인생의 3가지 선택

인생에서 가장 중요한 3가지 선택은 배우자 자식 직업이다.
부모는 선택할 수 없지만 자식과 배우자는 자신의 노력과 의지로 선택할 수 있다.
그중에서도 자신의 의지가 가장 많이 반영되는 선택은 단연 배우자이며 요즘은 인공수정 제왕절개 등으로 자식의 운명도 선택할 수 있는 시대가 되었다.
이는 부부 두 사람뿐만이 아닌 또 다른 생명의 미래까지 좌우될 수 있는 선택이기도 하기 때문이다.

배우자의 선택은 자신의 인생을 완성하는 데 있어 매우 중요한 요소이다. 그래서 결혼을 인륜지대사(人倫之大事)라 한다.

배우자가 자신의 인생을 만들어 가는 요소 중 상당히 많은 영향을 미치기 때문에 그 어떤 선택보다 신중하고 심사숙고할 필요가 있다.
자신이 배우자에게 어떤 영향을 미칠지 또 배우자가 자신에게 어떤 영향을 주는지에 따라 자신의 미래가 결정되기도 하고 자식의 미래까지 영향을 미치게 된다.

아직도 많은 분들이 자신이 선택한 중요한 결정을 후회하거나 되돌리고 싶어 한다.
이혼과 어쩔 수 없는 사별을 포함해 미움과 애증 소송 고발 고소 등 심지어 서로를 해치는 경우도 발생한다.
한때는 사랑해서 선택한 배우자가 타인보다도 못한 관계로 바뀌는 것이다.

이 모든 것은 잘못된 선택에서 기인한 현상이다.
자신에게 가장 잘 맞는다고 생각했던 혹은 자신이 모두 감당할 수 있다고 믿었던 생각과 계획들이 무너지는 것이다.

그렇다면 나에게 맞는 좋은 배우자를 선택하는 방법은 무엇일까?
사회적으로는 집안 직업 학력 객관적 조건 등이 중요한 요소이고 심리적으로는 애정 느낌 성격 가치관 내면적인 요소 등이 중요한 요소라고 할 수 있다.

그렇다면 이러한 중요한 요소들을 어떻게 알 수 있을까?
그것은 이러한 모든 것을 객관적이고 명확하게 설명해 주는 사주(四柱)와 궁합(宮合)이고 사주와 궁합은 합충변화(合沖變化)의 해석을 통해 인생의 사건 사고에 대한 정보를 미리 제공받을 수 있다.

인생에서 가장 중요한 선택 중 세 가지(배우자 자식 직업)를 이를 통해 결정한다면 인생의 절반은 성공한 것이 아닐까?

우리가 미래의 사건사고를 예측할 수 있다면 지금 선택에 대한 부담감을 덜어 낼 수 있을 것이다.

결혼에 있어서도 사랑과 전쟁은 결국 합충변화(合沖變化)에 의해 결정된다.

합충변화(合沖變化)를 읽어 내고 사주를 보완하고 대비하는 것은 우리 인생에서 가장 중요하고 또 필요한 것이다.

인생은 자신의 선택과 결과에 의해 행불행이 만들어지며 그것은 온전히 자신의 몫이 된다.

결정된 운명은 없다.
모든 사건사고는 인과관계(因果關係)에 의해 결정된다.
원인이 좋으면 결과가 좋을 가능성이 그만큼 높아진다.

봄에 심는 씨앗과 가을에 심는 씨앗은 발아율이 다르기 때문이다.
우리가 길일을 잡아 결혼 계약 창업을 하는 것도 그러한 이치이다.
물론 봄에 씨앗을 심는다고 모두 멋지고 아름답게 꽃이 피는 것은 아니겠지만 가을보다는 봄이 훨씬 꽃이 필 가능성이 높기 때문에 되도록 봄에 씨앗을 심는 것이다.

우리가 사주를 통해 얻을 수 있는 정보는 상상 이상이다.
직업 결혼 배우자 자식 가족 성격 재능 단점 장점 기회 사건 사고 시기
등 무수히 많다.
그것을 이용 대비하는 사람은 그만큼 삶이 풍요로울 수밖에 없다.

시기소시 종기소종 복수부귀 영호무궁
(始其所始 終其所終 福壽富貴 永乎無窮)
시작할 곳에서 시작하여 끝날 곳에서 끝난다면
재산과 지위와 복을 누리며 오래 산다.
- 《적천수(滴天髓)》

제1장

합충(合沖)의 조화와 균형

사주팔자는 사계절의 변화를 기반으로 하는 학문이다.
그 변화의 근원이 바로 생극(生剋)이며 생극은 다시 합충(合沖)의 형태로 나타난다.
생(生)은 일정한 속도와 방향으로 계절을 진행시키려는 기운이고 극(剋)은 진행과 방향을 조절 혹은 파괴시키는 기운이다.

자연은 상처와 회복을 반복함으로써 대칭적으로 성장하며 변화를 통해 순환한다.
우리의 인생도 사계절의 순환과정처럼 상처와 회복을 통해 성장과 조절로 순환되는 것이다.
삶에서 상처와 회복은 길흉화복(吉凶禍福)과 생로병사(生老病死)의 형상으로 나타난다.

자연의 근본은 하늘과 땅과 인간이다.
자연은 삼원(三元)을 근본으로 하며 삼원(三元)은 하늘 천(天) 땅 지(地)

**사람 인(人) 등 3가지 요소로 구성되어 있다.
천지인(天地人) 3요소가 조화를 이룰 때 자연과 인간은 균형을 이루며 가장 안정적이고 행복한 상태에 도달할 수 있다.**

사주팔자는 자연의 원리처럼 합충변화(合沖變化)와 순환을 통해 조화와 균형을 추구한다.
자동차로 비유하자면 합(合)은 도로를 주행하는 기운이고 충(沖)은 멈추거나 속도를 줄이는 기운이다. 목적지까지 가장 안전하고 빠르게 도착하기 위해서는 합충(合沖)이 적절하게 사용되어야 한다.

합(合)은 좋고 충(沖)은 나쁘다는 이분법적 주장은 음양(陰陽)을 전혀 모르고 하는 소리이다. 이러한 논리로 추론한다면 금극목(金剋木)의 경우, 금(金)은 목(木)을 죽이는 숙살(肅殺)의 기운을 지니고 있어 목(木) 입장에서 금(金)은 단지 피해야만 하는 대상이 될 뿐이다.

사람으로 비유해 보자.
사람이 20살이 넘어서도 계속 성장하여 죽을 때까지 키가 자란다면 그것을 길(吉)한 작용이라고 할 수 있을까?

금(金)이라는 서늘한 가을의 기운이 목(木)의 성장을 통제하고 조절하기 때문에 목(木)은 나이테를 만들며 일정한 속도로 자랄 수 있는 것이다.

만일 금기(金氣)가 없다면 목(木)은 무한정으로 급격히 성장할 것이고 오행의 순환과정에 균형이 무너져 결국 다른 오행까지 연쇄적으로 해를 끼치게 될 것이다.
조화와 균형 변화와 성장은 자연을 활성화시키고 삶을 유지시키는 근본원리인 것이다.

오행은 계절의 다른 표현이다.
금(金)은 가을의 차가운 기운이고 차가운 가을의 기운은 화(火)의 무한 성장을 멈추게 하고 결실을 만드는 것에 집중시킨다.

**사계절의 순환 속에서 자연은 음양오행의 생극제화를 통해 변화 성장 조절이라는 과정을 반복하며 순환한다.
성장과 조절 그리고 변화는 좋고 나쁜 것이 아닌 하나의 순환과정이며 생명(자연) 자체인 것이다.**

아침 점심 저녁 밤은 좋고 나쁜 것이 아닌 하루의 과정이고 봄 여름 가을 겨울도 좋고 나쁜 것이 아닌 일 년의 과정일 뿐인 것이다. 따라서 사주에서 어떤 특정한 오행의 기운이 없거나 약하면 그에 대한 결핍현상이 일어나게 된다.

목(木)이 없으면 시작과 상향의 기운에 문제가 생길 것이고 화(火)가 없다면 성장과 확산의 기운에 문제가 생기며 금(金)이 없다면 차단과 결실의 기운에 문제가 생기게 되며 수(水)가 없으면 수용과 마감 휴식 재생의 기운에 문제가 생기게 될 것이다.

그래서 사주의 음양오행을 계절과 하루의 과정으로 이해하는 것이 매우 중요하다.

또한 같은 오행이라도 음양(陰陽)에 따라 그 특성이 크게 달라지는데 갑목(甲木)의 목적이 성장이라면 을목(乙木)의 목적은 생존이 된다. 그래서 갑목(甲木)을 탈태요화(脫胎要火)라고 하며 을목(乙木)은 규양해우(刲羊解牛)라고 하는 것이다.

갑목(甲木)은 애벌레처럼 껍질을 벗고 나비로 성장하듯이 위로 상향하는 기운을 지닌 순양의 목(木)이고 을목(乙木)은 자갈밭이나 메마른 사막에서도 살 수 있는 기운을 지닌 생존력이 강한 습목(濕木)의 기운을 지니고 있다는 의미이다.

▶ 용어해설

- **탈태요화(脫胎要火)** : 갑목(甲木)이 껍질 벗고 성장하기 위해서는 반드시 양화(陽火)의 기운인 병화(丙火)가 필요하다는 것이다.
- **규양해우(刲羊解牛)** : 을목(乙木)이 미토(未土)를 찌르고 축토(丑土)를 해부한다는 어원으로 을목(乙木)은 어떠한 척박한 환경 속에서도 뿌리를 내리고 생존한다는 것이다.

합충(合沖)도 음양(陰陽)이다.
합(合)이 성장하는 양(陽)이라면 충(沖)은 조절하는 음(陰)이 되는 것이며 생(生)이 성장하는 양(陽)이라면 극(剋)은 조절하는 음(陰)이 되는 것이다.

사주명리는 음양에서 시작하여 음양으로 종결되는 학문이다.
그래서 음양오행을 이해하면 합충변화는 더 쉽게 체화될 수 있다.

사주명리 과정 중에 합충변화는 초학자들이 가장 어렵다고 생각하는 과정이다.

이 책은 초학자들부터 고학자들까지 누구나 스스로 합충변화를 쉽게 이해할 수 있도록 원리와 근거를 명확히 하였다.

이 책으로 합충에 대한 모든 내용을 정리하고 체화할 수 있게 깊고 상세히 만들었으니 반드시 학문적 성취가 있을 것으로 믿어 의심치 않는다.

1) 천간지지와 합충(合沖)

모든 합충변화는 천간과 지지에서 발생된다.
천간에서 일어나는 합충은 짧고 약하며 드러나는 특성이 있고
지지에서 일어나는 합충은 길고 강하며 드러나지 않는 특성이 있다.

따라서 합충을 잘 이해하기 위해서는 천간지지의 각 오행의 특성과 역할을 이해하는 것이 매우 중요하다.
천간과 지지는 상호 연결되어 있는 한 몸과 같아서 합충이 발생되면 서로에게 영향을 미친다.
천간지지 한 글자 한 글자의 본질과 특성을 이해하는 것이 매우 중요한데 이것은 합충을 이해하는 것 외에 실제 사주를 해석하는 데 있어서 가장 중요한 핵심요소가 된다.

또한 10간(十干)과 12지지(十二地支)가 개별적으로 작용할 때와 합충에 의해 복합적으로 작용할 때의 차이점을 구분하는 것도 필요하다.
사주는 한순간도 오행이 홀로 작용하는 법이 없다.

만일 운(運)에서 갑목(甲木)이 들어왔다면 갑목(甲木)은 천간에 영향을 주는 것은 물론이거니와 지지와 심지어는 지장간까지 영향을 미친다. 그래서 사주에서는 오행 간의 생극제화를 잘 살펴야 한다.

사주는 태양과 지구의 움직임을 원리로 하는 천문학적 성격을 지니고 있는 학문이다. 따라서 고정된 것이 아닌 변화가 근본임을 알아야 하며 항상 사주를 해석할 때에는 시간과 공간을 함께 살피는 입체적인 방법을 선택해야 한다.

천간지지를 동물로 비유하는 것은 연상적인 기법이며 실제 특성은 사주 4대 고서와 임상을 참조로 만들었다.

특히 천간의 상징은 육오 만민영 선생의 《삼명통회(三命通會)》를 참조하였고, 천간동물은 《명리탐원(命理探源)》과 《계의신결(稽疑神訣)》을 참조하였다.

각 오행별 상징과 특징은 일간을 중심으로 이해하는 것이 유용하며 합(合)에서는 복합적인 관점이 필요하다.

(1) 천간지지 동물과 상징

천간	甲 갑	乙 을	丙 병	丁 정	戊 무	己 기	庚 경	辛 신	壬 임	癸 계
상징	천둥	바람	태양	별	노을	구름	달	서리	이슬	봄비
천간동물	지(地)					천(天)				
	육지동물(음적공간)					하늘동물(양적공간)				
	여우	삵	고양이	족제비	곰	오리	매	꿩	제비	박쥐
지지	寅 인	卯 묘	巳 사	午 오	辰戌 진술	丑未 축미	申 신	酉 유	亥 해	子 자
상징	소나무	화초	용광로	폭탄	진흙화로	논밭사막	전차	보물함	씨앗	어둠
지지동물	호랑이	토끼	뱀	말	용개	소양	원숭이	닭	돼지	쥐

제1장 합충(合沖)의 조화와 균형

(2) 천간지지 동물과 상징의 특성

- 甲 - 천둥 : 성장성 상징성 목소리가 크고 허풍 폼생폼사 유시무종 (有始無終)
- 천간동물 - 여우 : 가정적 장남장녀역할 수구초심(首丘初心) 모성애 순수함
- 寅 - 호랑이 : 천권성(天權星) 권력지향 성장성 상징성 추진력 역마 포효 자존심 폼생폼사 명예욕 활동성 자존심 경쟁심리 시작의 기운 인내심 부족

- 乙 - 바람 : 역마 자유 유연성 현실감 생존력 생명력 여성적 귀가 얇음 유혹에 약함
- 천간동물 - 삵 : 독립생활 조심성 사나움 은밀함 한 번 간 길은 다시 안 감
- 卯 - 토끼 : 천파성(天破星) 변덕 호기심 선명성 개성 조숙함 독립 불안정성 생명력 발아지상(發芽之象) 부지런함 현실주의 실리적 왕성함 정력 생명력 환경적응력

- 丙 - 태양 : 성격이 밝고 긍정적 보편성 시시비비 허세 속도감 보편성 자만심 성장성
- 천간동물 - 고양이 : 변덕 시기 질투 도도함 까칠함 자존심 독립 감춰진 발톱 직시 직선적

- 巳 - 뱀 : 천문성(天文星) 학문 영리함 속임수 역마 직진 혐오 냉혈동물 시작의 기운 열정 언변 육양(六陽) 확산 팽창의 기운 왕성 목표지향 활동적 능동적

- 丁 - 별 : 아름다움 집중력 가치 여성스러움 반짝거림 외유내강(外柔內剛)
- 천간동물 - 족제비 : 세련되고 멋을 추구 낭만적 현실성 강인함 가족애 충성
- 午 - 말 : 천복성(天福星) 우아함 예민함 역동성 시기 질투 확장성 폭발성 긍정적 예의 일음시생(一陰始生) 잘 놀람 발산 표출 화술의 달인

- 戊 - 노을 : 쓸쓸함 석양 무덤덤 무뚝뚝 중후함 답답함 상징성 고유성 철학성
- 천간동물 - 곰 : 이중성(난폭함과 부드러움) 카리스마 지도력 남성적 중후함 표현력 부족
- 辰 - 용 : 천간성(天姦星) 영리함 권모술수 간사함 권력 언변 변덕 모사 기획 잔꾀 긍정적 친근감 이성적 진중함 중립 지향
- 戌 - 개 : 천예성(天藝星) 예술적 재능 정신적 철학적 보수성 경험과 노련미 전문성 죽음 저승사자 창고 감춰진 불씨 자기중심적 사고 아집 강함

- 己 - 구름 : 역마의 기운 수기(水氣) 생산성 경제성 비천함 낮음 평범 접근용이 대중성
- 천간동물 - 오리 : 팔방미인 유시무종 역마의 기운 귀여움 불안정성 본능성 긍정적
- 丑 - 소 : 축액성(丑厄星) 현실적 공간 반복성 되새김질 외고집 수술수 병고 인내심 끈기 고생 근면 성실 저장 원한 수동적
- 未 - 양 : 천역성(天驛星) 역마의 기운 개성 예민 심술 독립성 재탐 이기적 까칠함 감정기복 음양의 교체시기 조급성 생활력 강함

- 庚 - 달 : 어두운 밤하늘의 달 우매함 고초 역경 소원 낭만적인 약한 불빛
- 천간동물 - 매 : 목표지향적 추진력 저돌성 무모함 가능성 변신 자존심 세력 충성심
- 申 - 원숭이: 천고성(天孤星) 결실 외로움 고독 모방 잔꾀 영리함 사기(詐欺) 집착 실수 재주 결과중시 원숙함 보수적 의리 자기주장 강함 아집 경솔함 무계획성

- 辛 - 서리 : 가을서리 매정 구분 차단 관심 인정 사랑 호불호 융통성 부족
- 천간동물 - 꿩 : 경쟁심 어리석음 미인 겁이 많음 날카로움 복수의 화신 예민 질투
- 酉 - 닭 : 천인성(天刃星) 선명성 완성의 기운 파재의 기운 선민성 예지력 벼슬 근면 차단 구분 날카로움 차가움 외유내강 냉정 이지적 민감 깔끔한 성격

- 壬 - 이슬 : 우유부단 생각 지혜 경험 유시무종 응집력 정보 유연성 우울 고독
- 천간동물 - 제비 : 멋(패션) 폼 미남 미녀 신사 원한 자유 모성애 가정적 감정기복 부정적
- 亥 - 돼지 : 천수성(天壽星) 영리함 본능적 욕구 식탐 욕망 저돌성 수다 잡다함 언변 이성문제 욕구불만 육음시생(六陰始生) 융통성 지혜 심사숙고 기획력 임기응변 지구력 인내심

- 癸 - 봄비 : 생산성 현실성 모성애 생명 희생정신 무대공포증 참모 연약함 자기희생
- 천간동물 - 박쥐 : 변덕 야행성 부정적 혐오 배신 속을 알 수 없음 비밀이 많음 어둠
- 子 - 쥐 : 천귀성(天貴星) 귀한 신분 야행성 모성애 가족중심 잔꾀 신중함 은밀함 다산 선명성 음양의 교체 시기 어둠의 공간 여리고 차분한 성정

천간지지의 상징과 동물은 각 오행별 특성을 이해하는 데 영감을 준다. 각각의 상징과 동물을 떠올리면서 학습한다면 좋은 결과가 있을 것이다.

(3) 합충(合沖)의 정의

암충암회우위희 아충피충개충기
(暗沖暗會尤爲喜 我沖彼沖皆沖起)
운(運)에서 충(沖)이나 합(合)이 일어나면 반가운데,
내가 충하든 너가 충하든 충이 일어나게 된다.
- 《적천수》

합충은 당연히 운에 의해 수시로 발생되는데 균형의 관점에서 보는 것이 중요하며 그것이 좋은 작용을 하든 나쁜 작용을 하든 주변오행과 연계해서 현상이 일어나므로 사주 전체를 모두 살펴야 실수가 없다.
그러므로 그것에 대비하는 자세가 필요하며 충은 내가 충을 받는 것보다는 내가 충을 하는 것이 피해가 적고 합은 나쁜 기운이 합하여 묶이면 좋고 좋은 기운이 합하여 묶이면 나쁘다.

합충의 올바른 관점은 조화와 균형에 있다.
합충도 생극(生剋)처럼 음양오행의 원리가 적용되는데 합은 새로운 기운을 생성하며 변화를 동반하고 충은 본래의 기운을 훼손하여 변화를 만들어 낸다. 즉 합충은 변화라는 공통분모를 지니고 있지만 그 변화의 과정은 서로 다른 구조를 지니고 있다. 합충은 본질적으로도 생극의 범위를 벗어나지 못하며 형태적으로도 생극의 또 다른 모습이라고 할 수 있다.

여기서 가장 중요한 것은 합충의 변화가 본질적인 변화가 아닌 형태적인 변화라는 것이다. 그래서 합충의 변화는 그 원인이 해소되면 본래의 형태로 돌아오는 복원성을 지니고 있다.

예를 들면 합충으로 변화가 만들어진 오행들은 그 합충이 해소되면 변화되었던 기운이 다시 원래의 모습으로 복원한다는 의미이다. 즉 영원히 지속되는 어둠도 밝음도 없다.

합충도 음양의 원리에 의한 변화이기 때문에 복원력을 지니는 것이다. 어둠이 다하면 밝음이 찾아오고 차가운 기운이 다하면 따뜻한 기운이 시작되는 원리인 것이다.
따라서 음양의 이치를 모른다면 합충과 생극도 체화될 수 없다.

합충과 생극은 그 목적과 기능이 비슷하다.
다만 천간지지에서 일어나는 합충과 생극의 발현모습은 조금 다르다.
천간에는 방향성이 없기 때문에 극만 이루어질 뿐 충은 발생될 수 없다. 수(水)가 화(火)를 극하고 금(金)이 목(木)을 극할 뿐 화(火)가 수(水)를 충할 수 없고 목(木)이 금(金)을 충할 수 없다.

따라서 천간과 지지는 극과 충으로 인하여 발현모습과 형식은 다르지만 추구하는 목적은 변화에 의한 조화와 균형이라는 점에서는 같다고 볼 수 있다.

합충은 주변오행과 연계해서 살펴야 하고 어떤 기운이 어떤 작용을 무엇에게 하고 그 최종 영향은 사주 전체에 어떻게 미치는지를 살펴야 한다.

사주와 운은 여러 오행들로 구성되어 있지만 결국 하나의 기운으로 이어져 있다.
우리 신체가 복잡한 장기와 요소들로 이루어져 각각 서로 다른 일을 하지만 결국 한 사람을 살아 움직이게 하는 것과 같은 이치이다.
합충은 생극을 통한 변화를 기반으로 한다.
자연도 인간도 모두 변화를 거치며 조화와 균형을 이루는 것과 같다.

2) 합(合)의 의미

사주에서의 합의 의미는 다수의 기운이 한 가지 기운으로 변화하려는 에너지 법칙을 말한다.

여기서 한 가지 기운이란 목적성과 각각의 관계성을 통해 협동 협조하려는 기운을 의미한다. 그리고 합의 종류에 따라 혈연 지연처럼 맹목적인 합의 형태가 있고 조건 계산이 기반이 되는 사회적 정략적인 합도 존재한다. 맹목적인 합은 어떤 특정 목적이나 이익의 추구 없이 결합하는 형태이고 정략적인 합은 특정 목적과 이익을 염두에 둔 형태이다.

예를 들면 방합(方合)은 같은 계절적 기운으로만 구성된 형태로 오행 상호 간에 어떤 이유나 조건 없이 결합된 합이다. 비유하자면 봄이란 계절에 태어난 사람은 성별 성씨 나이 직업 등과 관계없이 모두 같은 모습과 기운으로 나타나는 것이다.
반대로 삼합(三合)과 육합(六合)은 특정 목적과 득실이 분명한 목적합으로서 이질적인 오행들이 만나 새로운 기운과 목적을 만들어 낸다.

또한 이 두 형태의 합은 발현 속도에서도 현저히 차이가 나는데 방합은 순서적이고 계절적으로 가까이 붙어 있어 운에 의해 합이 되었을 때 발현 속도가 빠르고 강하게 나타나지만 삼합은 생왕고(生旺庫)의 단계를 거치며 일어나는 현상으로 발현 속도가 더디게 나타나고 효과도 은근한 편이다.

단순 비교하면 방합의 효과는 3개월 혹은 3년 동안 균등하게 합의 기운이 발현된다면 삼합의 효과는 9개월 혹은 9년 동안 초기에서 중기까지는 점차 강해지다가 말기에는 약해지는 모습을 보인다.
위 내용은 삼합 방합에서 좀 더 자세히 설명하도록 하겠다.

합의 구분도 형태적인 것과 본질적인 것으로 분류할 수 있다.
합을 형태적으로 나누면 천간합과 지지합, 명합과 암합, 암명합 등으로 분류할 수 있고 합을 본질적으로 분류하면 상하(上下)가 수직적이고 분명한 지배력이 있는 삼합(三合)과 수평적이고 대등한 세력 합인 방합(方合)이 있으며 상호 이익을 위해 일시적으로 결합하는 육합(六合) 등으로 구분할 수 있다.

합은 원래 사랑의 기운으로 생(生)적인 요소가 강하다. 생이란 다른 사람을 도와주고 보호해 주고 싶은 마음이다. 그래서 합은 사랑이란 이름을 붙일 수 있으며 가족 연인 친구나 동료 등을 내 몸처럼 아끼는 마음을 지니고 있다.
합은 그 종류에 따라 형태나 본질적 의미가 다소 상이할 수 있지만 어떤 목적과 관계가 협동 협조를 이끌어 낸다는 점에서는 공통성이 있다.

광의의 범위에서는 합충도 생극의 원리를 벗어나지 못한다.
생극의 기본 원리가 합충의 이름으로 재해석된 것이다.
생(生)은 합(合) 극(剋)은 충(沖)의 개념으로 이해하되 합은 조금 변형된 기운이 있다.

특히 천간에서의 합은 음양이 만나 제3의 물질로 변화되는 음양법칙이 적용되며 같은 극끼리는 합하지 못하는 구조로 되어 있다. 지지에서의 합은 계절의 기운을 매개로 하는 방합(方合)과 왕지(旺支)를 매개로 변하는 삼합(三合)이 있으며 생극(生剋)을 매개로 변하는 육합(六合) 등이 있다.

여기서 주목해야 할 것은 무엇을 매개로 하든 최종적으로 변화를 추구한다는 것이다.
그렇다면 변화란 무엇이고 무엇 때문에 발생되어야 하는지를 생각해 보자.
모든 만물은 성장과 쇠퇴를 반복한다. 음양이 수축과 팽창을 통해 성장하듯이 자연과 인간도 마찬가지이다. 즉 생존과 성장을 위해 변화를 선택한 것이다.

그런 의미에서 충은 극과 크게 다르지 않은 것이다.
일부 고서에서는 충은 서로 전쟁을 하는 것이고 극은 한쪽이 일방적으로 한쪽을 죽이려는 행위라고 주장하지만 이는 근거 없는 논리이다.
충이든 극이든 기세(氣勢)에서 성패(成敗)가 나누어지고 용신(用神) 기신(忌神)에 따라 길흉(吉凶)이 나누어질 뿐이다. 그리고 성패와 길흉은 조화와 균형에 일시적인 변화를 가하여 성장과 휴식을 만들어 내는 작용을 한다.

사주원국과 운에서 오는 충극의 기본 원리는 강한 것이 이기고 약한 것은 패배하는 것이 이치이다.
그리고 그 결과 이기는 것이 용신이면 좋고 지는 것이 용신이면 나쁠 가능성이 증가된다고 할 수 있다. 다시 말하면 충극이나 합생(合生)은 그 해당오행이 사주 내에서 어떤 작용을 하는지가 가장 중요한 요소라는 의미이다.

▶ 용어해설

- 용신(用神) : 사주에서 좋은 역할을 하는 오행으로 희신(喜神)이라고도 함. 단 가변성을 지니고 있다.
- 기신(忌神) : 사주에서 나쁜 역할을 하는 오행으로 흉신(凶神)이라고도 함. 단 가변성을 지니고 있다.

충극은 심리적인 관점에서 보면 불안정성과 욕심을 만들고 그에 따른 긴장감이나 착각을 형성시키기도 한다. 그러한 욕심과 착각은 무리수를 만들게 되고 잘못된 판단과 선택을 할 개연성을 증대시킨다. 그러나 운에 의해 욕심이 달성되는 경우도 많이 있기 때문에 정확한 판단을 하기 위해서는 종합적으로 수기유통(秀氣有通)을 읽어 내야 하고 사주와 합충변화의 연관관계를 세밀히 파악하는 것이 중요하다.

합도 마찬가지이다.

누가 중심이 되어 합하였고 변화된 기운이 용신인가 기신인가에 따라 길흉이 정해질 가능성이 높아진다.

단지 합은 변화를 동반하기 쉬우므로 변화된 기운을 자세히 살펴야 하고 위치나 자리에 의해서도 변격(變格)이 되기 때문에 더욱 변화에 유의해야 한다.

예를 들면 기신이 합하였는데 용신의 기운으로 변화되었다면 흉(凶)이 길(吉)로 바뀌었으니 최상의 운이라 할 수 있다.

이는 불리함이 유리함으로 전도(顚倒)된 현상, 즉 전화위복(轉禍爲福) 현상이 일어난 것이다.

그러나 반대로 용신이 합하였는데 기신의 기운으로 변화되었다면 길이 흉으로 변하여 최악의 상황을 맞게 된다.

실제 용신이 합하여 기신으로 변화되는 운에서는 유리했던 일이 갑자기 불리한 환경으로 바뀌어 큰 낭패를 보게 되는 경우가 비일비재하게 발생된다.

합의 종류는 천간합(天干合)과 지지합(地支合)으로 구분할 수 있으며 합의 형태는 음양지합(陰陽之合) 삼합(三合) 방합(方合), 육합(六合) 암명합(暗明合) 암합(暗合)이 있다.

합은 변화를 목적으로 하지만 실제 변화로 이어지는 것은 매우 어렵다.
합은 하였으나 변화하지 못하면 합이불화(合而不化)가 되고 합 자체도 안 되는 경우는 합이불합(合而不合)이라고 한다.
합이불화는 해당오행의 작용이 일시정지 형태를 보이거나 무력해지고 합이불합은 해당오행이 각각의 역할을 하며 생극의 원리만 작동한다.

합이성합(合而成合)은 해당오행이 제3의 기운 혹은 한쪽만 다른 기운으로 변화되는데 이때 가장 중요한 것은 변화된 기운이 용신인지 기신인지이다.
용신이라면 좋을 것이고 기신이라면 나쁜 작용을 하게 된다.
만물은 음양오행(陰陽五行)의 생극(生剋)에 의해 제어되고 변화되는 과정을 겪는다.
그것은 사주명리도 예외가 아니다.

따라서 합충은 음양오행의 생극의 이치를 벗어날 수 없음이다.
예를 들어 지지에서 일어나는 해묘합(亥卯合)이나 인해합(寅亥合)은 수생목(水生木)의 구조로 수(水)의 기운이 목(木)으로 확대되는 것을 알 수 있다.
합(合)이란 생(生) 관계임을 알 수 있다.

천간의 경우는 형상이 아닌 기(氣)의 형태가 합(合)을 하기 때문에 음양지합(陰陽之合)이라고 하는 것이다.
따라서 지지합 중 생극(生剋)의 이치에 맞지 않는 극합(剋合)은 배제되는 것이 마땅하다고 주장하는 분들도 상당수 있다.

상당히 논리적인 주장이고 크게 어긋남이 없다.

그러나 사주팔자는 살아 있는 생물이고 각종 변수들에 의해 수시로 가변적인 요소들이 많이 작용한다. 따라서 한 가지 논리와 주장만을 따르는 것보다는 다양한 가능성을 열어 두는 것이 학자의 열린 자세가 아닌가 하는 생각이 든다.
그 대표적인 것이 지지육합(地支六合)이다. 생극(生剋)을 근원으로 하는 합(合)이기 때문에 극합(剋合)이 논리적으로 잘 받아들여지지 않을 수 있다.

예를 들어 극합(剋合)인 묘술합(卯戌合)과 사신합(巳申合)이 이에 해당할 수 있다.
자축(子丑)은 방합(方合)적인 요소로 보면 같은 수기(水氣)이기 때문에 변명의 여지가 있어 극합(剋合)에서 제외하더라도 묘술(卯戌)과 사신(巳申)은 문제가 있어 보인다.
그래서 합(合)이 무효라고 주장하는 분들이 있는 것이다.

그리고 자리(궁)와 계절, 주변오행에 따라 변화의 기운이 나올 수도 있음을 간과해서는 안 된다. 실제로 사주 분석을 하다 보면 그런 상황이 종종 발생되기 때문이다. 특히 사신합(巳申合)은 화극금(火剋金)이라기보다는 금(金)의 가치를 만들어 주는 제련의 개념을 무시할 수가 없다.

《적천수》에서도 능단경금(能煅庚金)이란 사자성어가 나오는데 이는 병화(丙火)가 경금(庚金)을 제련할 수 있다는 것이며 여기에는 전제 조건이 붙어 있다.

병화(丙火)가 열(熱)로 작용해야 하며 그러기 위해선 병화(丙火) 주변에 목화(木火)의 기운이 강하게 자리 잡고 있어야 한다.

이를 정신적으로 해석하면 병화(丙火)가 경금(庚金)을 제련 혹은 담금질을 하는 형태적 기능도 포함되어 있어 병화(丙火)에 의해 경금(庚金)은 시련과 고통을 겪으며 강인한 정신력을 가질 수 있다는 의미도 함께 담고 있다.

또 묘술합(卯戌合)은 목극토(木剋土)인데 실제 목극토(木剋土)의 작용은 매우 미미한 게 사실이다. 점술적 해석으로는 묘술합(卯戌合)이 있으면 늙은이와 젊은이가 잘 맞는 합이 된다는 등 근거 없는 미신적 요소에 현혹되어서도 안 된다.

사주명리는 자연법칙과 인간의 운명을 연구하는 학문이며 점술적으로 해석하려 든다면 반드시 한계가 올 수밖에 없다.

3) 합(合)의 성사 여부

합에서 가장 어려운 부분은 우선 합이 되는지 되지 않는지를 구분해 내는 것이며 합이 되었다면 변화(化)까지 이루어졌는지를 분류해 내는 것이다.

합은 크게 3가지로 나눌 수 있는데 모양만 합일 뿐 실제로는 합이 되지 않는 불합(不合)과 합(合)까지는 되었지만 변화하지 못한 성합(成合)과 합하여 실제 변화까지 성립한 합화(合化)로 나눌 수 있다.

이 3가지 차이점은 사주명리를 해석하는 데 있어 가장 난해한 변수이므로 정확히 구분할 수 있어야 하지만 그 구분이 영구적이고 절대적으로 고정불변한 원칙은 아니다.
합은 자리(궁)나 주변오행에 따라 달라질 수 있다. 또한 미세하게 합력(合力)이 다르기 때문에 합이 되었다면 어느 정도 세기로 되었는지도 중요한 요소이다.

따라서 합의 실효성은 불합(不合) 성합(成合) 합화(合化) 등 3가지 형태에 의해 결정된다.
합의 실효성은 실제 사주에서 결정적인 역할을 하는 경우가 대부분이기 때문에 세밀하게 관찰해야 한다.

합은 우선 심리적으로 긍정적인 변화가 오고 현실적으로는 능동적인 기운이 상승하여 지나치게 낙관적으로 판단할 가능성이 높아진다. 따라서 합이 운에서 들어오는 시점에는 특히 이성적이고 객관적인 생각과 판단이 필요하다고 할 수 있다.
그래서 합운(合運) 때는 자신이 판단하고 실행하는 것보다는 주변 사람들이나 전문가로 하여금 객관적인 판단을 받는 것이 중요하다.

합은 다정한 기운을 만들고 집착과 의심을 생성시키기도 하지만 감정을 이완시켜 대인관계를 좋게 하는 순기능도 있다. 우리가 합을 결혼 연애운이라고 하는 이유도 바로 이 때문이다. 다만 합의 변화가 길흉(吉凶)이나 성패(成敗)를 결정짓는 요소로 작용할 때는 더욱 세밀히 관찰하여 판단하고 행동해야 한다.

합은 종류와 형태가 다양하며 결합력과 자리에 따라서도 현격히 달라지는 특성이 있다.

예를 들면 월지와 일지의 합과 연지와 월지의 합의 세기가 다르고 어떤 오행이 중심이 되는지에 따라 합의 형태 및 영향력이 달라질 수 있다.

따라서 합을 판단할 때에는 주변오행과 자리(궁) 통근(通根) 충극(沖剋) 여부 등 다양한 요소들을 모두 살펴본 후 결정해야 한다.

뒤의 도표는 합의 형태를 3가지로 구분했다.
다만 변격(變格)이 제외되었음을 밝혀 둔다.
변격은 월지와 투간(透干)에 의해 격국(格局) 자체가 일시적으로 변화되는 현상으로 합의 외형적 분류에서는 제외시켰다.

(1) 합(合)의 요소

- 합하여 변화되는 기운을 극충하는 오행이 있는지 여부
- 합하려는 오행이 통근(通根)[1] 투간(透干)[2]되어 있는지 여부
- 합하여 변화되는 기운과 월지(月支)와의 관계
  (합화(合化)된 기운과 월지가 같거나 생(生)해 주는 기운이면 합이 강력해지고 극(剋)하거나 설기(洩氣)되는 기운이면 합이 약해지거나 무효가 될 수 있다.)
- 천간합은 쟁합(爭合) 투합(妬合)의 여부
  (음양의 구성 비율이 맞지 않을 때 : 양간2+ 음간1 쟁합, 음간2 + 양간1 투합)
- 강력한 생(生) 작용으로 인해 합력이 현저히 약화될 때
  (예: 병화(丙火)가 있는 계수(癸水)는 갑을목(甲乙木)을 만나면 수생목(水生木)하려는 기운이 강해져 무토(戊土)와 합(合)하지 않거나 합력(合力)이 매우 약해진다.)
- 합의 요소에 의해 불합(不合) 성합(成合) 합화(合化)가 결정된다.

※ 위 기준은 통설과 임상결과에 따라 정해진 내용으로 사주구성과 운에 의해 달라질 수 있다.

---

1 통근 : 천간에서 지지의 뿌리를 보는 것
2 투간 : 지지에서 천간으로 나타난 표상을 보는 것

(2) 합(合)의 형태

합이불화 **(合而不化)**	합은 되었으나 변하지 못한 상태와 합 자체도 되지 못한 상태까지 포함하고 있다. 고서에도 합에 관한 명확한 규정이 없으며 개인 임상을 통해 정리한 것이니 합의 형태는 절대적 기준은 아니다.
형태 **(방해요소)**	**1. 합하려는 오행의 기운을 극충하는 오행이 있을 때** 예: 정임합(丁壬合)이 목(木)으로 변하려고 할 때 옆에 금(金)오행이 있다면 금극목(金剋木)이 되므로 합화(合化)되지 못한다. **2. 합하려는 오행이 통근(通根)되었을 때** 예: 갑기합(甲己合)이 토(土)로 변하려고 할 때 간지가 갑인(甲寅)과 기미(己未)간지로 구성되어 있다면 통근(通根)되어 합화(合化)되지 못한다. ※ 통근(通根)이란 천간지지가 같은 기운의 오행으로 구성되어 있는 것을 의미한다. **3. 합하려는 오행이 쟁합(爭合) 투합(妬合)되었을 때** 예: 천간합에서만 해당하며 음양지합(陰陽之合)으로 음양이 각각 짝을 이루어야 합이 되는 구조 정임합(丁壬合)의 경우 정화(丁火)가 1개 있는데 임수(壬水)가 2개 있거나 임수(壬水)는 1개 있는데 정화(丁火)는 2개 있으면 쟁합(爭合) 투합(妬合)이라 하여 합화(合化)가 되지 않는다. **4. 합하려는 오행이 서로 떨어져 있을 때** 예: 병신합(丙辛合)의 경우 병화(丙火)는 년간(年干)에 있고 신금(辛金)이 시간(時干)이나 일간(日干)에 있다면 유정(有情)하지 못해 합화(合化)되지 못한다. ※ 음양지합(陰陽之合)은 남녀관계처럼 눈에서 멀어지면 마음에서도 멀어지는 경향을 보인다.

형태 (방해요소)	5. 합화(合化)된 기운이 월지(月支)와 다를 때 예: 병신합(丙辛合)은 수기(水氣)로 화(化)하는데 월지가 같은 수기(水氣)가 아니라면 합화(合化)되지 못한다. 수기(水氣)는 해자축(亥子丑) 방합 신자진(申子辰) 삼합을 포함하고 있다.
결과	합이 된 해당오행의 작용이 일시정지 형태를 보이거나 무력해진다. 그러나 합이 된 오행이 사라지는 것이 아니며 일시적으로 자신의 역할을 하지 않는 것뿐이다. ※ 주의 합은 상호 결합과 변화관계이지만 그 결합과 변화는 일시적이고 형태적인 것이지 본질적인 변화를 의미하는 것은 아니다. 예를 들면 남녀가 결혼을 했다고 해서 남녀 각각의 본성이 변하는 것은 아니라는 것이다.
합이불합 (合而不合)	합의 형태를 하고 있지만 실제 합이 되지 않는 상태 ※ 합이불합은 합이불화에 비해 비교적 구분하기 쉬운 편이나 합의 위치나 운 등 주변 상황에 따라 수시로 변화하므로 세밀하게 관찰해야 한다. 즉 불합도 외부적 요소에 의해 쉽게 성합(成合)으로 바뀔 수 있다.
형태 (방해요소)	1. 합하려는 오행의 기운을 극하는 오행이 있을 때 예: 을(乙)과 경(庚)이 합(合)하려고 할 때 을(乙)옆에 신(辛)이 있거나 경(庚) 옆에 정(丁)이 있을 때 합(合)이 되지 않는다. 2. 합하려는 오행이 통근(通根)되어 있을 때 예: 무계합(戊癸合)이 화(火)로 변하려고 할 때 간지가 무진(戊辰)과 계해(癸亥) 기둥으로 되어 있다면 통근(通根)되어 합(合)이 되지 못한다. 3. 합하려는 오행이 충극으로 인해 훼손되어 있을 때 예: 지지에서 인해합(寅亥合)이 목(木)으로 변하려고 할 때 신(申)이나 유(酉)가 옆에 있으면 합이 되지 못한다.

형태 (방해요소)	4. 합하려는 오행이 떨어져 있을 때 예: 지지에서 인해합(寅亥合)이 목(木)으로 변하려고 할 때 연지(年支)에 인(寅)이 있고 일지(日支)나 시지(時支)에 해(亥)가 있으면 합(合)이 되지 못한다.
결과	합하려는 해당오행이 각각의 역할을 하며 생극(生剋)의 원리만 작용한다. 합의 기본은 유정(有情)을 바탕으로 한다. 그렇기 때문에 떨어져 있는 것은 무정(無情)한 기운이 있어 합이 되지 못하는 것이다. ※ 주의 - 유정(有情) : 유정하다는 것은 근본적으로 가까이 붙어 있는 오행을 의미하며 서로 생해 주는 관계나 합하려는 관계까지 포함하고 있다. - 무정(無情) : 무정하다는 것은 근본적으로 멀리 떨어져 있는 오행을 의미하며 서로 극하는 관계나 충하려는 관계까지 포함하고 있다.

합이성합 (合而成合)	성합(成合)이 되어 변화까지 이루어진 상태와 합은 되었지만 합화(合化)까지는 되지 못한 경우
형태 (방해요소)	1. 합하려는 오행이 서로 가까이 있으면서 주변에 극하는 오행이 없을 때 예: 모든 합은 가까이 붙어 있을수록 합력(合力)의 크기가 더 강해진다. 2. 합하려는 오행이 통근되지 않을 때 예: 천간합은 통근되면 합이 되지 않는다. 3. 합하려는 오행이 쟁합(爭合) 투합(妬合)에 해당하지 않고 월지가 화(化)한 오행의 기운과 비슷하거나 같을 때 예: 천간합은 쟁합과 투합에 해당하지 않아야 합(合)이 성립되지만 지지합은 관계없이 합할 수 있으며 월지가 화(化)한 오행의 기운과 비슷하거나 같으면 합하려는 기운이 더욱 강해진다.

형태 (방해요소)	4. 지지가 모두 같은 국(局)을 만들고 천간으로 그 국(局)의 기운이 투간되었을 때 예: 지지가 모두 같거나 비슷한 기운이 성립되었을 때 천간은 지지의 기운을 따라서 합하려는 기운이 발생된다.
결과	합이란 다수의 기운이 한 가지 기운으로 변화된 상태이다. 하지만 변화되었다고 오행 자체가 변경되는 것은 아니며 단지 한 가지 기운이 임시적으로 만들어지는 것뿐이다. 변화된 기운이 용신 기신인지에 따라 길흉이 결정된다. ※ 주의 - 용신은 사주에서 일간에게 도움이 되는 기운이나 오행을 의미하며 생극하는 모든 오행을 포함하고 있다. 예를 들면 일간이 너무 강하면 일간을 극하는 기운이나 오행이 용신이 되고 반대로 일간이 약하다면 일간을 생해 주는 기운이 용신이 된다. - 기신은 사주 내에서 일간에게 나쁜 기운이나 나쁜 오행을 의미하며 생극하는 모든 오행을 포함하고 있다. 예를 들면 일간이 너무 강한데 생해 주어 더 강하게 만드는 오행이 기신이 되며 반대로 일간이 약한데 오히려 극충하여 더 약하게 만드는 오행이 기신이 된다.

합(合)의 형태적 분류는 그 기준이 명확하지 않아 공부하는 분들께 매우 어렵게 느껴질 수 있다. 그래서 사주고서와 《황제내경》, 《주역》 등을 참조하고 다년간 임상을 통한 자료를 수집하여 위와 같이 분류하였다.

합(合)의 기본도 음양(陰陽)이고 생극(生剋)이라 할 수 있다.

다소 어렵게 느껴질 수 있는 합충과정이지만 음양과 생극을 함께 대입하여 공부한다면 더 깊이 있고 올바른 사주명리가 될 것이다.

4) 합화(合化)의 길흉(吉凶)

합유의불의 합다불위기(合有宜不宜 合多不爲奇)
합(合)에도 좋은 경우가 있고,
나쁜 경우가 있으며 합이 많은 것은 좋은 것이 아니다.
합이 좋은 경우는 충(沖)을 해소하거나 기신(忌神)을 합하여
용신으로 변하게 하는 것이다.
합이 나쁜 경우는 합이 있는데 합이 또 생기거나 합이 되어
기신을 돕거나 용신을 합하여 묶어 버리는 경우이다.
- 《적천수》

합화(合化)란 다수의 오행의 기운이 한 가지 오행의 기운으로 협동하는 형태를 의미한다. 합화는 여러 가지 조건과 과정을 거쳐서 만들어지며 그 길흉(吉凶)과 성패(成敗)는 변화된 기운의 역할에 의해 결정된다.

합화가 되었다고 무조건 좋은 것도 아니며 무조건 나쁜 것도 아니다. 합의 기운이 사주에서 어떤 역할을 하는지에 따라 달라진다.
합이 좋은 작용을 하는 경우는 합화의 기운이 길신(吉神)의 기운이 되

었을 때이거나 흉신(凶神)작용을 하는 오행을 묶어서 작용을 무력하게 하거나 약화시킬 때 길(吉)한 합화(合化)가 되는 것이 통설이다.

반대로 합이 나쁜 작용을 하는 경우는 합화의 기운이 흉신으로 바뀔 때와 길신작용을 하는 오행이 묶여서 길신작용이 무력해질 때이다. 그 구분은 비교적 명확하지만 종격 가종격 일화격 등 특수한 조건하에서는 일부 길흉작용이 변화될 수 있다.

이 경우 심리적으로는 부정적이고 불안정이 가중되며 생각이 한쪽으로 치우치기 쉽다. 타인의 충고가 잘 받아들여지지 않고 자신의 고집만 내세우기도 한다.
대인관계에서는 의심과 집착이 생기고 특히 배우자와의 관계에서 극단적인 행위까지 나올 수 있다. 의처 의부증도 의심과 집착이 만들어 낸 산물이다.
이 상태에서는 중요한 판단과 결정은 하지 않는 것이 좋다.

합의 길흉은 오행적인 문제에 국한하지 않고 자리(위치)에 의해 더 큰 영향을 미치는 경우가 많다. 특히 월지(月支)의 동태는 일간이 무엇이 필요한지를 결정하고 사주 전체의 기운을 좌우하기 때문에 반드시 알아야 한다.

특히 월지는 격(格)과 용신과도 밀접하게 연관되어 있어 모든 합에 가장 큰 영향을 미친다.

그래서 격과 합의 관계를 이해하는 것이 매우 중요하다.
월지에 의해 합의 형태와 본질성이 결정되기 때문이다.

예를 들면 지지 묘술합(卯戌合)은 월지에 묘(卯)가 있으면 불합(不合)이 되지만 월지에 술(戌)이 있으면 합화(合化)까지 될 수 있다.
월지의 묘(卯)는 단순히 묘목(卯木)이 있는 것이 아니라 봄이란 기세(氣勢)가 자리 잡고 있기 때문이다.

사주의 길흉(吉凶)과 성패(成敗)는 격국(格局)에 달려 있다. 격국은 월지를 기준으로 격(格)을 만들고 그 격은 생극(生剋)을 통해 사주의 길흉과 성패가 결정된다.

합충은 격에 따라 길흉이 반전되는 경우가 다수 발생되므로 격을 이해하고 합충을 적용하는 방법을 숙지하는 것이 중요하다. 특히 지지에 자오묘유(子午卯酉) 왕지가 있을 때는 더 자세히 관찰해야 한다.

자오묘유(子午卯酉)는 합화의 기운을 지닌 오행으로 다른 오행에게 영향을 주어서 격과 합을 변하게 하기 때문이다. 예를 들면 해묘미(亥卯未)가 삼합(三合)을 이루려고 할 때 묘목(卯木)이 일지에 있다면 격과 합력이 변화되고 유금(酉金)이 묘목(卯木)을 충(沖)하면 합은 무효가 되기도 한다.

◎ 격국이론

> **▶ 격(格)과 합(合)**
>
> 월지(月支)에 있는 오행이 격(格)과 용신이 된다.
>
> 월지에 비견이 있으면 건록격이 되고 식신이 있으면 식신격이 되며 정재가 있으면 정재격이 된다.
>
> 그러나 월지 지장간이 투간되어 있다면 그 오행을 격으로 잡는다.
>
> 월지에 식신이 있어서 식신격이 되었는데 식신의 지장간 중 정관이 천간으로 투간되어 있다면 이는 식신격이 아닌 정관격이 된다.
>
> 이 논리는 《자평진전》뿐 아니라 《적천수》에서도 적용하고 있다.
>
> 이때 통설은 지장간의 본기(本氣)와 중기(中氣)까지만 격으로 사용할 수 있다는 것인데 자오묘유(子午卯酉) 오행은 예외로 여기(餘氣)까지 사용할 수 있다.
> - 《자평진전》
>
> ※ 암신유진(暗神有眞) : 지장간에 있는 오행도 용신이 될 수 있고 진신으로 작용할 수 있다. - 《적천수》

사주팔자의 용신(用神)도 오직 월령(月令)에서 구하며 거기서도 세분화하여 재관인식(財官印食)은 용신이 선(善)하므로 순용(順用)하고 살상겁인(殺傷劫刃)은 용신이 불선(不善)하므로 역용(逆用)한다고 되어 있다.

여기서 선(善)과 불선(不善)은 일간을 기준으로 어떤 역할을 하는지에 따라 구분되는데 일간을 돕는 작용을 한다면 선(善)이라 하고 일간을 돕지 않거나 방해하는 것은 불선(不善)이라고 구분하였다.

그러나 선(善)과 불선(不善)은 그 경계가 불분명하여 사주 구성이나 운(運)에 따라 얼마든지 변화될 수 있음을 유의해야 한다.
이는 상황에 따라 독(毒)도 약(藥)이 되는 경우가 있기 때문이다.

◎ 순용(順用)과 역용(逆用)

순용(順用)	재격 정관격 인수격 식신격	순용은 생해 주고 역용은 극해 주는 오행을 상신(相神)이라고 한다.
역용(逆用)	칠살격 상관격 록겁격 양인격	

순용(順用)과 역용(逆用)은 십성적인 용어이고 일간에 따라 고정되어 있지만 합에 의해 변격이 될 수 있다.

용어적으로 순용(順用)과 역용(逆用)은 다소 생소할 수 있지만 사주공부를 하는 데 있어서 반드시 알아야 하는 명칭이니만큼 다음 표를 참조하여 반드시 숙지해야 한다.

◎ 격국 용어 해설

▶ 격의 각 명칭

- 순용(順用) : 재성격 정관격 인수격 식신격
- 역용(逆用) : 칠살격 상관격 록겁격 양인격
- 성격(成格) : 격이 성립되는 것 (생극기준)
- 패격(敗格) : 격이 성립되지 못하는 것 (생극기준)
- 용신(用神) : 월지가 격(格)이며 용신이다.
  《자평진전》에서는 격과 용신을 같은 의미로 사용하였다.
- 상신(相神) : 격을 완성시키는 오행

※ 패격(敗格)이란 격을 이루는 데 실패한 것을 의미한다.
  이를 파격(破格)이라고도 하는데 성격(成格)과 반대되는 개념이다.
  패격은 주로 용신의 충극에 의해 발생된다.
  용신은 상신(相神)과 결합하여 순용과 역용의 법칙에 의하여 적절한 조화를 이루어 성격(成格)시키는 것이다.

예를 들면 월지(月支)에 정관(正官)이 있고 그 정관이 투간되어 정관격(正官格)이 되었다고 가정해 보자. 정관은 순용(順用)이기 때문에 생(生)해 주어야 하는데 생(生) 대신 합(合)이 되었다면 어떤 현상이 일어날까? 즉 재성 대신 식상이 들어와 합이 되고 정관격은 다른 기운으로 변화하거나 무력해지는 현상이 일어날 수 있다는 것이다.

그래서 격국용신에서 주의해야 할 것은 귀격(貴格)이 되는 것인데 그 전제 조건이 바로 순용(順用)과 역용(逆用)의 생극(生剋)을 구분하는 것이다.

따라서 용신이 순용인지 역용인지가 중요한 것이 아니라 그것을 생극(生剋)해 주는 주변오행인 상신(相神)이 더 중요하다는 의미이다.
비유하자면 아무리 좋은 자동차가 있어도 연료가 없다면 무용지물이 되는 것과 같은 이치이다.

그 연료 역할을 해 주는 것이 바로 생극인 것이고 그 생극을 상신(相神)이란 명칭으로 불렀다. 때문에 용신이 월령(月令)으로 정해졌다 하여도 생극인 상신이 없다면 용신이 그 역할을 다하지 못해 흉(凶)하다고 본 것이다.

※ 상신(相神)이란 길(吉)한 작용을 하는 오행으로 생과 극으로 구분되며 순용은 생해 주는 오행이 상신이 되고 역용은 극하는 오행이 상신이 된다.

※ 천복지재(天覆地載)란 지지에 있는 용신을 천간이 생해주는 것을 천복(天覆)이라고 하고 천간에 있는 용신을 지지에서 생해주는 것을 지재(地載)라고 한다.

자연은 집과 같아서 위에서 덮어주는 지붕이 있어야 하고 아래에는 지붕을 떠받칠 기둥이 있어야 한다.

즉 천간지지는 서로 통근되어 제 역할을 할 때 조화롭고 힘이 있는 것이다.

천복 (天覆)	용신이 목(木)일 때	용신이 금(金)일 때
	壬 癸 寅 卯	戊 己 申 酉
지재 (地載)	용신이 화(火)일 때	용신이 수(水)일 때
	丙 丁 寅 卯	壬 癸 申 酉

◎ 순용 역용의 구분과 활용법

구 분	격(格)의 명칭	생극(生剋)
순용(順用)	재성격 정관격 인수격 식신격	생(生) 상신(相神)
역용(逆用)	칠살격 상관격 록겁격 양인격	극(剋) 상신(相神)

순용(順用)			역용(逆用)		
용신 (用神)	상생 (相生)	파격 (破格)	용신 (用神)	상극 (相剋)	파격 (破格)
재성격	식신 정관	겁재	칠살격	식신	재성
정관격	재성 인성	상관	상관격	인성	비겁
인수격	관살 겁재	재성	록겁격	정관	인성
식신격	비견 재성	편인	양인격	관살	인성

※ 록겁격 : 월지가 비견으로 이루어진 격(格)으로 관성을 상신으로 삼아야 한다.

※ 양인격 : 일간이 양간이면서 월지가 겁재로 이루어진 격(格)으로 칠살이 상신이 된다.

이 둘의 공통점은 극(剋)을 통해 사주 전체의 균형을 맞추고자 함이다.

결론적으로 합화(合化)의 길흉은 월지를 중요하게 보고 운이나 주변오행과 합하여 변화되는 기운이 일간과 사주 전체에 어떤 영향을 미치는지, 어떤 역할을 하는지 보고 판단하라는 것이다.

격(格)과 월지(月支)를 중요하게 보는 이유는 일간에게 무엇이 필요한지가 기준이 되기 때문이다.
조후는 한난조습(寒暖燥濕)의 기운을 의미하며 사계절이 근원이 된다.

이를 현실에서 사람에게 적용하면 추우면 옷을 입고 열을 만들어 신체를 따뜻하게 보호하고 더우면 수기(水氣)를 사용하여 열기를 식혀 신체의 온도를 중화(中和)하라는 것이다.

◎ 길(吉)한 합화(合化)

천간합(天干合)	음양이 다른 오행 간의 결합

1. 기신 + 기신 = 희신

예: 희신이 수(水)이고 병(丙)과 신(辛)이 기신인데 합하여 병신합수기(丙辛合水氣)로 변화할 때

2. 기신 + 희신 = 희신

예: 희신이 목(木) 화(火)이고 수(水)가 기신인데 정임합(丁壬合)하여 정임합목기(丁壬合木氣)로 변화할 때

3. 희신 + 희신 = 희신

예: 희신이 금(金)과 목(木)이고 을경합(乙庚合)하여 금기(金氣)로 변화할 때

삼합(三合)	왕지를 중심으로 오행 간의 결합

1. 왕지희신 + 기신 = 희신

예: 목(木)이 희신이고 기신이 토(土)인데 묘미합(卯未合) 되어 목기(木氣)로 변화할 때

2. 왕지희신 + 희신 = 희신

예: 목(木)과 수(水)가 희신일 때 해묘합(亥卯合)되어 목기(木氣)로 변화할 때

방합(方合)	계절을 중심으로 오행 간의 결합

합에 의해 길흉이 변하지 않음.
단 종격(從格)은 제외. 방합은 세력과 방향을 나타낸다.

육합(六合)	생극을 중심으로 오행 간의 결합

1. 기신 + 기신 = 희신

예: 수(水)가 희신이고 기신이 화(火)와 금(金)인데 사신합(巳申合)되어 수기(水氣)로 변화할 때

2. 기신 + 희신 = 희신

예: 목(木)이 희신이고 기신이 수(水)일 때 인(寅)과 해(亥)가 만나 인해합목(寅亥合木)으로 변화할 때

3. 희신 + 희신 = 희신

예: 화(火)가 희신일 때 오(午) 미(未)가 만나 오미합화(午未合火)로 변화될 때

암명합(暗明合)	일간과 일지 지장간속 본기와의 합

암명합은 길흉으로 해석하지 않고 심리적인 부분과 직업 육친관계만 살핀다. 길흉관계 없음. 일주의 암명합만 본다.

◎ 흉(凶)한 합화(合化)

천간합(天干合)	음양(陰陽)이 다른 오행 간의 결합

1. 희신+희신=기신
수(水)가 기신이고 금(金)과 화(火)가 희신일 때 병신합수(丙辛合水)로 변화할 때

2. 기신+희신=기신
수(水)와 금(金)이 기신이고 화(火)가 희신일 때 병신합수(丙辛合水)로 변화할 때

3. 기신+기신=기신
목(木)과 토(土)가 기신인데 갑기합토(甲己合土)로 변할 때

삼합(三合)	왕지를 중심으로 한 오행 간의 결합

1. 왕지기신+기신=기신
수(水)와 금(金)이 기신인데 신자합(申子合) 수국(水局)을 이룰 때

2. 왕지기신+희신=기신
화(火)가 기신이고 목(木)이 희신인데 오(午)와 인(寅)이 합하여 인오합(寅午合)이 되어 화국(火局)이 만들어질 때

방합(方合)	계절을 중심으로 한 오행 간의 결합

합에 의해 길흉이 변하지 않음
단 종격(從格)은 제외. 방합은 세력과 방향을 나타낸다.

육합(六合)	생극을 중심으로 한 오행 간의 결합

1. 희신+희신=기신
수(水)가 기신이고 화(火)와 금(金)이 희신인데 사신합(巳申合)이 되어 수기(水氣)가 만들어질 때

2. 기신 + 희신 = 기신

금(金)이 기신이고 토(土)가 희신인데 진(辰)과 유(酉)가 합하여 진유합금(辰酉合金)이 될 때

3. 기신 + 기신 = 기신

목(木)과 수(水)가 기신인데 인해합목(寅亥合木)으로 변화될 때

암명합(暗明合)	일간과 일지 지장간 속 본기와의 합

암명합은 길흉으로 해석하지 않고 심리적인 부분과 직업 육친관계만 살핀다. 길흉관계 없음. 일주의 암명합만 본다.

◎ 남성(천간합) 불화(不化)된 사주

구분	시(時)	일(日)	월(月)	년(年)
천간 (天干)	병(丙)	갑(甲)	기(己)	정(丁)
지지 (地支)	인(寅)	신(申)	유(酉)	축(丑)

해설

위 사주는 갑목(甲木)과 기토(己土)가 합(合)이 되었지만 월령(月令)을 얻지 못해 합이불화(合而不化)된 사주이다.
합화(合化)하기 위해선 화(化)한 오행을 득령(得令)해야 한다.

실제 금왕절(金旺節)에는 천간에 을목(乙木)이 있다 하여도 을경합(乙庚合)이 되지 못하고 금극목(金剋木)이 되는 경우가 많이 있다.

이는 숙살(肅殺)의 기운이 너무 강해 목기(木氣)가 우선 금(金)에 의해 훼손되기 때문이다.
위 사주는 갑목(甲木)이지만 유금(酉金)의 반대로 갑기합토화(甲己合土化)가 이루어지지 못하는 것이다.

실제 합화(合化)는 매우 까다로운 조건을 충족해야 한다.
그래서 위 갑기합(甲己合)은 불화(不化)가 되고 일간 갑목(甲木)은 금극목(金剋木)으로 무력해진 상태이다.

이 경우 주체성 추진력이 약화되어 병화(丙火)로의 목적달성이 어려워진다. 따라서 불화(不化)로 인하여 길(吉)한 작용을 기대하기도 어렵다.

◎ 남성(천간합) 불화(不化)된 사주

구분	시(時)	일(日)	월(月)	년(年)
천간(天干)	을(乙)	경(庚)	경(庚)	병(丙)
지지(地支)	유(酉)	인(寅)	신(申)	자(子)

해설

위 사주는 일간 경금(庚金)이 을경합(乙庚合)하고 있다. 그런데 위 사주는 금기(金氣)가 지나치게 강하여 금극목(金剋木)을 하고 있어 금기가 흉(凶)으로 작용하고 있다.

즉 형태적으로는 을경합(乙庚合)을 하는 것처럼 보이나 본질적으로는 금극목(金剋木)으로 을목(乙木)을 제거하는 것에 지나지 않는다.

연간에 병화(丙火)가 있고 일지에 그 뿌리가 있어 능단경금(能鍛庚金)할 수는 있지만 그 세력이 강하지 못하다.

왜냐하면 인목(寅木)이 금극목(金剋木)으로 피상당하고 있기 때문이다. 이 경우는 합이불화(合而不化)되는 것이 더 좋다.
만약 운(運)에서 을목운(乙木運)이 들어온다고 해도 합(合)을 이루긴 어려운 구조이다.

가을에 금기(金氣)는 모든 생명을 죽이는 기운이 강하여 합을 하기 어려운 것이다.
이 사주의 용신은 화목(火木)이다.

◎ 남성(천간합) 합화(合化)된 사주

구분	시(時)	일(日)	월(月)	년(年)
천간(天干)	병(丙)	임(壬)	정(丁)	무(戊)
지지(地支)	오(午)	술(戌)	묘(卯)	술(戌)

해설

위 사주는 묘월(卯月)의 임수(壬水) 일간으로 토화(土火)가 흉신(凶神)으로 작용하는 사주이다.
월지(月支)에 묘목(卯木)이 있어 상관격(傷官格)이나 천간으로 투간되지 못하였다. 그러나 정화(丁火)의 뿌리로 작용하여 정임합(丁壬合)의 변화를 돕고 있다.

천간에 임수(壬水)와 정화(丁火)가 만나 정임합(丁壬合) 되어 목기(木氣)가 강화되고 있다. 목기(木氣)는 이 사주에서 길(吉)한 합화(合化)로 작용한다. 지지의 묘술합(卯戌合)은 성립되지 않는다.
월지에 자오묘유(子午卯酉) 오행이 있을 때에는 다른 기운으로 변화되기 어려우며 자신의 본질적 형태를 유지하려는 기운이 있다.

따라서 위 사주의 묘술합(卯戌合)은 육합(六合)으로 극합(剋合)이며 합력(合力)이 매우 약하다.
또한 묘목(卯木)은 도화(桃花)의 기운으로 월지에 있는 경우 자기 선명성이 강해 다른 기운으로 절대 화(化)하지 않는다.
이 사주의 용신은 수금(水金)이다.

◎ 남성(지지합) 불합(不合)된 사주

구분	시(時)	일(日)	월(月)	년(年)
천간(天干)	기(己)	병(丙)	임(壬)	임(壬)
지지(地支)	해(亥)	자(子)	오(午)	술(戌)

해설

위 사주는 왕지(旺支)인 오화(午火)와 자수(子水)가 충(沖)하여 합이불합(合而不合)된 사주이다.

왕지가 충하면 합(合)은 깨진다. 그러나 운(運)에서 인목(寅木)이 들어오면 인오합(寅午合)되어 다시 성합(成合)이 된다.
충(沖)은 합(合)에 의해 해소되기 때문이다.

그래서 인목운(寅木運) 때 입신양명한 사주이다.
합(合)이 되면 길(吉)한 합화(合化)로 작용한다.
자오충(子午沖)은 둘 중 한 개는 반드시 큰 손상을 입는 형태로 패지충(敗支沖)이라고도 한다.

패지(敗支)란 한쪽은 반드시 죽는다는 의미를 담고 있다.
특히 자오충은 수화상쟁(水火相爭)의 기운으로 생명과 직결되어 있다.

인신충이 교통사고나 폭력 낙상 정도의 상해라면 패지충(敗支沖)은 심장마비 심근경색 뇌경색 등 긴급을 요하는 매우 심각한 위험이라고 할 수 있다.
이 사주의 용신은 목화(木火)이다.

◎ 여성(지지합) 불합(不合)된 사주

구분	시(時)	일(日)	월(月)	년(年)
천간 (天干)	을(乙)	경(庚)	정(丁)	병(丙)
지지 (地支)	유(酉)	인(寅)	해(亥)	술(戌)

해설

위 사주는 인목(寅木)이 유금(酉金)에게 공격당하고 해수(亥水)는 술토(戌土)에게 극(剋)을 당하여 인해합목(寅亥合木)이 되지 않아 합이불합(合而不合)된 사주이다.

극(剋)이 해소되면 인해합목(寅亥合木)이 되지만 수생목(水生木)으로 봐도 무방하다.
이 사주는 목기(木氣)가 흉신(凶神)이다.

인목(寅木)이 정화(丁火)를 도와 일간을 극(剋)하기 때문이다.
따라서 합(合)이 안 되는 것이 더 좋다. 만일 목기(木氣)가 강해지면 토기(土氣)를 공격하고 화기(火氣)를 더욱 강하게 만들어 일간이 극(剋)을 당하게 된다.

인해합(寅亥合)은 선합후파(先合後破)라고 해서 처음은 길(吉)하나 마지막은 흉(凶)하다는 의미가 내포되어 있다.
하지만 이는 사주 상황에 따라 변화될 수 있는 요소이다. 만약 위 사주처럼 병화(丙火)가 있다면 목기(木氣)가 설기되어 선합후파의 기운이 상당히 완화된다.

◎ 여명(지지합) 불합(不合)된 사주

구분	시(時)	일(日)	월(月)	년(年)
천간(天干)	신(辛)	임(壬)	정(丁)	계(癸)
지지(地支)	축(丑)	자(子)	미(未)	해(亥)

해설

위 사주는 월지 미토(未土)의 극(剋)으로 해자축 방합(亥子丑方合)이 성립되지 않아 북방수국(北方水局)으로 합(合)하지 못해 합이불합(合而不合)된 사주이다.

방합(方合)은 이합(二合)이 없으며 한 오행이라도 없거나 극을 당하면 성립되지 않는다. 그러나 만일 월지 미토(未土) 대신 습토(濕土)인 축진토(丑辰土)가 있었다면 북방수국(北方水局)으로 화(化)하였을 것이다.

즉 방합(方合)이 성립되지 않는 이유는 미토(未土)가 조토(燥土)여서 토극수(土剋水)가 발생했기 때문이다.

그러나 운(運)에서 해수(亥水)가 들어오면 합화(合化)된다.
이 사주는 수기(水氣)가 흉신(凶神)으로 합(合)이 되지 않는 것이 좋다.

위 사주의 용신은 목화(木火)이다.

◎ 남성(천간합) 불합(不合)된 사주

구분	시(時)	일(日)	월(月)	년(年)
천간 (天干)	경(庚)	임(壬)	정(丁)	신(辛)
지지 (地支)	자(子)	자(子)	미(未)	유(酉)

해설

위 사주는 일주와 월주에 뿌리가 있어 합이불합(合而不合)된 사주이다. 통근(通根)된 오행은 합(合)할 수 없다.
통근이란 천간오행이 지장간 속 오행과 같은 기운이 있거나 이를 생(生)해 주는 구조가 있을 때 발생된다.

만일 합화(合化)되었다면 용신이므로 길(吉)한 합화(合化)에 해당한다고 할 수 있다. 하지만 연간과 시간에 경신금(庚辛金)이 있어 목(木)을 극하기 때문에 화(化)할 수 없는 구조이다.

수기(水氣)가 흉신(凶神)이므로 목화토운(木火土運)이 모두 길(吉)하며 용신에 해당한다.

천간합은 관념적이고 정신적인 사건 사고로 이어지는 경우가 많으며 지지가 어떤 생극설(生剋洩) 구조를 지녔는지에 따라 성패가 결정된다고 할 수 있다.

5) 일화격(日化格)

인생은 자연처럼 변화를 통해 성장한다.
변화에는 예측 가능한 원만한 변화가 있고 예측 불가한 급진적인 변화가 있다.
원만한 변화는 계절의 순환과정처럼 순차적으로 진행되기 때문에 큰 문제 없이 삶의 영속성이 유지되지만 급진적인 변화는 환절기 날씨처럼 예측 불가한 상황이 연출되기 때문에 삶이 요동치는 경우가 많아질 수밖에 없다.

그렇다고 어떤 삶의 형태가 더 좋고 또 나쁘다고 할 수는 없다. 다만 삶의 형식과 대처하는 방법이 상황에 따라 달라질 뿐이다.
운(運)에서 합(合)이 되는 일화격(日化格)은 급진적인 변화를 만들기 가장 좋은 환경을 제공한다.
생각과 가치관 행동양식들이 환절기 날씨처럼 변화무쌍하게 변화되기 쉽다.

화격(化格)은 합화격(合化格)이라고도 하며 일간이 합하여 다른 기운으로 종(從)하는 것을 의미한다. 그 종류는 크게 5가지로 나눌 수 있으며 명칭은 오행의 이름을 사용한다. 특별한 경우가 아니고는 기본적으로 일간은 화학반응을 하지 않는다.

일간이 변한다는 것은 사주의 중심이 바뀐다는 의미가 되기 때문에 변화되기 매우 어렵고 일부 이론에서는 일화격을 인정하지 않는 경우도 많다.

그러나 실제 임상 결과 매우 드물지만 일화격이 아니고서는 해석이 불가한 사주명식도 있고 고서에서는 인정하는 예가 있으므로 무시할 수 없는 것도 현실이다. 따라서 일화격을 적용할 때는 상세히 관찰하고 반드시 문진을 통해 확인해야 한다.

사주팔자가 화격에 해당되면 인생의 풍파나 격랑에 휩쓸리기 쉬우며 길흉(吉凶)이 뚜렷하게 나타난다.
일간(日干)은 주체이므로 잘 변하지 않으나 특수한 조건하에서 주체가 변한다는 것은 그만큼 인생에 굴곡이 생긴다는 의미로 해석될 수 있다.

일화격(日化格)은 크게 성공하는 경우도 가끔 있지만 그것은 업상대체(業象代替)가 되었거나 부모덕이 있을 때 혹은 운의 흐름이 좋을 경우 등 매우 엄격한 조건이 충족되었을 때이다.

화격(化格) 사주는 한마디로 태풍의 눈이라고 할 수 있다.
때문에 화격이 되는 조건은 매우 까다롭고 드물다.
일간은 함부로 화학반응을 하지 않기 때문이다.

(1) 일화격(日化格) 특성

일화격(日化格)은 일간(日干)이 다른 간(干)과 합(合)하여 변한 오행을 격(格)과 용신(用神)으로 삼는 것을 말하는데 사주 전체에서 화(化)한 오행을 극(剋)하는 오행이 없어야 하며 종왕격(從旺格)과는 구분해야 한다.

종왕격(從旺格)은 일화격(日化格)이 될 수는 있지만 일화격은 종왕격과는 명확히 구분된다.

즉 종왕격은 일간이 자기 기운으로 변화 없이 진행되는 것이라면 일화격은 일간이 다른 오행으로 변하면서 그 세력을 따라가는 것이다.

자기 주체성이 상실된다는 의미에서 큰 차이가 있다.
실제로 종왕격 사주는 설득이 잘 안 되지만 일화격 사주는 자기 정체성이 약해 설득이 잘 되는 편이다.

따라서 일화격 사주는 일반 종격 사주와 기본 원리는 비슷하지만 다른 점은 일간의 오행 성분이 달라진다는 것이고 일화격이 되면 심리적 정체성에 혼동이 올 수 있으며 변덕과 의심 집착이 강해질 수 있다. 극단적으로 비유하자면 정체성 가치관 행동 등의 급격한 변화이다.

평소 모습은 명예와 명분을 중요하게 생각하고 행동하던 사람이 어떤 시기부터 현실적으로 재물과 실질 이익을 추구하는 사람으로 변하거나 다정다감하고 인정이 많던 사람이 강압적이고 의심과 질투가 많은 사람처럼 행동하게 된다.

자신이 변한다는 것은 긍정적인 면도 있지만 부정적으로 작용하는 경우가 많다.
그렇기 때문에 변화된 기운이 조화를 이룰 수 있게 만드는 것이 무엇보다 중요하다고 할 수 있다.

(2) 특수 일화격(日化格) 사주 구성

◎ 일간(日干) 기준

천간(天干)	일간(日干)	합화(合化)기운	비 고
갑기합 (甲己合)	갑목(甲木)	토기(土氣)	기토(己土)일간은 일화격이 아니다.
을경합 (乙庚合)	을목(乙木)	금기(金氣)	경금(庚金)일간은 일화격이 아니다.
병신합 (丙辛合)	병화(丙火) 신금(辛金)	수기(水氣)	위제지합 (威制之合)
정임합 (丁壬合)	정화(丁火) 임수(壬水)	목기(木氣)	음란지합 (淫亂之合)
무계합 (戊癸合)	무토(戊土) 계수(癸水)	화기(火氣)	무정지합 (無情之合)

※ 기경(己庚) 일간은 일화격(日化格)이 되지 않는다.

일간(日干) 월간(月干) 시간(時干)이 유정(有情)하게 자리하고 있어야 한다.
월지(月支)가 반드시 화(化)한 오행과 같거나 생(生)해 주는 구조여야 한다.

주변에 화(化)한 오행을 극(剋)하는 글자가 있으면 가화격 파격이 된다. 극(剋)하는 글자가 만일 통근(通根)되어 힘이 있다면 일간합(日干合)은 무효가 되고, 극(剋)하는 글자가 힘이 전혀 없거나 주변에서 충분히 제압할 수 있는 수준이라면 화(化)된 것으로 보고 화격(化格)이 된 오행을 격(格)과 용신(用神)으로 잡는다.

사주 전체가 화(化)한 오행과 같거나 생(生)해 주는 구조로 되어 있어야 한다. 특히 지지에서 반대하는 기운이 조금이라도 있으면 파격이다.

일화격(日化格)은 지지가 모두 합화(合化)한 기운과 동일해야 하는데 습토(濕土)와 조토(燥土)를 잘 구분해야 한다. 습토는 수기(水氣)를 지니고 있고 조토는 화기(火氣)를 지니고 있기 때문이다.

(3) 양신성상격(兩神成象格)

《자평진전》,《적천수》 등에 근거한 이론이다.
사주팔자에서 일간과 같은 오행이 4개, 타의 오행이 4개가 되는 것을 양신성상격이라 한다.

예를 들면 일간이 수(水)일 때 수(水)가 일간을 포함하여 4개가 되고 다른 오행 4개가 서로 균형을 이루고 있으면 성립되는 것이다. 이때 오행의 위치와 음양은 구분하지 않는다.

다만 상생(相生) 상극(相剋)으로 구분한다. 《적천수》에서는 양기상생(兩氣相生) 양기상적(兩氣相敵)이라고도 한다.

◎ 상생(相生) 상성오국(相成五局) 양기상생(兩氣相生)

목(木) · 수(水)	수윤목생 (水潤木生)	목수(木水) 상성격
화(火) · 목(木)	목화통명 (木火通明)	화목(火木) 상성격
토(土) · 화(火)	화토동법 (火土同法)	토화(土火) 상성격
금(金) · 토(土)	토윤즉생 (土潤卽生)	금토(金土) 상성격
수(水) · 금(金)	금수쌍청 (金水雙淸)	수금(水金) 상성격

◎ 상생(相生) 양신성상격(兩神成象格)

구분	시(時)	일(日)	월(月)	년(年)
천간 (天干)	갑(甲)	갑(甲)	임(壬)	임(壬)
지지 (地支)	자(子)	자(子)	인(寅)	인(寅)

해설

사주에서 생년월일시의 오행이 4:4의 두 개의 기운으로 나뉘어 있는 경우인데 목수(木水)오행이 서로 생(生)관계이면 이를 목수성기(木水成器) 상생(相生)의 양신성상(兩神成象) 상성오국(相成五局)이라 한다.

양신성상의 사주는 월지와 투간을 중심으로 세력이 결정되며 서로 상극(相剋)인 경우는 월지를 차지한 세력이 무엇인지에 따라 길흉이 결정된다.

오행의 균형이 2개로 구성되어 있어 길흉이 비교적 명확하게 나타난다.

고서에서는 양신성상격(兩神成象格)을 출세와 권력을 누릴 수 있는 기운이 있다고 하지만 실제 임상한 결과를 보면 반대의 경우도 많았다.

성격적으로는 예민하고 극단적인 성향이 나타나기도 하고 융통성이 부족하여 인간관계에서 어려움을 겪는 경우가 많다.

◎ 상극(相剋) 상적오국(相敵五局) 양기상적(兩氣相敵)

목(木)·토(土)	목토배양 (木土培養)	목토(木土) 상적격
토(土)·수(水)	토국윤하 (土局潤下)	토수(土水) 상적격
수(水)·화(火)	수화기제 (水火旣濟)	수화(水火) 상적격
화(火)·금(金)	금화교역 (金火交易)	화금(火金) 상적격
금(金)·목(木)	금목성기 (金木成器)	금목(金木) 상적격

◎ 상극(相剋) 양신적상격(兩神敵象格)

구분	시(時)	일(日)	월(月)	년(年)
천간 (天干)	무(戊)	갑(甲)	무(戊)	갑(甲)
지지 (地支)	진(辰)	인(寅)	진(辰)	인(寅)

해설

사주에서 생년월일시의 오행이 4:4의 두 개의 기운으로 나뉘어 있는 경우인데 만약 목토(木土)오행이 서로 극(剋)관계이면 이를 목토배양(木土培養) 상극(相剋)의 양신성상(兩神成象) 상성오국(相成五局)이라 한다. 이런 경우 사회적으로 큰 성공을 거두거나 거부가 되는 경우가 종종 있다.

종격(從格)과 그 성향이 비슷하면서도 두 개의 기운이라는 특수성이 있다.

(4) 일화격(日化格)된 사주

◎ 남명(천간합)

구분	시(時)	일(日)	월(月)	년(年)
천간 (天干)	기(己)	갑(甲)	정(丁)	경(庚)
지지 (地支)	사(巳)	진(辰)	축(丑)	진(辰)

해설

위 사주는 갑목(甲木)일간이 갑기합토(甲己合土)로 일화격(日化格)된 사주이다. 축월(丑月)은 갑목이 진토에 뿌리를 내리기 어렵다. 갑기(甲己)가 뿌리가 없고 유정(有情)하며 득령(得令)하였고 주변에 극(剋)하는 오행이 없다.

이 경우 중정지합(中正之合)이라고 하며 상징성과 현실성이 조화를 이루게 된다.

갑목(甲木)은 명예를 추구하고 기토(己土)는 재물을 추구하므로 이 두 기운이 적절히 배합된다면 매우 이상적이고 합리적인 가치관이 형성될 수 있다.

그러나 실제 운(運)에서 기토(己土)가 가중되어 들어올 경우는 욕심과 재탐(財貪)이 생기기 쉽고 투자와 확장을 했을 때 성공할 가능성보다 실패할 가능성이 훨씬 높다.

갑기합(甲己合)이 토기(土氣)로 변한다는 것은 실제 형태적인 모습이 바뀐다는 것이 아니라 성향적 정신적인 변화로 나타나며 현실적이고 경제적인 것에 집중하는 모습으로 드러나게 된다.

◎ 남명(천간합)

구분	시(時)	일(日)	월(月)	년(年)
천간 (天干)	경(庚)	을(乙)	경(庚)	임(壬)
지지 (地支)	진(辰)	유(酉)	신(申)	술(戌)

해설

위 사주는 일간 을목(乙木)이 을경합(乙庚合)으로 금화(金化)하여 일화격(日化格)된 사주이다.
일주가 뿌리가 없고 유정(有情)하며 득령(得令)하였고 주변에 극(剋)하는 오행이 없다.

을목(乙木)은 등라계갑(藤蘿繫甲)하려는 성향이 있고 경금(庚金)은 추진력과 저돌성이 있어 이 두 기운이 만나면 의존적인 을목(乙木)이 주체적인 경금(庚金)을 따라가려는 성향을 보이게 된다.

신월(申月)은 금기(金氣)가 가장 강한 시기로 금기가 합하지 못하고 목(木)을 극하려는 기운을 보이지만 일화격의 경우는 일간이 종화(從化)하는 것으로 금왕절(金旺節)에도 변화가 가능한 것이다.

종왕격과 일화격은 각각의 차이가 있으므로 유의해서 살펴야 한다.

즉 단순 종격 사주의 경우는 금왕절(金旺節)에 을경합(乙庚合)이 되지 못하는 경우가 많다.

◎ 남명(천간합)

구분	시(時)	일(日)	월(月)	년(年)
천간 (天干)	임(壬)	정(丁)	을(乙)	기(己)
지지 (地支)	인(寅)	묘(卯)	묘(卯)	해(亥)

> **해설**

위 사주는 정임합(丁壬合)으로 목화(木化)하여 일화격(日化格)된 사주이다. 일간(日干)과 시간(時干)이 유정(有情)하며 득령(得令)하였고 주변에 극(剋)하는 오행이 없다.

정임합(丁壬合)을 고전에서는 음란지합(淫亂之合)이라고 하여 금기(禁忌)시하는 경향이 있는데 이는 전혀 근거 없는 논리이며 오히려 정득성광(丁得星光)의 기운이 있어 사회적으로 재능이 발휘될 가능성이 높다.

정화(丁火)의 집중력과 전문성이 임수(壬水)의 깊이를 만나 완성도가 더욱 확장되는 형태를 보여 준다.

일화격(日化格)이 성립되면 용신(用神)은 일화(日化)된 목기(木氣)가 된다.

그러나 운에서 금운(金運)이 들어오면 일화(日化)된 목기(木氣)를 극하기 때문에 안 좋은 사건 사고가 발생된다.

◎ 남명(천간합)

구분	시(時)	일(日)	월(月)	년(年)
천간(天干)	임(壬)	병(丙)	신(辛)	임(壬)
지지(地支)	진(辰)	신(申)	해(亥)	자(子)

해설

위 사주는 병신합수(丙辛合水)로 합화(合化)하여 일화격(日化格)된 사주이다. 일주(日柱)가 뿌리가 없고 유정(有情)하며 득령(得令)하였고 주변에 극(剋)하는 오행이 없다.

위제지합(威制之合)이라고도 하며 병화(丙火)는 군주(君主)요, 신금(辛金)은 신하 혹은 예쁜 여자로 비유하기도 한다.

위엄은 있으나 성질이 잔인하고 냉정한 면이 있는 것이 단점이라고 하나 주변오행에 따라 달라질 수 있으므로 편향된 시각은 좋지 못하다.

또한 병신합(丙辛合)은 봉신반겁(逢辛反怯)이라고도 하는데 병화(丙火)가 한눈을 팔아 제 할 일을 하지 않고 유흥 오락적인 성향이 강해지는 것을 경계해야 한다.

운에서 토기(土氣)가 들어올 경우 안 좋은 사건 사고가 발생되며 특히 조토(燥土)인 무토(戊土) 술토(戌土) 미토(未土) 등이 강하게 들어오면 치명적인 작용을 할 수 있다.

◎ 남명(천간합)

구분	시(時)	일(日)	월(月)	년(年)
천간(天干)	무(戊)	계(癸)	무(戊)	정(丁)
지지(地支)	오(午)	미(未)	오(午)	사(巳)

> **해설**

위 사주는 무계합(戊癸合)되어 화기격(火氣格)으로 일화격(日化格)된 사주이다.

일간(日干)이 뿌리가 없고 유정(有情)하며 득령(得令)하였고 주변에 극(剋)하는 오행이 없다. 일화격은 관살이 있어서는 안 되는데 합살(合殺)되거나 합화(合化)되었을 때에는 예외가 될 수 있다.

무계합(戊癸合)은 무정지합(無情之合)이라 하여 부부간 정(情)이 없다고 하는데 그것보다는 겉보기에는 물리적이고 강압적인 형태이지만 본인들은 금슬이 좋을 수도 있다.

그러나 운에서 갑을목(甲乙木)이 들어올 경우 강력한 수생목(水生木)으로 인하여 무계합(戊癸合)이 약해질 수 있다.
이럴 경우 여성은 남편보다 자식 위주의 삶을 살게 된다.

천간이 형태적으로 쟁합(爭合)이 되었으나 사주 전체의 기운이 화기(火氣)로 이미 종(從)하여 쟁합의 의미가 없다.
쟁합은 불합(不合)의 원인이 되지만 위와 같은 경우에는 화격을 방해하는 요소로 작용하지 못한다.

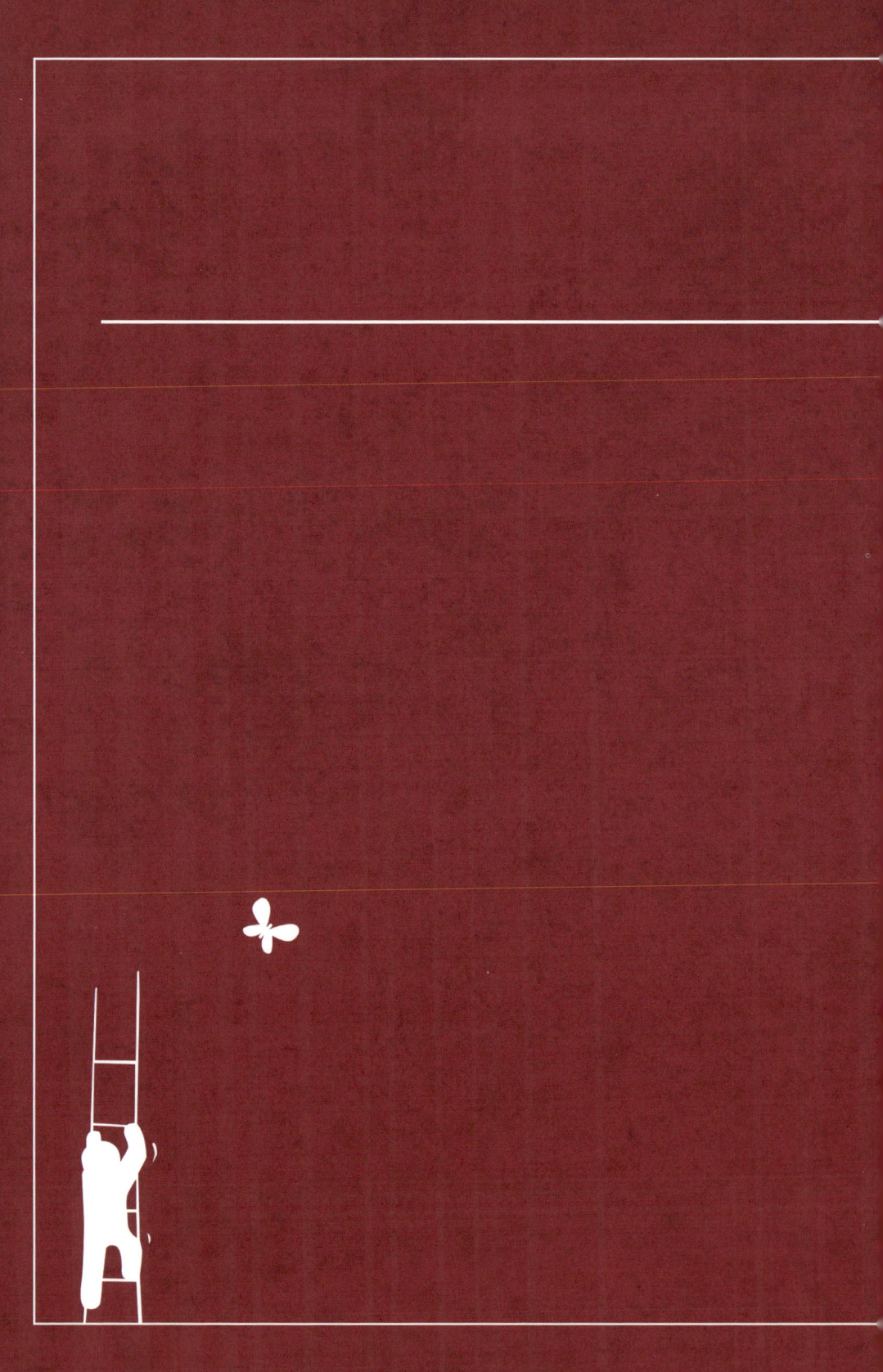

제2장

천간합(天干合)과 천간극(天干剋)

1) 천간합(天干合)의 이해

천간합은 음양지합(陰陽之合)이며 부부지합이라고도 한다.
천간은 하늘의 기운이며 심리적으로 정신 생각 계획 가치관 등을 의미한다.

따라서 천간이 훼손되면 정신이 맑지 못하고 올바른 판단을 할 수 없게 된다.
천간이 합이 되었다는 것은 합이 된 기운으로 내 생각과 마음이 움직이고 있다는 것을 의미한다.

과거 선조들은 태어나자마자 배웠던 글자가 하늘 천(天) 자였다.
하늘 천(天)은 자연에 관한 모든 법칙과 질서를 만들고 인간은 마땅히 이를 따라야 하는 것이 진리였다. 이를 천기학(天氣學)이라 하였고 그 원리는 천간지지의 기운인 오운육기(五運六氣)가 기본이 되었다.

이것을 운기학(運氣學)이라고도 한다.
오운육기의 원리는 천간과 지지의 변화와 성쇠(盛衰)의 순환과정을 통해 생명의 항상성 등을 연구하였는데 훗날에는 한의학의 모태가 되었고 천문학과 철학에도 큰 영향을 주게 된다.

오운육기의 원리는 천간의 변화가 지지의 기운을 결정하고 순환시키는 것이 기본 원리이다.
예를 들면 천간이 봄의 기운을 만들면 지지는 이를 따르고 생명을 성장시키는 기운을 진행시키며 반대로 천간이 가을의 기운을 만들면 지지는 이를 따라서 생명을 차단하고 죽이는 금(金)기운을 만들게 되는 것이다.

지지는 스스로의 기운으로 움직이는 것이 아니라 천간의 영향을 받아 움직이는 것이다. 즉 지구와 태양이 자전과 공전을 통해 만들어 낸 시간과 공간의 영역이 천간의 기운이며 오운(五運)의 기운인 것이다. 그런데 형상으로 드러나는 것은 지지의 모습이기 때문에 착오와 잘못된 판단을 하기 쉬운 것이다.

◎ 오운육기(五運六氣)

구분	오운육기	형태	기운
천간 (天干)	오운(五運)	10천간(十天干) 甲乙丙丁戊己庚辛壬癸 (갑을병정무기경신임계)	하늘의 기운
지지 (地支)	육기(六氣)	12지지(十二地支) 子丑寅卯辰巳午未申酉戌亥 (자축인묘진사오미신유술해)	땅의 기운

하늘은 인간을 포함한 모든 만물에게 생명을 주고 성장시키는 어머니와 같은 존재이며 사계절과 밤낮을 주관하고 한난조습(寒暖燥濕)으로 변화와 조화를 만드는 초월적 근원 법칙이다.

하여 천명(天命)을 거스르면 단명하고 천명을 따르면 천수를 누린다고 성현들은 말씀하였다. 그런 의미에서 천간합은 중요한 의의를 지닌다. 특히 일간을 포함한 천간합은 천명의 의미가 있는 것으로 지지에서는 이를 따라야 한다는 것이다.

그러나 천간합 자체가 천간 오행의 본질적 형태를 바꾸는 것은 아니다. 다만 새로운 기운 혹은 강약의 변화가 생성된다는 것이다. 예를 들어 일간이 갑목(甲木)인데 갑기합(甲己合)이 되었다면 갑목이 기토의 기운으로 혼잡되고 있다는 것을 의미하는 것이지 갑목이 기토로 변화된 것은 아니라는 의미이다.

갑목(甲木)은 순수하고 명예와 자존심을 추구하는 반면 기토(己土)는 계산적이며 현실성을 추구한다.

때문에 갑목이 기토를 만나 합하였다는 것은 순수하고 명예를 추구하는 성격의 소유자인 갑목이 계산과 현실성이 강한 기토의 기운과 혼합되어 명예와 현실성을 함께 지니게 되는 이상적인 형태로 변화될 수 있는 것이다.

그래서 갑기합(甲己合)을 중정지합(中正之合)이라고도 하는데 여기서 중정(中正)이란 치우치지 않음을 의미하는 것이다. 즉 갑목(甲木)처럼 너무 이상적이지도 않고 기토(己土)처럼 너무 현실적이지도 않게 두 기운이 조화를 이룬다는 것이다.

그런 면에서 천간합은 생각의 변화와 가치관의 변화를 만들며 이것이 지지로 연결되면 행동의 변화까지 이어지는 것이다.

좋은 생각이 좋은 행동을 만드는 원리이다.

그래서 천간합에서 최우선적으로 고려해야 하는 것이 합화(合化)의 여부이다. 합화가 되었다는 것은 내 운명이 변하기 시작했다는 의미이기 때문이다.

인간은 생각하는 존재이다.

끊임없이 생각하고 행동하고 변화를 추구한다.

그런 의미에서 천간합은 매우 중요한 변수로 작용한다.

합(合)은 자기 고집 주체성 등의 기운이 강화되는 경우와 반대로 자기 기운이 약화되어 의존적으로 바뀌는 경우로 나눌 수 있다.

자기 기운이 강화되는 합(合)은 무토(戊土)일간이 계수(癸水)를 만나 합화(合化)하였을 때, 기토(己土)일간이 갑목(甲木)을 만나 합화하였을 때, 경금(庚金)일간이 을목(乙木)을 만나 합화하였을 때이다.

자기 기운이 약화되는 합(合)은 갑목(甲木)일간이 기토(己土)를 만나 합화하였을 때, 을목(乙木)일간이 경금(庚金)을 만나 합화하였을 때, 계수(癸水)일간이 무토(戊土)를 만나 합화하였을 때이다.

이 외에도 제3의 기운으로 변화되는 병신합(丙辛合) 정임합(丁壬合) 등이 있는데 이것은 주체성 여부와 관련 있기보다는 해당오행의 긍정·부정 심리로 작용한다.

천간합은 일간을 중심으로 보는 것이 중요하다.
힘의 크기도 일간과 월간이 가장 강력한 영향력이 있고 그다음이 일간과 시간과의 합이다.

2) 천간합(天干合)의 특성

천간합(天干合)은 음양지합(陰陽之合)의 조화가 맞아야 한다.

구분/성향	합(合)의 종류	특 성
주체성이 강화되는 합	무토(戊土)일간 + 계수(癸水) 기토(己土)일간 + 갑목(甲木) 경금(庚金)일간 + 을목(乙木)	자기중심적인 성향 고집 추진력 저돌성 증가
주체성이 약화되는 합	갑목(甲木)일간 + 기토(己土) 을목(乙木)일간 + 경금(庚金) 계수(癸水)일간 + 무토(戊土)	의존적 계산적 성향 집착 현실성 증가
제3의 기운으로 변화하는 합	병화(丙火)일간 + 신금(辛金) 정화(丁火)일간 + 임수(壬水)	부화뇌동 착각 긍정적 이상적 몽상적 성향 증가
합화(合化)가 되지 못한 합	합(合)을 방해하는 요소가 있을 때	긴장감 스트레스 증가 부정적 심리 성향

천간합은 음(陰)과 양(陽)이 만나야 성립되는 음양지합(陰陽之合)이다. 따라서 음양의 균형이 맞지 않으면 합을 형태적으로 유지할 수는 있지만 본질적으로는 무효이다.

예를 들면 갑기합(甲己合)에서 여성의 일간이 갑목(甲木)이라면 기토(己土)와 합(合)이 된다고 하여도 재성합(財星合)이 되므로 배우자를 만나는 연애운 결혼운이라고 할 수 없다.

단지 합(合)은 주변 상황이나 자신이 처한 상황을 긍정적이고 능동적으로 받아들이기 때문에 인간관계는 남녀를 불문하고 좋아질 수 있는 가능성이 높아진다.

반대로 남자 일간이 갑목(甲木)이었을 때 기토(己土)와 합(合)을 한다면 정재(正財)와 합이 되므로 여자를 만나거나 결혼운이 들어온 것이다.

천간합(天干合)은 음양지합(陰陽之合)이기 때문에 반드시 음양의 조화가 이루어져야 합으로서 작용한다. 즉 천간합은 육친적으로 남성과 여성을 구분한다는 것이다.

또한 천간합은 음양(陰陽)의 조화로 극(剋)관계에서 서로를 보존해 준다는 의미를 지니고 있다. 보존은 서로를 해(害)하지 않는 것은 물론 새로운 에너지를 생성하는 것까지 포함하고 있다.

생(生)관계로도 해석할 수 있는데 천간합은 여기에 음양지합적인 요소까지 첨가되어 부부지합으로 해석하는 것이다.

그래서 천간합은 정재합과 정관합으로만 구성되어 있다.

정재합은 남성에게 여성이고 정관합은 여성에게 남성에 해당한다.

(1) 천간합의 특성

구분	목(木)	화(火)	토(土)	금(金)	수(水)
천간(天干)	정임합(丁壬合)	무계합(戊癸合)	갑기합(甲己合)	을경합(乙庚合)	병신합(丙辛合)
질병	위장 담 갑상선 질환 발생	폐 대장 신장 질환	신장 방광 간 질환 발생	간 담 신장 질환 발생	심장 심혈관 소장 질환 발생
예방학	금극목(金剋木) 목생화(木生火)	수극화(水剋火) 화생토(火生土)	목극토(木剋土) 토생금(土生金)	화극금(火剋金) 금생수(金生水)	토극수(土剋水) 수생목(水生木)
흉(凶)	청색 흑색	적색 청색	황색 적색	흰색 황색	검정 흰색
길(吉)	흰색 적색	검정 황색	청색 흰색	적색 검정	황색 청색
키워드	시작 순차적 성장	확산 급격한 성장	저장 보관 균형	차단 결실 수렴	휴식 죽음 응축
계절	봄(春)의 기운	여름(夏)의 기운	환절기	가을(秋)의 기운	겨울(冬)의 기운

(2) 천간합(天干合)의 근거

천간합(天干合)에 대해서 《적천수》에서는 간단하게 기술되어 있다.
많은 사람들이 합충(合沖)은 사주고서나 신살에서 나온 규칙 정도로만 잘못 알고 있다.
그래서 합충을 정확히 이해하기 어렵고 실제 사주에 적용해도 맞지 않는 결과가 나오는 것이다.

이 책에는 다소 어렵고 생소한 단어가 나오지만 이를 정확히 알아야만 합충을 제대로 사용할 수 있다. 단순히 갑기합(甲己合)은 토(土)로 변한다, 라는 합(合)의 원리는 실제 사주명리에서는 적용하면 안 되는 모순적인 논리인 것이다.

천간합(天干合)의 근거는 사주고서가 아닌 《황제내경(黃帝內經)》의 소문(素問)편 오운육기(五運六氣)에 상세히 나온다.

한의학에서 오운육기(五運六氣)는 일종의 기학(氣學)으로 사람이 저마다 타고 태어난 체질과 그해에 들어오는 운(運)의 기(氣)가 만나 질병이 생기는 원인을 밝히는 내용으로 구성되어 있다. 현대적 의미에서는 예방의학이라고도 할 수 있는 의학서이며 음양오행을 근거로 한 철학서이기도 하다.

자신의 체질을 이해하고 해마다 들어오는 기운과 결합하여 질병을 미리 대비하는 역할을 하기 때문이다.

따라서 한의학에서도 질병 예방적 의학으로 매우 중요하게 활용되고 있으며 자평명리학에서도 오운육기는 질병 예방 중심으로 연구되고 있다.

필자는 지난 책 《사주 음양오행을 디자인하다》에서 한의학과 사주명리를 접목시켜 보려는 시도를 했었고 앞으로도 계속 연구할 예정이다. 필자의 전문 분야가 아니기 때문에 한의학 선생님을 모시고 함께 연구 중이다.

사주명리와 한의학의 공통점은 기질적 체질적 질병을 대비하고 예방할 수 있는 것에 큰 의의가 있다고 하겠다.

사주명리와 운(運)의 동태를 통해 미리 질병과 사건사고를 예방 대비할 수 있다는 점에서 오운육기는 매우 중요한 의미가 있다.

오운육기는 오운(五運)과 육기(六氣)로 구분되며 일종의 기(氣)의 운행이라고 할 수 있다.

이것이 바로 합충변화의 시작이자 근원이라 할 수 있다.

> 《황제내경》은 중국 한나라에서 성립된 한의학의 원전이며 사주명리의 합충에 근거를 제공하는 음양오행과 천간지지의 원천 학문이다. 하여 오운육기를 합충의 기본 원리에 대입하여 이해하고 적용하는 것이 중요하다.
>
> 《황제내경》은 중국 음양오행을 근거로 한 의학서이자 철학서로 가장 오래되고 유서 깊은 기록이며, 소문(素問) 영추(靈樞) 두 부분으로 나뉘어 각각 9권 81장으로 구성되어 있다. 총 80만 자의 한자가 들어 있는 이 기록유산은 2200여 년 전 (기원전 475~기원전 221, 전국시대)에 편찬되었다.
>
> 이 책을 기초로 중국 전통의학을 체계적으로 표준화하여 발전시켰으며 우리나라 전통의학에도 많은 영향을 미쳤다.
> 《황제내경》은 의학서이자 음양오행에 관한 철학서이며 현재 유네스코 세계기록유산으로 등재되어 있다.
>
> 천간지지를 오운과 육기로 나누어 매년 들어오는 운과 합하여 질병을 예측하였다. 오운은 10천간을 의미하고 지지는 12지지를 나타내며 6가지 기운을 풍한서습조화(風寒暑濕燥火)로 분류하였다. 《황제내경》은 삼황오제의 한 명이며 황제(黃帝)는 칭호(성명)이다.

오운(五運)은 목화토금수(木火土金水) 10천간(十天干)을 의미하며 천기(天氣)의 변화를 만들고 육기(六氣)는 지지의 기운으로 12지지(十二地支)로 구성되어 있다.
하늘은 만물을 낳고 땅은 만물을 기르고 성숙시키는 작용을 한다.

즉 천간의 변화는 지지에서 성쇠(盛衰)를 만들며 순환하는데 천간의 변화에 따라 지지는 순응하고 성장과 쇠퇴를 반복하는 것이다.

(3) 《황제내경》 소문 편 천간의 원리

※ 화상(化象) - 천간오합(天干五合)의 생성원리

오운(五運)에는 토운(土運) 금운(金運) 수운(水運) 목운(木運) 화운(火運)이 있고 오운 천간(天干)은 아래와 같이 오기(五氣)가 오합(五合)으로 존재한다.

갑(甲)과 기(己)가 배합되어 무기(戊己)의 누런(황토색) 기운이 되는 해는 금천지기(黔天之氣)가 각진(角軫)을 지나므로 토운(土運)이 되었다.

을(乙)과 경(庚)이 배합되어 을경합(乙庚合)이 되는 해는 하얀 기운인 소천지기(素天之氣)가 각진(角軫)을 지나므로 금운(金運)이 되었다.

병(丙)과 신(辛)이 배합되어 병신합(丙辛合)이 되는 해는 현천지기(玄天之氣)가 각진(角軫)을 지나므로 수운(水運)이 되었다.

정(丁)과 임(壬)이 배합되어 갑을(甲乙)의 푸른 기운이 되는 해는 창천지기(蒼天之氣)가 각진(角軫)을 지나므로 목운(木運)이 되었다.

무(戊)와 계(癸)가 배합되어 병정(丙丁)의 붉은 기운이 되는 해는 단천지기(丹天之氣)가 각진(角軫)을 지나므로 화운(火運)이 되었다.

※ 오운(五運)의 시작 : 오운은 무기(戊己)가 나누어지는 곳에서 시작되는데 무기(戊己)를 규벽(奎璧)과 각진(角軫)이라고 하며 이들이 천지의 문호(門戶)가 된다. 천문은 술해(戌亥) 사이에 있는데 규벽에 의해 나누어지고 지지는 진사(辰巳) 사이에 있는데 각진에 의해 나누어진다. 훗날 천라지망(天羅地網)의 근거가 된다.

갑(甲) 을(乙) 병(丙) 정(丁) 무(戊)는 양간(陽干)이고
기(己) 경(庚) 신(辛) 임(壬) 계(癸)는 음간(陰干)인데,
연간이 양간(陽干)이 되면 양토운년(陽土運年)이라 하고
연간이 음간(陰干)이 되면 음토운년(陰土運年)이라 한다.
양간년(陽干年)은 주로 태과(太過)하고
음간년(陰干年)은 주로 불급(不及)한다고 했다.

이를 과유불급(過猶不及)에 비유했는데 양간년(陽干年)은 기세(氣勢)가 너무 강하므로 통제하는 기운이 필요하고 음간년(陰干年)은 기세(氣勢)가 약하므로 기(氣)를 보충하는 것이 필요하다는 것이다.

육기(六氣)는 지지의 기운으로 자(子) 축(丑) 인(寅) 묘(卯) 진(辰) 사(巳) 오(午) 미(未) 신(申) 유(酉) 술(戌) 해(亥)인데 이를 풍(風) 한(寒) 서(暑) 습(濕) 조(燥) 화(火) 등 6가지 기운과 결합하여 질병을 예측하였다.

실제 병증(病症)은 육기(六氣)인 지지에서 발생된다는 의미인데 《적천수》의 천극지충(天剋支沖) 편에 나오는 문구와도 일맥상통한다.

천전유자가 지전급여화(天戰猶自可 地戰急如火)
천간(天干)**의 상극**(相剋)**은 오히려 괜찮다고 할 수 있으나**
지지(地支)**의 싸움은 급하기가 마치 불과 같다.**
- 《적천수》

이를 해석하면 천간의 극은 발현 속도가 느리고 약하지만 지지의 극충은 빠르고 강하다는 것이다.

따라서 합(合)을 정확히 이해하기 위해서는 사주고서뿐 아니라 병증(病症)에 관련된 오운육기도 알아야 한다는 것이다.

특히 합충변화(合沖變化)에서 건강 수명은 배우자나 직업보다도 중요한 요소로 작용하기도 한다.

이처럼 합충(合沖) 변화를 통해 건강 수명까지 알고 대비할 수 있다.

(4) 오운육기(五運六氣)의 기운

질병을 예방하는 데 있어서 오운육기(五運六氣)로 그해가 어느 운(運)에 해당하는지 살펴보고 오운을 대운(大運) 주운(主運) 객운(客運) 등 3가지로 나누었다.

오운(五運)은 하늘의 법칙이나 질서로 지지의 육기(六氣)에게 영향을 미치는데 육기(六氣)란 풍(風) 한(寒) 서(暑) 습(濕) 조(燥) 화(火) 등 6가지 기운과 12지지의 기운인 '자(子) 축(丑) 인(寅) 묘(卯) 진(辰) 사(巳) 오(午) 미(未) 신(申) 유(酉) 술(戌) 해(亥)'를 합하여 병증(病症)을 해석하였다.

◎ 남명(男命) (천간합) (같은 사주 남녀에 따른 다른 해석)

구분	시(時)	일(日)	월(月)	년(年)
천간 (天干)	병(丙)	갑(甲)	기(己)	병(丙)
지지 (地支)	인(寅)	신(申)	유(酉)	술(戌)

해설

갑목(甲木)에게 기토(己土)는 재성(財星)에 해당하기 때문에 재성은 남자에게는 여자이고 배우자이다. 따라서 위 사주는 본질적인 합(合)이 되었다.

이처럼 천간에서 발생되는 부부지합(夫婦之合)은 천간뿐만 아니라 배우자 궁(宮)인 일지(日支)의 동태를 보아야 하고 남성의 경우 상대 여성의 개인 사주에서 관성의 동태까지 모두 해석해야 한다.

위 사주는 재성이 천간과 지지에 정·편재로 있으며 식신과 관성을 모두 가지고 있기 때문에 재성의 쓰임새가 매우 좋은 편이다.
즉 남성 사주에 식신생재와 재생관이 되어 있다는 것은 사회생활과 가정생활 모두 잘할 가능성이 높다는 것을 의미한다.
다만 인성이 약해 융통성과 인간관계에서 스트레스를 많이 받을 수 있다.

갑목(甲木)이 일간인 경우와 기토(己土)가 일간인 경우도 해석이 달라질 수 있으므로 주의해야 한다.
위 사주는 정재(正財)와 합(合)을 하고 있어 아내에 대한 의존성이 있고 대외적으로 아내를 공개하고 내조를 받는 남성 사주이다.

◎ **여명(女命) (천간합) (같은 사주 남녀에 따른 다른 해석)**

구분	시(時)	일(日)	월(月)	년(年)
천간(天干)	병(丙)	갑(甲)	기(己)	병(丙)
지지(地支)	인(寅)	신(申)	유(酉)	술(戌)

해설

갑목(甲木)에게 기토(己土)는 재성(財星)에 해당하기 때문에 재성은 여성에게 심리적으로는 욕심이고 확장적인 성향을 만든다.
육친적으로는 아버지이고 사회적으로는 재물 목표 대상 유흥 재미 취미에 해당한다. 따라서 위 사주는 형식적인 합(合)이 되었다.

그러나 여성에게 재성합(財星合)이라도 사주에 관성(官星)이 없을 때에는 재성을 남자로 해석할 여지는 있다. 다만 이성적인 관점보다는 전체적인 인간관계로 해석하는 것이 적합하다고 볼 수 있다.

여성에게 운에서 갑기합(甲己合)이 들어오면 재물에 대한 집착과 소유욕이 강해지는 특성으로 나타난다. 욕망의 대상은 그때 그때 환경에 의해 변화된다.

위 사주는 재성이 식신생재(食神生財)와 재생관(財生官)으로 이루어져 있어 사회생활을 무난하게 할 수 있는 구조이다.

다만 관성이 인신충(寅申沖) 하고 일지가 편관으로 절지(絶支)가 되어 있어 이혼수가 있으며 남편이 있더라도 정(情)이 없는 편이다.

3) 천간합(天干合)의 종류

갑(甲) + 기(己)는 토기(土氣)가 생성된다.
을(乙) + 경(庚)은 금기(金氣)가 생성된다.
병(丙) + 신(辛)은 수기(水氣)가 생성된다.
정(丁) + 임(壬)은 목기(木氣)가 생성된다.
무(戊) + 계(癸)는 화기(火氣)가 생성된다.

천간합의 형태는 모두 5가지로 구분할 수 있으며 이를 오기(五氣)라고 한다.
오기(五氣)는 목화토금수의 성질을 지니고 있으며 그 성질은 고정불변한 것이 아닌 임시적인 특성이 있다.
즉 가합(假合)적인 형태로 존재하며 오운(五運)에 의해 변화되는 특성이 있다.
오운(五運)은 대운 세운 월운 일운 시운 등을 의미한다.

여기서 가장 중요한 것은 기운이 생성되는 것이지 오행 자체가 물적

변화를 일으키는 것이 아니란 의미이다.

예를 들면 갑기합화(甲己合化)가 되었다면 갑목(甲木)이 기토(己土)로 변화되었다는 것이 아니란 것이다.
어떤 오행도 그 자체가 변하는 것은 없다.
목(木)은 목(木)이고 수(水)는 수(水)일 뿐이다.

새로운 기운이 만들어진 것과 오행 자체가 바뀌는 것은 전혀 다른 이야기이다.
이는 마치 밤이 되었다고 아침이 없어진 것이 아닌 이치와 같다.

봄이 되었다고 겨울이 사라진 것이 아니라 잠시 봄이 드러난 것이고 겨울은 감춰진 것이다. 이를 주관하는 것은 천간의 변화가 그 근원이라 할 수 있다.
그래서 천간의 변화는 사람에게 정신적 심리적 변화를 만들어 내고 행동까지 영향을 미치게 되는 것이다.

앞서 배운 오운육기의 원리처럼 천지의 변화는 가합적으로 형상을 만들지만 그것은 계절의 진행과정에서 발생된 임시적인 기운이다.

갑목(甲木)일간에게 기토운(己土運)이 들어와 갑기합토화(甲己合土化)가 되었다고 가정해 보자. 심리적으로 우선 기토(己土)의 성향이 만들어지면서 갑목(甲木)의 순수함과 이상적 성향이 현실적 계산적으로 변화되면서 행동이 달라지기 시작한다.

평소에는 명예와 명분 등을 중요하게 생각하고 행동하던 사람이 갑자기 현실적이고 재물을 탐하는 심리상태로 변하는 것이다.

이와 반대로 기토(己土)일간이 갑목운(甲木運)을 만나면 기토(己土)의 성향인 현실성과 재물에 대한 탐욕이 약해지고 갑목(甲木)의 기운인 명분과 명예 등을 추구하게 된다.
이는 밤과 낮이 변화되는 원리와 같은 것이다.

그런데 그것을 토기(土氣)로 변화했다고 설명한 것이다.
만일 물리적으로 진짜 갑기합(甲己合)이 토기로 변했다면 다시 원래 오행대로 복원될 수 없어야 하고 어떤 토기(土氣)로 변했는지 기토(己土)인지 무토(戊土)인지 분명한 설명이 있어야 한다.

그렇기 때문에 실제적으로 합(合)은 심리적 행동적 변화를 일으키는 것일 뿐 외형적 물리적 형태가 변화되는 것이 아님을 꼭 기억해야 한다.
대자연의 기본 법칙은 사라지는 것이 아닌 변화라는 점을 잊지 말자.

정(丁)과 임(壬)이 만나 합(合)하면 목기(木氣)인 봄의 기운이 생성되고 심리적 행동으로는 청춘남녀처럼 서로에게 호감을 느끼게 되고 사랑에 빠지게 된다.

그러나 충극(沖剋)으로 인해 합(合)이 깨지게 되면 심리적으로 새로운 관심 욕망 긴장감 등이 만들어지며 행동도 변하게 된다. 즉 사랑했다가 마음이 변하여 이별하게 된 것일 뿐 사람 자체가 바뀐 것은 아니라는 의미이다.

(1) 일간합(日干合)의 특징

① 갑기(甲己)

▶ 갑(甲)일간의 특징

상징성 이상적 순수함 정신적 성장성 철학적 가치추구 이상적 명예 자존심 부화뇌동 생명력 자비로움 모성애 관계의지

▶ 기(己)일간의 특징

현실성 계산적 실리적 생산성 추구 변동성 유연성 자기중심적 의존성 재물에 대한 욕심 연애 다정다감

② 을경(乙庚)

▶ 을(乙)일간의 특징

여성적 현실성 유연성 자유로움 생존력 기사회생 직장운 이동운 자존심 다정다감 연애 실리적 계산적

▶ 경(庚)일간의 특징

남성적 추진력 저돌성 기회포착 사회적 목적 달성 추진력 주체성 직장운 이동운 경쟁심리 승부욕 단순함

③ 병신(丙辛)

▶ 병(丙)일간의 특징

남성적 상징성 허장성쇠 선민성 보편성 예의 연애 자기희생 부드러움 지혜 낭만적 비경제성 허세 허무

▶ 신(辛)일간의 특징

여성적 자존심 예민 사치 욕망 질투 도화 정밀성 집중력 인내부족 과욕 까칠함 집중성 감정기복 허영심

④ 정임(丁壬)

▶ 정(丁)일간의 특징

정밀함 특수함 현실성 집중력 연애 낭만적 정열적 자기희생 욕망 열정 충성심 일편단심 외유내강

▶ 임(壬)일간의 특징

생동감 시작의 기운 연애 순수함 관심 경험 지혜 생각 심사숙고 저장 수용성 부정적

⑤ 무계(戊癸)

▶ 무(戊)일간의 특징

남성적 철학 종교성 과묵함 여유 자신감 재물 사회적 성취 명예 자존심 강압 이중성 비효율성 감춰진 욕망

▶ 계(癸)일간의 특징

여성적 현실성 생존력 계산적 희생적 의존성 객체적 비밀유지 참모역할 유연성 지혜 질투

(2) 천간합(天干合)의 형태

천간합	변환기운	특성
갑기합 (甲己合)	토기(土氣) 중정지합 (中正之合)	물리적 합(合) 대외적이고 사회적인 기운 (변화의 기운이 약하지만 중화적이다.) 신의와 중용을 지켜 사회적 존경을 받으나 지능 지혜가 약하다. 현실성과 상징성이 만나 사고의 유연성이 생기고 행동에는 융통성이 만들어진다.
을경합 (乙庚合)	금기(金氣) 인의지합 (仁義之合)	물리적 합(合) 부드러움과 강함의 조화 (변화의 기운이 강하고 일방적이다.) 과감 강직하고 추진력이 있으나 을일생(乙日生)이 경(庚)과 합(合)하면 예의 결단성이 없고 경일생(庚日生)이 을(乙)과 합(合)하면 인정 자비심이 없고 세력을 키운다.
병신합 (丙辛合)	수기(水氣) 위제지합 (威制之合)	화학적 합(合) 사랑과 증오의 조화 (변화의 기운이 강하고 권위적이다.) 위엄은 있으나 잔인하고 호색한 경향이 있다. 신일생(辛日生)이 병(丙)과 합(合)하면 마음이 편협하고 불안정하고 병일생(丙日生)이 신(辛)과 합(合)하면 지혜(智慧)는 있으나 자기중심적이며 이기주의적이다.

천간합	변환기운	특성
정임합 (丁壬合)	목기(木氣) 음란지합 (淫亂之合)	화학적 합(合) 낭만과 집중력의 기운 (변화의 기운이 강하고 아름다움 추구) 감정적이고 호색하다. 정일생(丁日生)이 임(壬)과 합(合)하면 소심하고 질투가 심하고 임일생(壬日生)이 정(丁)과 합(合)하면 감정기복이 심하고 신의(信義)가 없다. 변덕이 잦다.
무계합 (戊癸合)	화기(火氣) 무정지합 (無情之合)	물리적 합(合) 강압적인 기운 (변화의 기운이 약하고 배신의 기운) 남녀 간 정이 없고 질투가 심하며 유시무종(有始無終)되기 쉽다. 계일생(癸日生)이 무(戊)와 합(合)하면 질투 의심이 많고 무일생(戊日生)이 계수(癸水)와 합(合)하면 총명(聰明)하나 내심무정(內心無情)하다. 이동과 변동성이 강해진다.

4) 천간합(天干合)의 응용

합유의불의 합다불위기(合有宜不宜 合多不爲奇)
합(合)에도 마땅한 합(合)과 마땅하지 않은 합(合)이 있다.
합(合)이 많으면 아름답지 못하다.
- 《적천수》

천간합(天干合)에서 가장 중요한 요소는 합화(合化)한 기운이 사주에서 어떤 역할을 하는지이다.
흔히 용신(用神)의 기운 혹은 기신(忌神)의 기운에 따라 길흉(吉凶)이 달라진다고 하는데 이는 조금 잘못된 해석이다.

지지합은 천간합과는 다르게 변화되는 기운보다 누가 주체가 되어 변화되는지가 더 중요하고 심리적 작용력이 더 강하기 때문에 생각과 마음의 변화에 주목해야 한다.

천간은 기(氣)의 흐름과 한난(寒暖)으로 인한 조후(調喉)가 중심이 되고 지지는 방향성과 조습(燥濕)으로 인한 조후(調喉)가 중심이 되기 때문이다. 그러나 천간과 지지는 정신과 육체처럼 서로 보완되고 연결되어 있기 때문에 천간을 이해하기 위해서는 반드시 지지와 지장간의 동태를 파악해야 한다.

지지의 병(病)을 치유하는 약신(藥神)은 주로 천간에 있고 천간의 병을 치유하는 약신은 지지에 있다.

예를 들면 지지가 인오술(寅午戌) 화국(火局)이 되면 약신(藥神)은 천간의 임수(壬水)가 되고 약신을 도와주는 희신은 경금(庚金)이 된다.

천간에 무계합(戊癸合)이 되고 화기(火氣)가 강하다면 약신은 지지의 진토(辰土)가 되는데 이를 돕는 희신은 자수(子水)가 된다.

천간에 갑기합(甲己合)이 되고 토기(土氣)가 강하다면 지지의 인목(寅木)이 약신이 되고 이를 돕는 희신은 해수(亥水)가 된다.

따라서 천간의 병은 지지의 동태를 살펴야 하고 지지의 병은 천간에서 약을 구해야 한다는 것이다.

地道有燥濕 生成品彙 人道得之 不可偏也
(지도유조습 생성품휘 인도득지 불가편야)
- 《적천수》

'지도(地道)'란 땅의 이치이다. 땅에는 조(燥)함과 습(濕)함이 있어 모든 것들을 생성시키며 성품 재능까지 결정되기 때문에 사람도 마땅히 그 이치를 따라야 하고 치우치면 좋지 않다는 의미이다.

음양(陰陽)으로 구분하면 습(濕)은 음(陰)이며, 조(燥)는 양(陽)이라 할 수 있다.

습(濕)이 왕성하다면 조(燥)의 기운이 필요하고 조(燥)가 강하다면 습(濕)이 필요하다는 의미이다. 조습(燥濕)의 해결방안을 멋진 문장으로 표현한 《적천수》 천간론에 보면 아래와 같은 문구가 있다.

火熾乘龍 水蕩騎虎(화치승룡 수탕기호)
화(火)가 강하면 용(龍)을 타야 하고,
수(水)가 많으면 호랑이(虎)를 타야 한다.
- 《적천수》

이 말의 의미는 화기(火氣)가 강할 때는 진토(辰土)가 화기를 중화시켜 주고 수기(水氣)가 강할 때는 인목(寅木)이 수생목(水生木)하여 수기를 설기(洩氣)시켜 통제할 수 있다는 의미이다. 여기서 용은 진토(辰土), 호랑이는 인목(寅木)을 의미한다.

즉 화기가 강할 때는 진토를 사용하여 화기를 다스리고 수기가 강할 때는 인목으로 수기를 다스리란 것이다.

만일 갑목(甲木)일간이 지지에서 인오술(寅午戌) 화국(火局)이 만들어졌다면 분목(焚木)화될 가능성이 높아진다. 이때 지지에 진토(辰土)가 있거나 천간에 임계수(壬癸水)가 있다면 병(病)이 치유되는 것이다.

그러나 실제 사주를 간명하다 보면 합충(合沖)변화와 생극(生剋)으로 인해 변수들이 발생될 수 있다.

예를 들면 수기(水氣)가 강한데 인목(寅木)이 없다면 조토(燥土)를 사용하여 토극수(土剋水)로 수기를 다스려야 하고 화기(火氣)가 강한데 진토(辰土)가 없다면 수기를 사용하여 수극화(水剋火)로 화기를 다스려야 한다.

그리고 수기(水氣)를 수생목(水生木)으로 다스리는 것과 토극수(土剋水)로 다스리는 것은 차이가 있다.

수생목은 순수하고 자연스러운 치수(治水)방법이라면 토극수는 현실적이고 인위적인 방법이다.

천간합(天干合)은 단순히 합의 성사 여부와 변화만 해석해서는 안 되며 지지와의 연결과 통근까지 함께 살펴야 한다.

天全一氣 不可使地德莫之載(천전일기 불가사지덕막지재)
地全三物 不可使天道莫之容(지전삼물 불가사천도막지용)
-《적천수》

천간(天干) 네 글자가 한 가지 기운으로 되어 있어도 지지(地支)에서 덕(德)으로 그 힘을 실어 주지 않으면 아무런 소용이 없으며 지지에 방합(方合)이나 삼합(三合)이 있더라도 천간이 이를 허락하지 않으면 아무런 쓸모가 없다.

천간(天干)과 지지(地支)는 지식과 언어와의 관계와 같다.
아무리 많은 지식을 가지고 있더라도 표현하지 않으면 아무 소용이 없다는 이치로 천간합(天干合)이 되어 한 가지 강한 기운이 만들어지더라도 지지에서 이를 도와주지 않으면 사용하기 어렵다는 것이다.

따라서 천간합(天干合)이 생성되었다면 지지(地支)에서 이를 생(生)할 수 있는지 여부를 반드시 살펴야 한다. 이때 월지(月支)의 동태가 가장 중요하다.

천간(天干)과 지지(地支)는 음양(陰陽)의 원리처럼 불리불잡(不離不雜)의 관계이다. 단 한시라도 떨어질 수 없다.

◎ 천간합(天干合)과 지지(地支)와의 관계

천간합	지지의 동태
갑기합 (甲己合)	월지(月支)에 토기(土氣)가 있으면 갑기합(甲己合)의 기운이 매우 강하게 나타나고 다른 지지(地支)에만 있으면 약하게 나타난다.
을경합 (乙庚合)	월지(月支)에 금기(金氣)가 있으면 을경합(乙庚合)의 기운이 매우 강하게 나타나고 다른 지지(地支)에만 있으면 약하게 나타난다.
병신합 (丙辛合)	월지(月支)에 수기(水氣)가 있으면 병신합(丙辛合)의 기운이 매우 강하게 나타나고 다른 지지(地支)에만 있으면 약하게 나타난다.
정임합 (丁壬合)	월지(月支)에 목기(木氣)가 있으면 정임합(丁壬合)의 기운이 매우 강하게 나타나고 다른 지지(地支)에만 있으면 약하게 나타난다.
무계합 (戊癸合)	월지(月支)에 화기(火氣)가 있으면 무계합(戊癸合)의 기운이 매우 강하게 나타나고 다른 지지(地支)에만 있으면 약하게 나타난다.

5) 천간의 극(剋)

사주팔자에서 천간과 지지를 흔히 기(氣)와 세(勢) 혹은 기(氣)와 질(質)로 구분하기도 하는데 기(氣)는 무형(無形)의 기운이고 질(質)은 유형(有形)의 형체이며 서로 상호작용을 통해 생명의 항상성을 유지하고 있다.

이를 실체적으로 해석하면 천간(天干)은 정신 생각 의지의 영역이고 지지는 행동 현실 등 일체 사건사고 몸체의 영역이라고도 할 수 있다. 그렇다면 천간의 기(氣)는 어떻게 운영되고 발현하는지 살펴보자.

천간(天干)의 운영과 발현은 지지(地支) 속에 들어 있는 지장간(地藏干)의 동태와 밀접한 관련이 있다. 따라서 천간에서 극(剋)이 발생하면 지지가 흔들리고 지지가 충(沖)을 해도 천간이 움직이는 현상이 일어나게 된다. 천간과 지지는 정신과 육체처럼 함께 움직이는 이형동체(異形同體)의 상태인 것이다.

이를 통근(通根) 혹은 투간(透干)이라고도 하는데 마치 나무의 줄기와 뿌리처럼 하나의 개체로도 볼 수 있는 것이다.

그래서 운(運)에서 천극지충(天剋地沖)이 들어오면 일생일대에 큰 변화가 일어나기도 한다. 그 변화는 주로 부정적인 경우가 대부분이지만 극충(剋沖)당하는 오행이 흉신(凶神)이라면 그 흉(凶)은 반감되거나 무력화되기도 한다.

흔히 천간극(天干剋)을 천간충(天干沖)이라고 부르고 있는데, 천간극이라는 표현이 더 정확한 명칭이다. 사주고서에서는 극(剋)이라고 표현하는 것이 통설이다.
왜냐하면 논리적으로 천간은 기(氣)의 흐름과 변화이며 방향성이 없기 때문에 충(沖)이란 표현은 모순된 것이다.

그러나 그 명칭보다는 어떤 의미와 현상이 있는지 파악하는 것이 더 중요하다.
충극(沖剋)의 차이점을 비교하자면 극(剋)은 단순한 형태로 나타나고 충(沖)은 다소 복잡한 양상으로 나타난다는 것인데 그것은 지장간(地藏干)이 있기 때문이다.

지장간은 천간의 움직임에 따라 반응하기 때문에 천간의 움직임이 없다면 지장간도 운동성이 발현되지 않는다.

지장간에 들어 있는 오행들은 반드시 천간으로 투간(透干)되었을 때만 그 역할이 크게 드러나게 된다. 천간으로 투간된 오행은 선명하고 힘이 있으며 사회적으로 사용 가능한 상태에 놓이게 된다.

결론적으로 천간의 힘의 세기는 지지에 의해 결정된다고 할 수 있다. 그러나 지장간에 들어 있는 천간오행은 지지의 본성임을 잊어서는 안 된다.

천전일기 불가사지덕막지재(天全一氣 不可使地德莫之載)
천간에 모두 같은 글자가 있다 하여도
지지에서 그 힘을 실어주지 않는다면 아무런 소용이 없다.
-《적천수》

◎ 천전일기(天全一氣) 사주

구분	시(時)	일(日)	월(月)	년(年)
천간(天干)	갑(甲)	갑(甲)	갑(甲)	갑(甲)
지지(地支)	술(戌)	신(申)	신(申)	신(申)

해설

위 사주는 천간이 모두 한 가지 기운으로 되어 있는 천전일기(天全一氣)인데 지지에서 이를 생(生)해 주는 오행이 없어 가난하고 단명한 사주이다. 천간의 기운은 반드시 지지에서 도움을 받아야만 그 기능과 역할을 다할 수 있다.

천간이 순행(順行)으로 기(氣)의 흐름이 원활한 사람은 정신과 품성이 맑고 건강하나 극(剋)이 지나치게 많거나 지지에 근(根)이 없으면 정신이 불안정하고 예민하여 매사 짜증과 의심이 떠나지 않는다.

또한 극(剋)과 선전(旋轉)현상이 있으면 불안정성이 극대화되어 병증(病症)으로 나타날 가능성이 매우 높다.

◎ 선전(旋轉)현상

대만의 하건충 선생에 의해 발견된 이론으로 사주에 극충(剋沖)이 많거나 지지에 원진귀문(怨嗔鬼門)과 동시에 있을 때는 발현 병증(病症)이 강하게 나타나며 그 병증(病症)의 형태는 정신분열, 과대망상 신경쇠약 공황장애 불안증 치매 분열과 파괴 등 다양한 형태로 나온다.

선전(旋轉)의 의미는 '돌다' '선회하다' '빙빙 회전하다' 등이며 뉴곡(扭曲)이라고도 부른다.
선전은 천간(天干)과 지지(地支)의 간지(干支)가 반대로 움직이는 경우인데 예를 들면 천간은 순행(順行)인데 지지는 역행(逆行)으로 움직이는 경우이다.
그중에서도 1급 선전을 가장 중(重)하게 여긴다.

1급 선전은 천간지지 글자가 바로 이어진 경우이다.
천간(天干)에서는 갑을(甲乙) 병정(丙丁) 정무(丁戊)로 순행하고 지지는 반대방향인 진묘(辰卯) 인축(寅丑) 묘인(卯寅)으로 역행할 때 성립된다.

甲→乙   丙→丁   丁→戊
辰←卯   寅←丑   卯←寅

천간(天干)과 지지(地支)가 한 자씩 떨어져 순행 역행하면 2급 선전(旋轉)이 된다.

甲→丙   丙→戊   丁→己
寅←子   寅←子   未←巳

6) 천간극(天干剋)의 형태

천간극(天干剋)은 모두 5가지 형태로 있으며 십성(十星)으로 보면 모두 칠살(七殺)의 개념이다. 그래서 천간에 극(剋)이 있을 때는 식상(食傷)이 있으면 귀격(貴格)이 되는 것이다. 실제적으로는 금목상쟁(金木相爭) 수화상전(水火相戰) 등 4가지이다.
이를 식신제살(食神制殺) 상관제살(傷官制殺)이라고 한다.

천간극의 가장 큰 특징은 일간극(日干剋)을 중심으로 일어난다는 것이다. 연월간(年月干)의 극(剋)은 초년과 부모와 관련된 자리이므로 그 영향력이 오래가긴 어려우며 심리적으로도 부정적인 면이 조금 더 강조될 뿐이다.

천간극은 원국의 극과 운(運)에서 들어오는 극으로 구분할 수 있다.
원국의 극은 약하지만 지속성이 있고 운의 극은 강하지만 단발적이며 사건사고를 만든다.
극(剋)의 역할과 목적은 더 강한 쪽에서 상대방을 일방적으로 죽이려는 작용이다. 특히 그 죽이려는 대상이 일간일 경우 더욱 위협적이고 위험한 상태가 된다.

만일 일간을 극(剋)하려는 오행이 지지(地支)나 특히 월지(月支)에 뿌리까지 두고 있다면 매우 위험한 상황이다. 이때 식상(食傷)이 없어 제살(制殺)할 힘도 없고 일간마저 약하다면 생명까지 위험한 상황이 될 수 있다.

따라서 천간극(天干剋)을 살필 때는 우선 통근이 되어 있는지 보고 식상(食傷)이 있는지까지 자세히 살펴야 한다.
설령 식상이 있다 하여도 운(運)에 의해 무력화되면 화(禍)를 입을 수 있으므로 운의 동태도 면밀히 관찰해야 한다.

예를 들면 관살로부터 일간을 보호하고 있는 식상(食傷)이 편인(偏印)에 의해 극을 당했다면 이미 식신은 식신제살(食神制殺) 기능을 상실한 것과 같다. 만일 운에서 편인도식(偏印倒食)이 생성되었다면 인생의 중대 사건이 만들어지는 시점이 형성되는 것이다. 특히 식상이 용신일 경우는 심각한 건강훼손 생명위험 경제적 파산 관재 구설 육친 손상 등이 발생될 수 있다.
극(剋)은 충(沖)처럼 합에 의해 완화된다.

그래서 극충이 함께 운에서 들어올 때는 흉함이 반감되는 것이다. 운 중에서는 세운이 가장 강하며 운의 군왕(君王)이라고도 한다.

◎ 갑경극(甲庚剋) 상관제살(傷官制殺)

구분	시(時)	일(日)	월(月)	년(年)
천간(天干)	갑(甲)	갑(甲)	경(庚)	정(丁)
지지(地支)	자(子)	인(寅)	진(辰)	묘(卯)

해설

갑경극(甲庚剋)이 되었지만 지지에 근(根)이 없어 칠살(七殺)이 약하고 정화(丁火)가 이를 상관제살(傷官制殺)하는 사주이다.

이런 경우는 경금(庚金)이 득화이예(得火而銳)가 되어 사회적 가치가 생긴다. 즉 위협과 스트레스가 직장 직업 등의 가치로 변환되는 것이다. 진월(辰月)의 경금(庚金)은 강하지 않기 때문에 일간 갑목(甲木) 입장에서는 그렇게 위협적이지는 않게 느껴진다.

이것을 토생금(土生金)으로 보아 경금(庚金)이 강해진다고 생각하는 것은 심각한 오류를 범하는 것이다. 왜냐하면 진월(辰月)은 목기(木氣)와 화기(火氣)가 가장 강해지는 시기이기 때문이다.

천간에서 칠살(七殺)작용을 전극(戰剋)이라고 표현하는데 특히 그 충격이 강한 것은 금목상쟁(金木傷爭)과 수화상전(水火相戰)이며 목극토(木剋土)는 경우에 따라 유정(有情)하게 작용할 수도 있다.

예를 들면 기토(己土)일간이 병화(丙火)가 있을 때 을목(乙木) 칠살(七殺)이 들어온다면 오히려 좋은 작용을 할 가능성이 높아지기 때문이다.

◎ 갑경극(甲庚剋) 식상제살(食傷制殺)불가

구분	시(時)	일(日)	월(月)	년(年)
천간 (天干)	갑(甲)	갑(甲)	경(庚)	기(己)
지지 (地支)	자(子)	술(戌)	신(申)	묘(卯)

> **해설**
>
> 갑경극(甲庚剋)이 되었는데 월지(月支)에 근(根)이 있고 금왕절(金旺節)이어서 칠살(七殺)이 매우 강하고 병정화(丙丁火)가 없어 일주가 매우 위태로운 상태이다.
>
> 운(運)에서 병정화(丙丁火)가 들어오지 않는다면 힘들고 어려운 일들이 많이 발생될 것이다.
>
> 특히 이런 경우 식상제살(食傷制殺)이 안 되기 때문에 어려운 문제가 발생해도 해결할 능력이 안 되고 복원성도 떨어질 수밖에 없다. 그래서 사주 원국에 식상제살(食傷制殺)이 불가능할 때에는 사업이나 장사보다는 직장 공직 전문직 선생 의사 종교 봉사 등을 직업으로 선택해야 한다.
>
> 만일 화기(火氣)가 없는 상태에서 천간으로 임수(壬水)가 들어온다면 능설금기(能洩金氣)가 되어 칠살(七殺)의 강도를 약화시킬 수 있으며 목기(木氣)는 강화시켜 일주의 대항력이 강해지는 효과를 기대할 수 있다.
>
> 그러나 같은 수기(水氣)라도 계수(癸水)는 설기(洩氣)시킬 힘이 약해 숙살(肅殺)의 기운을 제거하는 데 별 도움이 되지 않는다.

◎ 을신극(乙辛剋) 상관합살(傷官合殺)

구분	시(時)	일(日)	월(月)	년(年)
천간 (天干)	무(戊)	을(乙)	신(辛)	병(丙)
지지 (地支)	인(寅)	묘(卯)	사(巳)	술(戌)

해설

위 사주는 을신극(乙辛剋)이 되었지만 병화(丙火)가 신금(辛金)을 합살(合殺)하여 위협이 제거된 상태이다. 합살은 살(殺)을 제거하는 데 있어 가장 효율적이고 최고의 방법이 될 수 있다.

상관합살(傷官合殺)은 식신제살에 비해 시련과 고통이 적으며 타인을 이용하거나 도움을 받을 수 있는 기운이기 때문에 자신을 효율적으로 보호하고 손쉽게 문제 해결을 할 수 있는 장점이 있다.

그러나 자신의 능력으로 해결한 것이 아니기 때문에 같은 문제가 재차 발생되었을 때에는 타인의 도움이 없다면 큰 낭패를 볼 수 있고 자신감이 떨어지게 된다.

이 사주는 상관합살로 살(殺)이 관(官)으로 작용할 가능성이 높다. 살(殺)이 관(官)으로 작용한다는 것은 불리함이 유리함으로 바뀐다는 의미가 있다.

또한 복원성이 있어서 실패하더라도 다시 일어서는 저력을 지니고 있다. 다만 천간에서 금극목(金剋木)이 발생되기 때문에 심리적으로 예민하고 부정적인 성향이 나타난다.

운에서 임계수운(壬癸水運)이 들어올 때 크게 발복하는 사주이다.

◆ 천간극(天干剋) 천간충(天干沖)의 종류

천간극을 천간충으로 부르는 것에 대한 명칭은 중요하지 않다.
단지 천간극은 지지충처럼 복잡한 양상이 없고 단순하게 한쪽이 한쪽을 일방적으로 극(剋)하는 형태를 지닌다는 것만 기억하면 된다. 천간과 지지의 가장 큰 차이점은 방향성의 유무(有無)이다. 천간은 방향성이 없고 지지는 방향성이 명확하다. 방향성은 계절의 순환을 의미한다.

따라서 천간의 토(土)와 지지의 토(土)는 그 역할과 목적도 매우 다른 양상을 보인다. 지지에서 토(土)는 계절과 계절 사이의 연결인 환절기 역할을 하지만 천간의 토(土)는 연결기능이 아닌 토(土) 본연의 모습인 저장과 수용을 대표하고 있다. 다른 오행도 복잡한 지지의 오행과는 다르게 단순하고 특정적인 모습을 나타낸다.

예를 들면 갑목(甲木)과 인목(寅木)은 같은 목기(木氣)이지만 갑목은 순양의 목(木)으로 성장을 그 특징으로 한다면 인목(寅木)은 성장뿐 아니라 수기(水氣)를 설기(洩氣)하고 병화(丙火)의 뿌리가 되어 주고 오화(午火)의 생지(生支)가 되기도 하는 등 그 영역이 다양하고 복잡하다.

천간에 극충(剋沖)이 발생되면 사상적 심리적 분리 상해 발동 충동 등에 변화가 오거나 행동까지 영향을 미쳐 자신의 신체나 신상에도 문제가 생길 수 있다.

천간극의 형태는 여러 가지로 구분할 수 있지만 실질적인 의미의 천간극은 금목상쟁(金木相爭) 수화상전(水火相戰) 4가지로 요약할 수 있다. 이를 천간 4충(沖)이라고 한다.

간혹 을극기(乙剋己) 갑극무(甲剋戊) 정극신(丁剋辛) 병극경(丙剋庚) 등도 천간충(天干沖)이 아니냐고 의문을 제기하는 경우도 있지만 이는 이치에 맞지 않는다. 기본적으로 충(沖)은 동서남북(東西南北) 방향성에 근원하기 때문이다. 그래서 천간 4충(沖)은 아래 4가지뿐이다.

갑경극(甲庚剋) 을신극(乙辛剋) 병임극(丙壬剋) 정계극(丁癸剋)이다.
이를 방향으로 표시하면 동서남북(東西南北)이다.
갑경극(甲庚剋) 을신극(乙辛剋)은 동서극충(東西剋沖)이며
병임극(丙壬剋) 정계극(丁癸剋)은 남북극충(南北剋沖)이다.
천간 자체는 방향성이 없지만 목금(木金) 화수(火水)의 기운은 방향성을 지니고 있다.

▶ 갑경극(甲庚剋) : 금목상쟁(金木相爭)의 기운으로 병정화(丙丁火)가 없을 경우 매우 치명적으로 작용하며 월지(月支)가 신유월(申酉月)이라면 더욱 위험하다.

이 경우 가장 좋은 방법은 병정화(丙丁火)로 제살(制殺)하는 방법과 을목(乙木)으로 합살(合殺)하는 방법이 있으며 차선책으로는 임수(壬水)로 설기(洩氣)시키는 보조수단이 있다.

경금(庚金)의 위치가 월간(月干)에 있을 때 가장 충격이 강하며 그다음 시간 연간순이다. 갑경극(甲庚剋)은 지지로 변환하면 인신충(寅申沖)에 해당하며 실제 지지에서 인신충(寅申沖)이 발생되면 천간에서는 갑경(甲庚)이 동(動)한다.

◎ 병정화(丙丁火)로 제살(制殺)된 사주

구분	시(時)	일(日)	월(月)	년(年)
천간(天干)	정(丁)	갑(甲)	경(庚)	병(丙)
지지(地支)	묘(卯)	인(寅)	신(申)	인(寅)

> **해설**
>
> 위 사주는 갑경극(甲庚剋)이 되었지만 천간(天干)의 병정화(丙丁火)로 제살(制殺)된 사주이다.
>
> 제살(制殺)은 위협 위기적 요소를 잘 극복할 수 있는 능력을 지닌 것이다. 어려움이 있지만 이를 이겨 내고 최종 목적달성이 실현되는 것으로 볼 수 있다.
>
> 따라서 본 사주는 병정화(丙丁火)에 따라 사주의 성패(成敗)가 결정된다. 경금(庚金)이 화기(火氣)를 만나 득화이예(得火而銳)가 된다는 것은 사회적으로 가치가 만들어진다는 의미가 있다.
>
> 그러나 수기(水氣)가 없어 인내심과 지구력이 약하고 융통성이 부족해 대인관계가 어려우며 생각이 짧아 행동이 앞서는 단점이 있다.
>
> 천간으로 임수운(壬水運)이 들어올 경우 일간 갑목(甲木)에게는 인성운(印星運)이 들어와 가뭄 속에 단비를 맞는 격이고 경금(庚金)에게는 득수이청(得水而淸)이 되어 명예와 공명이 따르게 되는 최고의 길운이 된다.

◎ 을경합(乙庚合)으로 합살(合殺)한 사주

구분	시(時)	일(日)	월(月)	년(年)
천간 (天干)	신(辛)	갑(甲)	경(庚)	을(乙)
지지 (地支)	미(未)	오(午)	인(寅)	해(亥)

해설

갑경극(甲庚剋)이 되었지만 을경합(乙庚合)으로 합살(合殺)된 좋은 사주이다.

합살(合殺)은 탐합망살(貪合忘殺)이라고도 하는데 합(合)의 기운에 취해 충극(沖剋)하는 것을 잊어버린다는 의미이다.
살(殺)을 제거하는 데 있어 가장 효과적인 방법이다.

탐합망살(貪合忘殺)의 가장 중요한 특징은 무리하지 않고 부드럽게 어려운 일을 마무리할 수 있다는 장점이다.
즉 제살(制殺)은 자신도 일정 부분 타격을 입지만 합살(合殺)은 손쉽게 일을 처리 해결한다는 의미가 있다.

따라서 탐합망살이 들어오는 운에서는 그동안 풀리지 않던 일이나 사건들이 일시에 해결되는 현상을 보이기도 하고, 건강적으로는 난치병으로 인해 고통받다가 신약 개발 새로운 치료법 등 긍정적인 환경으로 치유되기도 한다.

그러나 남을 이용하여 문제해결을 하기 때문에 그에 대한 의존적 문제가 발생되기도 한다.

◎ 임수(壬水)로 설기시킨 사주

구분	시(時)	일(日)	월(月)	년(年)
천간(天干)	임(壬)	갑(甲)	경(庚)	무(戊)
지지(地支)	신(申)	신(申)	오(午)	술(戌)

해설

갑경극(甲庚剋)되었지만 임수(壬水)로 설기(洩氣)시킨 사주이다.

보조수단이지만 일간에 가해지는 충격은 상당히 완화된다.
단 보조적인 수단으로 완벽하게 살(殺)이 제거되지는 않는다.
하지만 차선책으로 쓸 수 있는 방법 중에서는 가장 효과적인 방법이다.

설기(洩氣)란 기운을 빼준다는 의미가 있다.
설기는 합살(合殺) 제살(制殺) 다음으로 사용하는 차선책이지만 경우에 따라서는 최상의 선택이 될 수 있다.

수기(水氣)가 지나치게 강할 때 인목(寅木)이 수기(水氣)를 강하게 설기(洩氣)시킬 수 있는데 이를 《적천수》에서는 수탕기호(水蕩騎虎)라고 한다.

▶ 을신극(乙辛剋) : 금목상쟁(金木相爭)의 기운으로 병정화(丙丁火)가 없을 경우, 매우 치명적으로 작용하며 월지(月支)가 신유월(申酉月)이라면 더욱 위험하다.

이 경우 가장 좋은 방법은 정화(丁火)로 제살(制殺)하는 방법과 병화(丙火)로 합살(合殺)하는 방법이 있으며 차선책으로 임계수(壬癸水)로 설기(洩氣)시키는 보조수단이 있다. 경금(庚金)은 계수(癸水)로는 설기가 불가하지만 신금(辛金)은 계수(癸水)로도 설기가 가능한 차이가 있다.

이는 음(陰)이 음(陰)을 생(生)하는 것이 가능하기 때문이다.
을신극(乙辛剋)을 구할 수 있는 것은 계절에 따라 조금 다른데 가을에는 반드시 정화(丁火)가 있어 포을이효(抱乙而孝)가 되어야만 제살(制殺)이 가능하다.

왜냐하면 가을은 금기(金氣)가 가장 강한 시기로 을목(乙木)과 경금(庚金)이 만나도 합(合)이 되지 않고 극(剋)을 하며 병화(丙火)는 약해지므로 강한 금기(金氣)를 극(剋)할 수 없기 때문이다.

◎ 정화(丁火)로 식신제살(食神制殺)한 사주

구분	시(時)	일(日)	월(月)	년(年)
천간 (天干)	정(丁)	을(乙)	신(辛)	정(丁)
지지 (地支)	축(丑)	미(未)	유(酉)	묘(卯)

해설

을신극(乙辛剋)이 되었지만 정화(丁火)가 신금(辛金)을 식신제살(食神制殺)하고 있다.
이것은 합법적으로 정당하게 살(殺)과 맞선다는 의미가 있다.

특히 식신제살이 된 여성은 남성을 다룰 수 있는 자신감이 있고 남성도 여성에게 함부로 하지 못하는 경향이 있다. 정화(丁火)는 집중력과 응집력을 갖추고 있고 제살(制殺)을 가장 완벽하게 수행할 수 있는 오행이다.

그러나 식신이 운에 의해 무력화되는 경우는 건강, 하는 일 인간관계 관재 구설 시비 등 안 좋은 사건사고가 발생되며 해결도 잘되지 않는다.

위 사주처럼 만일 두 개의 제살기능이 있으면 위협과 위험 등을 좀 더 손쉽게 처리할 수 있다. 하지만 임계수(壬癸水)가 운(運)에서 들어올 경우 제살기능이 약화되거나 무력화될 수 있으므로 주의해야 한다.

◎ 병화(丙火)로 병신합살(丙辛合殺)한 사주

구분	시(時)	일(日)	월(月)	년(年)
천간 (天干)	신(辛)	을(乙)	병(丙)	신(辛)
지지 (地支)	사(巳)	미(未)	진(辰)	묘(卯)

해설

을신극(乙辛剋)이 되었지만 병화(丙火)로 병신합살(丙辛合殺)한 사주이다. 병화(丙火)는 신금(辛金)을 만나면 봉신반겁(逢辛返怯)하여 강렬하게 합(合)하려는 기운이 있다. 대표적인 화학적인 만남으로 합(合)의 결합도도 매우 높다.

※ 봉신반겁(逢辛返怯) : 병화(丙火)가 신금(辛金)을 만나면 겁(怯)을 낸다는 의미이다.

순양지화(純陽之火)로서 맹렬(猛烈)한 화(火)가 부드럽고 아름다운 음금(陰金)에게 빠져드는 형상이다.
병화(丙火)가 신금(辛金)을 만나면 병신합(丙辛合)으로 부부지합(夫婦之合)을 이룬다.

병화(丙火)가 임금이나 장군이라면 신금(辛金)은 어리고 아름다운 여인에 비유할 수 있다. 즉 경국지색(傾國之色)으로 인해 나라가 위태로울 수 있다는 의미도 내포하고 있다.

◎ 계수(癸水)로 칠살을 설기(洩氣)시킨 사주

구분	시(時)	일(日)	월(月)	년(年)
천간(天干)	계(癸)	을(乙)	신(辛)	계(癸)
지지(地支)	미(未)	유(酉)	해(亥)	사(巳)

해설

을신극(乙辛剋)이 되었지만 계수(癸水)로 칠살(七殺)을 설기(洩氣)시킨 사주이다.
하지만 해월(亥月)에 계수(癸水)의 투간(透干)은 다른 문제를 야기시킬 수 있으므로 주의해야 한다.

만약 사주에 병정화(丙丁火)가 있다면 계수(癸水)는 경우에 따라 치명적으로 작용할 수 있는데 특히 이 사주처럼 해자축월(亥子丑月)에는 더욱 위험하다.
해월(亥月)에 계수(癸水)의 투간(透干)은 병(病)으로 작용할 가능성이 매우 높기 때문이다.

그런 경우는 무토(戊土)가 약신(藥神)이 된다.
해월(亥月)은 음기(陰氣)가 가장 강한 시기로 반드시 병정화(丙丁火)가 있어야 성장을 지속할 수 있다.

▶ **병임극(丙壬剋)** : 병임극(丙壬剋)은 수화상전(水火相戰)으로 치명적으로 작용할 수 있지만 경우에 따라서는 좋은 작용으로 나타날 수도 있다. 이는 병(丙)과 임(壬)은 수화상전(水火相戰)뿐만 아니라 암명(暗明)관계로도 나타날 수 있기 때문이다.

즉 밝음(明)은 어둠(暗)이 배경이 되므로 가치를 만들어 낼 수 있는 원리이다.
물상적으로 보면 태양이 떠오른 바다는 잔잔하고 풍요로운 것과 비슷하다.
따라서 병임극(丙壬剋)은 단순히 칠살(七殺)작용으로만 판단해서는 안 된다.

다만 칠살로 작용하는 기준은 월지(月支)가 해자월(亥子月)이라면 칠살로 작용할 가능성이 매우 높아지는데 이는 해자월(亥子月)에 임계수(壬癸水)의 투간(透干)은 매우 강력한 칠살로 작용하기 때문이다.

이 경우 수화상전(水火相戰)의 기운으로 무기토(戊己土)가 없을 경우 매우 치명적으로 작용하며 월지(月支) 주변에 생(生)관계나 수국(水局)이 되어 있다면 더욱 위험하다.
그러나 월지가 봄여름에 해당한다면 밝음(明)과 어둠(暗)으로 작용할 가능성이 높다.

예외적으로 칠살의 작용이 긍정적인 경우도 있는데 경신금(庚辛金)을 보호할 원인이 발생한다면 좋은 작용을 할 수도 있다.

병화(丙火)를 임수(壬水)나 계수(癸水)로부터 보호하는 가장 좋은 방법은 무토(戊土)로 제살(制殺)하는 방법과 정화(丁火)로 합살(合殺)하는 방법이 있으며 차선책으로는 갑목(甲木)으로 설기(洩氣)시키는 보조수단이 있다.

◎ 무토(戊土)로 칠살(七殺)작용을 제살(制殺)하는 사주

구분	시(時)	일(日)	월(月)	년(年)
천간(天干)	무(戊)	병(丙)	임(壬)	기(己)
지지(地支)	술(戌)	자(子)	자(子)	사(巳)

해설

병임극(丙壬剋)이 되었지만 무기토(戊己土)로 칠살(七殺)작용을 제살(制殺)하고 있다.

실질적으로는 무기토(戊己土) 중 무토(戊土)가 제살 기능을 하며 기토(己土)는 습토(濕土)이기 때문에 원칙적으로 토극수(土剋水)가 잘되지 않는다.
기토는 습(濕)한 토양이어서 불수목성(不愁木盛) 불외수광(不畏水狂)이라고 《적천수》에 기록되어 있다.

이는 수기(水氣)를 담고 있어 목(木)을 키우기 적합하고 토양의 평면적 특성으로 인해 많은 수기(水氣)도 감당할 수 있다는 의미이다.

◎ 정화(丁火)로 합살(合殺)하는 사주

구분	시(時)	일(日)	월(月)	년(年)
천간(天干)	을(乙)	병(丙)	임(壬)	정(丁)
지지(地支)	미(未)	오(午)	진(辰)	유(酉)

해설

병임극(丙壬剋)이 되었지만 정화(丁火)로 칠살(七殺)작용을 합살(合殺)하고 있다.

정임합(丁壬合)은 매우 강력한 합력(合力)을 지니고 있어 임수(壬水)를 일시적으로 멈추게 하는 에너지를 지니고 있다.

특히 정임합(丁壬合)은 목(木)의 기운을 지니고 있고 수기(水氣)를 설기(洩氣)시키는 작용도 겸하고 있다.

그러나 위 사주처럼 연간과 월간간의 합(合)은 합력(合力)이 다소 약해 작은 충격으로도 쉽게 풀리기 쉽다. 만일 무토(戊土)가 없는 상태에서 운(運)에서 계수(癸水)가 들어온다면 정계극(丁癸剋)으로 인해 칠살(七殺)은 다시 작동할 것이다.

무토(戊土)가 있다면 계수운(癸水運)이 들어와도 무계합(戊癸合)하여 정화(丁火)를 극(剋)하지 못하게 한다.

◎ 양목(陽木)으로 칠살(七殺)작용을 설기(洩氣)시키는 사주

구분	시(時)	일(日)	월(月)	년(年)
천간(天干)	무(戊)	병(丙)	임(壬)	갑(甲)
지지(地支)	술(戌)	오(午)	자(子)	인(寅)

해설

병임극(丙壬剋)이 되었지만 양목(陽木)으로 칠살(七殺)작용을 강력하게 설기(洩氣)시키고 있다.

위 사주처럼 천간지지(天干地支)가 양목(陽木)으로 구성되어 있을 경우 매우 강력한 설기(洩氣)작용을 한다.
고서에서도 강력한 기운은 극(剋)보다 설기(洩氣)가 우선이라고 되어 있다.

지지의 술토(戌土)는 수기(水氣)를 무력하게 만드는 역할을 한다. 다만 자월(子月)의 임수(壬水)는 매우 강한 기운을 지니고 있어 위 사주처럼 목화토기(木火土氣)가 강한 경우를 제외한 사주에서는 일간이 매우 위태로울 수 있다.

▶ 정계극(丁癸剋) : 정계극은 음(陰)과 음(陰)의 수화상전(水火相戰)으로 매우 치명적으로 작용할 수 있다. 병임극(丙壬剋)과는 달리 암명(暗明)관계로 나타나는 것이 불가하며 칠살(七殺)작용으로만 판단하여야 한다.

이 경우 수화상전(水火相戰)의 기운으로 무기토(戊己土)가 없을 경우 매우 치명적으로 작용하며 월지(月支)가 해자월(亥子月)이라면 더욱 위험하다.

가장 좋은 방법은 무기토(戊己土)로 제살(制殺)하는 방법과 합살(合殺)하는 방법이 있으며 차선책으로는 갑목(甲木)으로 설기(洩氣)시키는 보조 수단이 있다.

그러나 신금(辛金)이 일간일 때에는 정계극(丁癸剋)이 필요한 경우도 있다. 이런 경우는 계수(癸水)가 식신제살로 오히려 정화(丁火)를 제거해 주는 역할을 하기 때문이다.

또한 일간이 정화일 때 정계극(丁癸剋)은 생명과 밀접한 관계가 생긴다. 특히 기토(己土)에 의해 화소화회(火少火晦)된 상태에서 정계극을 당한다면 일간이 크게 손상될 수 있기 때문이다.

계수(癸水)가 칠살일 때 임수(壬水)와 기토(己土)는 최악의 작용을 한다.

◎ 무기토(戊己土)로 제살(制殺)과 합살(合殺)을 하는 사주

구분	시(時)	일(日)	월(月)	년(年)
천간 (天干)	무(戊)	정(丁)	계(癸)	기(己)
지지 (地支)	신(申)	묘(卯)	해(亥)	미(未)

> **해설**
>
> 정계극(丁癸剋)이 되었지만 무기토(戊己土)로 칠살(七殺)작용을 제살(制殺)과 합살(合殺)하고 있다.
>
> 그러나 실질적으로 무기토(戊己土) 중 무토(戊土)가 제살(制殺)과 합살(合殺)을 동시에 수행하고 있다. 기토(己土)는 습토(濕土)여서 제살기능에 한계가 있다.
>
> 따라서 기토(己土)가 제대로 역할을 하기 위해서는 반드시 병화(丙火)가 있어야 한다.
> 정화(丁火)는 부드럽고 유약해 보이지만 내면은 강한 정신력과 집중력을 지니고 있다.
>
> 그래서 칠살(七殺)에 맞서 싸울 때도 물러섬이 없이 강력히 대응하는 경향이 있는데 이때 기토(己土)가 화소화회(火少火晦)시키거나 벽갑(劈甲)이 안 된 상태에서 양목(陽木)이 강하게 들어온다면 칠살을 돕는 격이 되므로 일간 정화(丁火)는 화식(火熄)이 될 수 있다.

◎ 목기(木氣)로 칠살(七殺)작용을 설기(洩氣)시키는 사주

구분	시(時)	일(日)	월(月)	년(年)
천간(天干)	갑(甲)	정(丁)	계(癸)	을(乙)
지지(地支)	진(辰)	묘(卯)	해(亥)	미(未)

해설

정계극(丁癸剋)이 되었지만 목기(木氣)로 칠살(七殺)작용을 설기(洩氣)시키고 있다.

그러나 습목(濕木)인 을목(乙木)은 설기(洩氣)작용을 할 수 없다. 오히려 일간 정화(丁火)를 화소화회(火少火晦)시켜 열기를 약화시킨다. 화소화회는 직접적으로 화기를 화식(火熄)시키지는 못하지만 약화시켜 계수(癸水)가 운에서 들어올 때 치명적인 촉매 작용을 하게 된다.

※ 화소화회(火少火晦) : 습토(濕土)인 기토(己土)는 정화(丁火)의 열기를 흡수하여 오히려 정화의 열기를 약화시킨다는 의미이다. 그런데 습목(濕木)인 을목(乙木)도 비슷한 작용을 한다. 비유하자면 비 맞은 젖은 풀잎을 모닥불에 넣으면 화기(火氣)가 작아지고 연기만 나는 이치이다.

제3장

지지합(地支合)

1) 12지지(十二地支)의 특성

합(合)을 했다면 화(化)를 이루는 것이 마땅하지만 더 중요한 것은 화(化)한 기운이 일간을 돕고 사주팔자를 조화롭게 해야 한다는 것이다.
그렇게 되면 자연스럽게 명예와 이익이 따르게 되지만 만일 화(化)를 이루었는데 일간(日干)과 용신(用神)을 배신한다면 그 흉(凶)은 이루 말할 수 없다.

합(合)과 화(化)는 동전의 양면처럼 길흉(吉凶)과 성패(成敗)를 함께 지니고 있다.
지지합(地支合)의 가장 큰 4가지 특징은 방향성 변화성 목적성 복잡성에 있다.

지지는 천간의 또 다른 모습이다.
그 모습은 지장간 형태로 감춰져 있지만 겉으로 드러나지 않았을 뿐이며 없는 것이 아니다.

따라서 지지의 특성을 이해하기 위해서는 지장간이 어떤 형태로 구성되어 있는지를 알아야 한다.

천간과 지지는 정신과 신체처럼 하나의 기운으로 이어져 있으며 지지가 흔들리면 천간이 움직이고 천간이 흔들리면 지지는 동요한다.

(1) 지지의 4대 특성

지지합 / 구분	특 징
방향성	동서남북(東西南北)과 봄여름가을겨울로 일정한 방향으로 순환하며 방향성을 만들어 낸다.
변화성	사고(四庫)인 진술축미(辰戌丑未)에 의한 변화와 왕지(旺支)에 의한 변화가 있으며 변화는 성장을 목적으로 한다.
목적성	한가지 기운으로 변하는 목적성을 지니고 있으며 그 변화는 영구적이 아닌 가합(假合)적인 변화이다.
복잡성	지지는 지장간(地藏干)이 있어 천간의 기운을 담고 있다. 그 기운들은 투간(透干) 투출(透出)에 의해 상징되거나 표현된다.

지지합(地支合)은 월지(月支)에 따라 방향성과 계절의 기운을 담고 있으며 목적과 세력이 동반되어 있다. 그 최종목적과 세력은 천간(天干)으로 향한다.

또한 지지합은 지장간(地藏干)을 가지고 있어 천간합에 비해 복잡한 구조를 지니고 있다.

지장간은 천간의 기운을 지지가 지니고 있는 것으로 천간지지(天干地支) 간의 연결통로 역할을 하고 있다. 따라서 지장간의 기운을 파악해야만 지지합이 천간과 어떤 형태로 이어졌는지 알 수 있다.

지지합은 천간합에 비해 합력(合力)이 강한 편이고 합(合)하기도 용이하며 투합(妬合) 쟁합(爭合) 구분 없이 모두 합할 수 있는 무조건적 합의 형태를 보이고 있다.
지지합은 계절적 요소가 매우 중요하므로 우선 월지(月支)의 동태를 살펴야 한다.

그중 월지는 지지의 방향성을 결정짓는 가장 중요한 요소이며 월지에 어떤 오행이 있는가에 따라 합의 형태와 합의 기운도 달라진다고 할 수 있다. 월지는 일간의 생존과 필요오행의 기준점이 된다.

일간은 월지에 따라 생존방식을 선택하고 그에 따른 필요오행을 결정하게 되지만 월지는 일간의 눈치를 보지 않는다. 오히려 일간이 월지의 눈치를 보는 것이 더 정확한 표현일 것이다.
여기서 눈치를 본다는 표현은 일간에게 월지(月支)는 근원의 기운으로 작용한다는 의미이다.

예를 들면 월지에 묘목(卯木)이 있고 일지에 술토(戌土)가 있다면 이는 묘술합(卯戌合)이라고 볼 수 없지만 월지에 술토(戌土)가 있고 일지에 묘목(卯木)이 있다면 묘술합의 기운이 성사된다.

도화(桃花)의 기운인 묘목(卯木)이 월지(月支)에 있다는 것은 가장 강력한 목(木)의 기운을 지니고 있다는 것을 의미한다.

도화는 근본적으로 자기중심적이고 선명성이 매우 분명하여 다른 기운으로 화(化)하지 못한다. 따라서 술토(戌土)가 월지(月支)에 있을 때는 격(格) 자체도 변하고 일간이 필요한 오행도 묘목(卯木)이 있을 때와는 달라진다고 할 수 있다.

일간에 따라 조금 달라질 수는 있겠지만 기본적으로 월지(月支)의 묘목(卯木)은 병화(丙火)가 필요하고 술토(戌土)는 갑목(甲木)이 필요하다.

따라서 월지에 도화의 오행이 있다면 다른 기운으로 바뀔 가능성이 매우 적어진다. 더욱이 천간으로 도화의 기운이 투간(透干)되어 있다면 바뀔 가능성은 전혀 없게 된다.

그렇기 때문에 지지합(地支合) 중 월지에 도화오행인 자오묘유(子午卯酉)가 있다면 천간과의 통근(通根) 여부를 살피고 합의 변화 기운을 정밀하게 분석해야 한다.

그리고 무엇보다 중요한 것은 12지지(十二地支)의 한 오행마다 담긴 각각의 기운과 그 오행이 자리(궁) 잡고 있는 위치이다.
지지 속에 지장간(地藏干)이라는 기운이 있기 때문에 단순히 글자의 형태로만 판단해서는 안 되며 지장간의 기운까지 면밀히 살펴야 한다.

그리고 그 오행의 자리도 함께 관찰해야 하는데 그 중심은 언제나 월지(月支)가 되어야 한다. 합(合)도 월지에 의해 결정될 때와 일지나 그 외 다른 지지에 있어 결정되는 경우에는 전혀 다른 힘의 세기를 보여 준다.

지지합(地支合)은 형태적으로는 명합(明合)과 암합(暗合)이 있고 본질적으로 삼합(三合) 방합(方合) 육합(六合) 암명합(暗明合) 암합(暗合) 등으로 구분할 수 있으며 절기(節氣)와 밀접한 관계를 지닌다.

◆ 지지합의 발현

양지동차강 속달현재상 음지정차전 부태매경년
(陽支動且强 速達顯災祥 陰支靜且專 否泰每經年)
- 《적천수》

양지지(陽地支)는 움직이길 좋아하고 강한 기운이 있으니 길흉(吉凶)이 신속하게 드러나고, 음지지(陰地支)는 고요하고 집중이 되어 있어 길흉(吉凶)이 천천히 드러난다.

양지지는 자인진오신술(子寅辰午申戌)인데 이들은 움직이려는 성질이 강하고 추진력 능동성을 지니고 있어 강한 기운의 형태로 드러난다.
이것은 운(運)에서도 적용되며 양지지운(陽地支運)은 발현 속도가 빠르게 나타나고 음지지운(陰地支運)은 발현 속도가 느리게 나타난다.

음지지는 축묘사미유해(丑卯巳未酉亥)이며 이들은 움직이는 성질이 약하고 따라 움직이는 의존적인 성향이 있으니 한곳에 머물러 있는 집중성을 지니고 있다. 이것은 운에서도 적용되어 천천히 느리게 나타난다.

자수(子水)와 사화(巳火)는 부음포양(負陰抱陽)으로 체용변화(體用變化)가 된다. 부음포양은 선학(仙學)의 경전 《도덕경(道德經)》에 수록된 문장으로 화육(化育)에 관한 내용이다.

화육(化育)이란 변화를 통해 성장한다는 의미이고
변화란 음양의 승패(勝敗)에 의해 정해진다.
자연의 모든 생명은 변화의 존재이며 변화를 통해 화육되는 원리이다.

세상에 존재하는 모든 만물은 부음포양의 원리에 의해 변화되는 존재이며 동일한 것은 영원히 존재할 수 없다는 이치를 설명하고 있다.

※ 부음포양(負陰抱陽)과 체용변화(體用變化)

부음포양으로 인한 체용변화는 음양법칙의 근원인 수화(水火)에서만 발생되는 현상이다.
자수(子水)와 오화(午火)는 형태적으로는 양(陽)이지만 본질적으로는 음(陰)이어서 양(陽)에서 음(陰)으로 변화되며
해수(亥水)와 사화(巳火)는 형태적으로는 음(陰)이지만 본질적으로는 양(陽)이어서 음(陰)에서 양(陽)으로 변화된다.

그렇다면 형상은 변화되는데 본질이 보존되는 이유는 무엇일까?

작년 봄이 올해 봄과 형태가 다르고 지난해 핀 꽃이 오늘 핀 꽃과 같지 않다고 다른 봄이고 다른 꽃이라 할 수 있는가?
모양과 느낌이 다를 뿐 자연의 순환 속에서 꽃과 봄의 본질은 모두 같다. 이를 자연의 항상성이라고 한다.

형상과 본질이 다른 것은 시간의 흐름 때문이다.
만일 시간이 흐르지 않고 멈춰 있다면 형상과 본질은 같을 것이다.

그렇게 되면 모든 만물은 영원히 늘어나지도 줄어들지도 않고 늙고 병들거나 태어나는 일도 발생되지 않을 것이다.
그러나 현실에서는 시간과 공간이 서로 매 순간 사건사고를 만들며 형상과 본질의 차이를 만들어 가고 있다.[3]

부음포양(負陰抱陽)

負(질 부) **陰**(응달 음) **抱**(안을 포) **陽**(볕양)

음기(陰氣)를 지고 양기(陽氣)를 품는다.

《도덕경(道德經)》 42장에 나오는 말이다.
만물의 시작과 성장을 의미하는 것으로 음양(陰陽)은 고정되어 있지 않고 변화를 통해 성장한다는 것을 설명한 것이다. [화육(化育)]

---

3   최제현,《사주 음양오행을 디자인하다》, 지식과감성#, 2020.

(2) 12지지의 특성(춘하추동)

구 분	봄(春)		
지지오행	인(寅)	묘(卯)	진(辰)
지장간	무병갑(戊丙甲)	갑을(甲乙)	을계무(乙癸戊)
절 기 양 력	입춘~경칩 2초~3월	경칩~청명 3초~4월	청명~입하 4초~5월
색상/방향	청색/동쪽	청색/동쪽	황색/환절기
시 간	03:30~05:29	05:30~07:29	07:30~09:29
삼 합	생(生)	왕(旺)	고(庫)
동 물	호랑이	토끼	용
천 간	갑(甲)	을(乙)	무(戊)
당사주	천권성 (天權星)	천파성 (天破星)	천간성 (天姦星)
의 미	시작의 기운 권력지향 적극성 긍정적 역동성 능동성 추진력 강인함 저돌성 순수함 유시무종 (有始無終)	불안초초 호기심 변덕 의심 갈등 번뇌 배타성 선명성 자기 기운 간섭 참견 애정결핍 시기질투	지략 모사 변덕 계획 고집 설득 시기 질투 허세 사치 자존심 의협심 음흉함 이중성 영리함
상 징	만물시생인연야 (萬物始生蚓然也) 만물이 지렁이처럼 움직인다.	언만물무야 (言萬物茂也) 만물이 무성해진다.	만물지진야 (萬物之蜄也) 만물이 활력을 얻는다.

구 분	여름(夏)		
지지오행	사(巳)	오(午)	미(未)
지장간	무경병(戊庚丙)	병기정(丙己丁)	정을기(丁乙己)
절기 양력	입하~망종 5초~6월	망종~소서 6초~7월	소서~입추 7초~8월
색상/방향	적색/남쪽	적색/남쪽	황색/환절기
시간	09:30~11:29	11:30~13:29	13:30~15:29
삼합	생(生)	왕(旺)	고(庫)
동물	뱀	말	양
천간	병(丙)	정(丁)	기(己)
당사주	천문성(天文星)	천복성(天福星)	천역성(天驛星)
의미	드러남 학문 열정 예의 형식 논리 예민 직진 역동 다혈질 사색적 일구이언 수다 독(毒) 유시무종 (有始無終)	부귀함 발산함 집중력 언변 열정 변화 확장 집중 성공 이중 성격 공허 고독 정신 예민 급한 성격 예의 역동 탕화(湯火)	금화교역 (金火交易) 조급성 감성계 언변 역마성 활인업 전문성 변역성 성실성 이중성
상징	양기지이진 (陽氣之已盡) 양기(陽氣)가 극에 달함 육양(六陽)	음양교왈오 (陰陽交曰午) 음양이 교차하는 시기 양(陽)이 극에 다다르면 음(陰)이 생긴다.	만물개성유자 (萬物皆成有滋) 만물이 성숙을 멈추고 각기 맛을 낸다.

구 분	가을(秋)		
지지오행	신(申)	유(酉)	술(戌)
지장간	무임경(戊壬庚)	경신(庚辛)	신정무(辛丁戊)
절 기 양 력	입추~백로 8초~9월	백로~한로 9초~10월	한로~입동 10초~11월
색상/방향	흰색/서쪽	흰색/서쪽	황색/환절기
시 간	15:30~17:29	17:30~19:29	19:30~21:29
삼 합	생(生)	왕(旺)	고(庫)
동 물	원숭이	닭	개
천 간	경(庚)	신(辛)	무(戊)
당사주	천고성(天孤星)	천인성(天刃星)	천예성(天藝星)
의 미	결과중시 자승자박 임기응변 다재다능 조삼모사 주장 고집 명랑 긍정 융통성 부족 추진력 저돌성 사교적 모방성 폭력성 과단성	선명성 고유성 선민성 전문성 완벽함 총명함 결벽증 현실성 차단 구분 예민 까칠 살기 냉정 자기중심적 경험 노련 인기 관심 완성의 기운	화로에 불씨 생명이 죽은 땅 보수성 저장성 철학 종교 저장 보관 비생산성 충성심(개) 자기주장 냉정함 직설적 명예 권력
상 징	음용사신적만물 (陰用事申賊萬物) 신금은 기지개를 펴듯이 물리치며 상하게 하다.	언만물지노야 (言萬物之老也) 성취한 뒤 늙는다. 결실 후 죽음을 의미한다.	만물진멸 (萬物盡滅) 모든 만물이 불이 꺼지듯이 사라진다.

구 분	겨울(冬)		
지지오행	해(亥)	자(子)	축(丑)
지장간	무갑임(戊甲壬)	임계(壬癸)	계신기(癸辛己)
절기 양력	입동~대설 11초~12월	대설~소한 12초~1월	소한~입춘 1초~2월
색상/방향	흑색/북쪽	흑색/북쪽	황색/환절기
시간	21:30~23:29	23:30~01:29	01:30~03:29
삼합	생(生)	왕(旺)	고(庫)
동물	돼지	쥐	소
천간	임(壬)	계(癸)	기(己)
당사주	천수성(天壽星)	천귀성(天貴星)	천액성(天厄星)
의미	생명력 휴식 정화 풍요 다산 수다 사교 식탐 욕심 저돌성 응축 변덕 사교성 본능적 유시무종	어둠 비밀 정적 은밀 흑점 선명 보수 명예 자존심 선명성 고독 질투 압축 응축 장자지상 우두머리	근면 성실 인내 끈기 보수 정적 소극 내향 질투 시기 나쁜 환경 신병 수술 육친 고독 충성심 지구력
상징	양기장우하지야 (陽氣藏于下之也) 양기(陽氣)가 감추어진다. 만물이 감추어진다.	만물자우하 (萬物滋于下) 만물을 낳아 기른다.	유아우축 (紐芽于丑) 만물이 싹을 맺는다.

2) 삼합(三合)의 원리

(1) 생왕고(生旺庫)와 왕상휴수사(旺相休囚死)

모든 인간은 자연과 마찬가지로 화육(化育)의 과정을 거치며 생로병사(生老病死)에 따라 인생의 길흉화복(吉凶禍福)이 정해진다. 이것을 5단계로 구분하면 왕상휴수사(旺相休囚死)가 되는데 삼합(三合)의 근거인 생왕고(生旺庫)도 이 원리를 따르게 된다. 왕상휴수사(旺相休囚死)의 의미는 계절별로 한난조습(寒暖燥濕)의 강쇠(强衰)를 나타낸 것이다.

예를 들어 봄에는 목기(木氣)가 강해지니 당연히 토기(土氣)가 약해지는 것이고 여름에는 화기(火氣)가 강해지니 반대로 금기(金氣)는 약해지며 가을에는 금기(金氣)가 강해지니 상대적으로 목기(木氣)는 죽음의 시기가 된다. 겨울에는 수기(水氣)가 강해지니 반대로 화기(火氣)는 극약(極弱)해져 생명을 만들 수 없는 이치이다.

즉 삼합의 기본원리도 계절의 순환과 깊은 관련이 있음을 알 수 있다.

따라서 무엇이 강하고 약한지를 알기 위해서는 반드시 계절적 상황을 우선시해야 한다.

※ 왕상휴수사(旺相休囚死)

왕(旺) : 일간과 같은 오행(비겁)
상(相) : 일간을 생(生)해 주는 오행(인성)
휴(休) : 일간이 생(生)해 주는 오행(식상)
수(囚) : 일간이 극(剋)하는 오행(재성)
사(死) : 일간을 극(剋)하는 오행(관성)

◎ 왕상휴수사(旺相休囚死)

일간	갑을 (甲乙)	병정 (丙丁)	무기 (戊己)	경신 (庚辛)	임계 (壬癸)
왕(旺)	인묘 (寅卯)	사오 (巳午)	진술축미 (辰戌丑未)	신유 (申酉)	해자 (亥子)
상(相)	해자 (亥子)	인묘 (寅卯)	사오 (巳午)	진술축미 (辰戌丑未)	신유 (申酉)
휴(休)	사오 (巳午)	진술축미 (辰戌丑未)	신유 (申酉)	해자 (亥子)	인묘 (寅卯)
수(囚)	진술축미 (辰戌丑未)	신유 (申酉)	해자 (亥子)	인묘 (寅卯)	사오 (巳午)
사(死)	신유 (申酉)	해자 (亥子)	인묘 (寅卯)	사오 (巳午)	진술축미 (辰戌丑未)

(2) 삼합(三合)의 기운

삼합(三合)의 사전적 의미는 '3가지가 딱 들어맞는다'라고 되어 있다. 딱 들어맞는다는 것은 같은 성질이나 본성을 지니고 있다는 의미가 있다. 형태적으로는 다른 모양을 하고 있지만 본질적인 성향은 비슷한 기운을 지니고 있다는 것이다. 반대로 형태는 비슷하지만 본질적인 기운이 다른 경우도 있다.
그렇다면 본질적인 기운이란 무엇일까?
예를 들면 화(火)의 3요소는 가연물 산소 불씨이다.
이 중 한 가지라도 없으면 가연성의 화(火)의 기능을 하지 못하는데, 그 중에서도 가장 핵심이 되는 것은 불씨이다.

산소와 나무는 화(火)를 만들어 낼 수 있지만 각각으로 존재할 때는 그냥 산소이고 나무일 뿐이다.
그러나 불씨와 함께 만나면 얘기는 전혀 달라진다.
따라서 가연물 산소 불씨는 형태는 다르지만 본질적인 기운은 비슷한 공통분모가 있다고 할 수 있는 것이다.

삼합(三合)의 왕지(旺支)는 불씨 같은 존재이다.
나무와 산소에 불씨가 결합되면 나무도 산소도 모두 화(火)로 변화되어 확장 팽창되기 시작한다. 삼합은 지지에서 발생되며 3가지 기운이 왕지를 중심으로 변화되는 일시적 상태를 의미한다. 왕지는 방향성과 중심기운을 의미한다.

동서남북이 있으면 동방향의 중심은 목왕지가 되고 남방향의 중심은 화왕지가 되며 서방향의 중심은 금왕지가 되고 북방향의 중심은 수왕지가 되는 것이다.

이를 계절로 나타내면 동방향은 봄, 남방향은 여름, 서방향은 가을, 북방향은 겨울이 된다. 천간과 달리 지지는 방향성과 중심의 기운이 있다.

그러나 그 기운을 정해 주고 만들어 주는 것은 하늘이다.

삼합(三合)의 기본 원리는 생(生)왕(旺)고(庫)이다.

그리고 '생(生)과 고(庫)의 오행은 왕(旺)의 성분으로 변한다'.

생왕고(生旺庫)의 원리는 여러 형태의 기운이 제각기 움직이다가 특정 기운으로 변화되어 한목소리를 낸다는 것이다.

※ 주의

이합(二合)의 결합도 : 생지(生支)와 왕지(旺支)의 이합(二合)은 왕지(旺支)를 강화시키고 현실적으로는 새로운 시작과 완성의 기운을 만들어 내고 고지와 왕지의 이합은 왕지를 약화시키거나 마무리 결과를 만들어 낸다.

◎ 삼합(三合)의 특성

구 분	왕지(旺支)	특 성
해묘미 (亥卯未)	목(木)의 기운	봄(春)의 기질을 가지고 있다. (시작, 순수, 직진, 전진, 관계의지, 도전)
인오술 (寅午戌)	화(火)의 기운	여름(夏)의 기질을 가지고 있다. (열정, 확산, 팽창, 불안정, 젊음, 관계의지)
사유축 (巳酉丑)	금(金)의 기운	가을(秋)의 기질을 가지고 있다. (차단, 구분, 결실, 침잠, 숙살, 돌진, 정리)
신자진 (申子辰)	수(水)의 기운	겨울(冬)의 기질을 가지고 있다. (죽음, 휴식, 지혜, 마무리, 씨앗, 응축, 정보)

(3) 삼합(三合)은 목적이 있는 합(合)이다

삼합(三合)은 부자손합(父子孫合)이라고도 하며 말 그대로 아버지 아들 손자의 의기투합을 의미하니 유대관계가 특별하다고 할 수 있다. 그러나 여기서 중요한 것은 왕지(旺支)의 기운이다. 간혹 왕지 없이도 합(合)이 가능하다는 논리도 있지만 이는 허자이론에서나 가능한 이야기이며 원칙은 불합(不合)으로 해석해야 한다.

예를 들어 해묘미(亥卯未) 목국(木局)이 있는데, 여기에 왕지(旺支) 묘목(卯木) 없이 해(亥)와 미(未)가 있다고 합(合)이 된다는 것은 된장찌개에 된장이 없는데 된장찌개라고 우기는 것과 다르지 않다.

따라서 삼합(三合)은 반드시 왕지(旺支)를 포함하고 있어야 합(合)이 유효하며 왕지를 포함한 이합(二合)도 합에 포함된다.
왕지(旺支)를 중심으로 합(合)하는 것을 삼합(三合)이라고 하고 관계지합(關係之合)의 기운을 가지고 있다.

그래서 삼합을 목적지합이라고도 한다. 관계지합은 관계에 의해 변화되는 것으로 의기투합과 배신이 함께 공존하며 어떤 기운으로 변하는지에 따라 길흉(吉凶)이 결정된다.

그런데 지지합의 모든 형태는 서로 협동 협조하는 성향을 보이며 그것이 선악(善惡)을 구분하지는 않는다.
삼합이 무조건적인 협동 협조심리가 작동한다면 육합(六合)은 조건적인 협동 심리가 발휘된다고 할 수 있다.
삼합은 부자손합이란 명칭답게 혈연적 결속력이 매우 강하게 나타나며 희생정신까지 포함하고 있다.
따라서 강력한 충극(沖剋)이 아니라면 쉽게 결속력이 해체되지 않는 성향을 보인다.
그러나 왕지(旺支)에 충극이 가해진다면 합(合)은 깨진다.

특히 왕지는 월지에 있을 때가 가장 강력하고 의미가 있다.
왕지가 월지에 있다면 해당오행의 기운이 사주 전체를 지배하고 있기 때문이다.
일간과 용신조차도 그 기운에 굴복하거나 눈치를 보게 된다.

월지(月支)에 있는 왕지(旺支)는 사주 전체를 자기 색으로 채색하는 강력한 에너지가 있다.

삼합(三合)	불합(不合)	합화(合化)
목국(木局) 삼합	해미(亥未)	해묘미(亥卯未) 해묘(亥卯) 묘미(卯未)
화국(火局) 삼합	인술(寅戌)	인오술(寅午戌) 인오(寅午) 오술(午戌)
금국(金局) 삼합	사축(巳丑)	사유축(巳酉丑) 사유(巳酉) 유축(酉丑)
수국(水局) 삼합	신진(申辰)	신자진(申子辰) 신자(申子) 자진(子辰)

※ 삼합의 위치는 왕지를 중심으로 일지 월지 시지 연지 순으로 결합력이 강하며 가까이 붙어 있을 경우 더욱 결속력이 강해진다. 예를 들어 일지에 왕지(旺支)가 있고, 생지(生支)가 월지에 있으며 시지가 고지(庫支)에 있다면 가장 강력한 결속력을 나타내게 된다. 결속력과 힘은 계절의 기운이다.

3) 삼합(三合)의 생왕고(生旺庫)의 역할

① 생지(生支)가 왕지(旺支)에게

생지(生支)는 자신이 가지고 있는 에너지를 아낌없이 왕지(旺支)로 넘겨주어 왕지가 강력한 에너지로 자신의 일을 할 수 있게 도와주는 역할을 한다.

비유하자면 아버지가 자신이 남긴 소중한 재산과 경험을 자식에게 상속하는 행위이다. 그래서 생지합(生支合)은 상속합이라고 부르기도 한다. 자신의 아들을 위해 기꺼이 모든 것을 내어주고 자신은 빈껍데기로 남는 것이다.

따라서 생지는 왕지를 만나면 희생정신이 발휘되고 왕지는 자신의 의지와 추진력으로 어떤 목적이든 완성할 수 있는 능력을 가지게 되는 것이다.

다만 현실적으로 생지와 왕지만으로 합이 되어 있다면 쉴 틈 없이 일 중독에 빠지게 되고 자칫 건강을 해칠 수 있다.
휴식도 필요한 과정이라는 것을 인식할 필요가 있다.

가장 큰 장점으로는 자신의 사주에 고지(庫支) 없이 생지와 왕지가 합이 되어 있다면 일에 대한 집중도와 열정이 강해 사회적으로 성공할 가능성은 매우 높아진다. 심리적으로는 가만히 쉬고 있으면 불안해진다.

뭔가 끊임없이 하고 있는 모습을 보인다.
마치 두발자전거를 타고 계속 발을 구르며 쉼 없이 운전하는 형상이라 할 수 있다.
발을 멈추는 순간 중심을 잃고 넘어진다는 불안정성을 지니고 있는 것이다.

사계절로 비유하면 겨울이 없는 것과 같다.
자신의 사주에 생지와 왕지만 있다면 만성피로에 젖어 있는지 의심해 볼 필요가 있다.

◎ 남명(男命)

구분	시(時)	일(日)	월(月)	년(年)
천간(天干)	신(辛)	을(乙)	정(丁)	임(壬)
지지(地支)	사(巳)	유(酉)	유(酉)	술(戌)

> **해설**
>
> 위 사주는 을목(乙木)일간이 천간지지(天干地支)로 합(合)이 많은 사주이다.
> 지지(地支)는 사유합(巳酉合)이 중합(重合)되어 겉보기와 달리 금기(金氣)가 강한 편이다.
>
> 고지(庫支)가 없는 생지합(生支合)은 일중독으로 인해 몸과 마음이 지쳐 있는 상태이다.
> 계속 일하라고 생지(生支)의 에너지가 들어오지만 쉴 수 있는 고지(庫支)가 없는 것이다.
>
> 즉 일터만 있고 집이 없는 상태이다.
> 돌아가 쉴 곳이 없는 사주이다.
> 이런 경우 만성피로에 시달릴 수 있으며 휴식 자체가 불안하게 느껴질 수 있다.
> 그러나 성공할 가능성은 매우 높은 구조이다.
>
> 따라서 운에서 고지가 들어올 때는 직장을 그만두거나 하던 일을
> 잠시 멈추게 되기도 한다.

◎ 남명(男命)

구분	시(時)	일(日)	월(月)	년(年)
천간(天干)	임(壬)	계(癸)	정(丁)	기(己)
지지(地支)	자(子)	묘(卯)	해(亥)	묘(卯)

> **해설**
>
> 위 사주는 지지(地支)에서 해묘(亥卯)가 중합(重合)되어 목기(木氣)가 매우 강하다.
>
> 다행히 목기운(木氣運)이 흘러갈 화기(火氣)가 있어 사회적 목적 달성이 가능한 사주이다.
>
> 다만 위 사주도 고지(庫支)가 없으므로 쉴 곳이 없는 피곤함이 보인다. 삼합(三合) 중 고지가 없는 경우는 심리적으로 안정성이 떨어진다.
>
> 고지(庫支)는 토기(土氣)인데 토기가 없거나 부족하면 심리적으로 불안정성이 가중되며 매사 속도가 다소 빠른 특징을 보여 준다.
>
> 생지(生支)와 왕지(旺支)의 결합은 왕성한 추진력과 완성의 기운이 나타나서 성공 가능성이 매우 높아진다.
>
> 그러나 과로로 인해 건강악화가 될 수 있고 좌면우면 하지 않고 앞만 보고 달리는 전차와 같아서 자칫 함정에 빠지거나 위험에 노출될 수 있다.

② 고지(庫支)가 왕지(旺支)에게

고지(庫支)는 창고이면서 자신이 쉴 수 있는 집 같은 장소이다.
밖에서 아무리 힘든 일이 있어도 돌아가 쉴 곳이 있다면 마음은 그만큼 안정될 것이다.
그래서 왕지(旺支)가 고지(庫支)를 만나면 하던 일을 멈추고 일단 쉬고 싶은 생각뿐이다.
하루 종일 지친 몸을 이끌고 집으로 돌아가는 심정이 간절해지는 것이다.

그래서 생지(生支)를 만났을 때는 일하러 나가는 늠름한 가장의 모습이지만 고지(庫支)를 만나면 피곤에 지친 초라한 늙은 아버지의 모습이 되는 것이다.

따라서 삼합(三合)의 생왕고(生旺庫)가 완벽히 이루어지면 오히려 피드백으로 인해 안정감을 느낄 수 있다.
그러나 생지가 없는 고지합은 게으름과 일에 대한 열정을 약화시키고 의지와 추진력도 보이지 않는다.

즉 삶 자체가 수동적이고 의욕이 없다.
안정감은 우울과 허무로 바뀔 수 있으며 생각은 잡념이나 망상이 될 수 있다.
결론적으로 고지합(庫支合)은 동기 부여와 지향점 목적성의 기운을 가진 생지(生支)의 기운이 필요하다는 것이다.

마치 제동장치가 걸려 있는 자전거처럼 아무리 발을 굴러도 바퀴가 빠르게 움직이지 않는 형상이라고 할 수 있다.
사계절로 비유하면 봄이 없는 것과 같다.

그래서 어떤 일이든 결심하고 실제 시작하거나 행동하는 것이 매우 힘들게 느껴진다.
자신의 사주에 왕지(旺支)와 고지(庫支)만 있다면 현재의 내 모습이 너무 나태하지 않나 점검해 볼 필요가 있다.

◎ 여명(女命)

구분	시(時)	일(日)	월(月)	년(年)
천간(天干)	갑(甲)	갑(甲)	무(戊)	경(庚)
지지(地支)	자(子)	자(子)	진(辰)	자(子)

해설

위 사주는 갑목(甲木)일간이 지지(地支)에 자진합(子辰合)이 중첩되어 수기(水氣)가 지나치게 강한 사주이다.

지지(地支)에서 수기(水氣)가 중합(重合)되어 있다는 것은 건강 사회적 목적 인간관계 등에 문제가 발생되었다는 것을 의미한다.

위 사주는 다행히 천간에 목기(木氣)가 있어 수생목(水生木)을 할 수 있지만 화기(火氣)가 없어 매우 약하게 수생목이 되는 상태라 모든 면에서 지체현상이 일어나고 부정적이며 우울함과 불안정함이 상존한다.

화기(火氣)가 없다는 것은 성장에 문제가 생겼다는 것을 의미한다. 특히 천간의 병화(丙火)는 목(木)을 성장시키는 근원이며 수기(水氣)를 유통시키는 기운을 지니고 있다.

◎ 남명(男命)

구분	시(時)	일(日)	월(月)	년(年)
천간(天干)	갑(甲)	병(丙)	임(壬)	기(己)
지지(地支)	오(午)	인(寅)	술(戌)	축(丑)

해설

위 사주는 병화(丙火)일간이 지지(地支)에서 인오술 삼합(寅午戌 三合)이 되어 있다.

화국(火局)이 형성되어 화기(火氣)가 안정되었고 습토(濕土)가 있어 화기를 한정하는 역할을 한다.

지지에서 화국이 만들어지면 천간의 임수(壬水)가 약신(藥神) 역할을 하며 지지에서는 축토(丑土)가 약신으로 작용한다.
사회적 성공 건강 인간관계 등 대체로 무난하고 재물복 인복이 있는 사주이다.

다만 운(運)에 의해 약신이 무력화될 때에는 매우 조심해야 한다.
예를 들면 천간으로 무토운(戊土運)이나 정화운(丁火運)이 들어오면 약신인 임수(壬水)는 토극수(土剋水)나 정임합(丁壬合)으로 인해 훼손되기 때문이다.

약신이 훼손되면 화국이 강해져서 갑목(甲木)을 태우고 습토(濕土)를 메마르게 하며 금(金)을 녹이기도 한다.

③ 생지(生支)가 고지(庫支)에게

생지(生支)가 고지(庫支)를 만나면 목적 없는 삶이 된다.
허자이론에 따르면 생지와 고지도 삼합이 된다고 하지만 이는 이치에 맞지 않는다.

꽃이 피기 위해서는 반드시 나무와 물이 있어야 가능한데 이것은 나무 자체가 없는 것이다. 나무가 없이는 아무리 태양이 있고 물이 있어도 꽃이 필 수 없는 이치이다. 나무가 바로 왕지(旺支)인 것이다.

따라서 생지(生支)와 고지(庫支)만 있으면 삶의 목적성과 지향성이 약해지기 쉬우며 동기 부여가 잘 안 되고 삶이 무기력해지기 쉽다.
그래서 사주에 생지와 고지만 있는 경우는 시작만 있고 결과가 없거나 시작 자체도 하기 어려운 경우가 많다.

이런 경우 운(運)에서 왕지운(旺支運)이 들어올 때 동기 부여와 목적 실현이 가능해진다.

마치 핸들 없는 자전거를 운전하는 것과 같다.
계절로 보면 여름이 없는 것과 비슷하다.
자신의 사주에 생지(生支)와 고지(庫支)만 있다면 과정이 생략된 삶이 아닌지 점검해 볼 필요가 있다.

◎ 여명(女命)

구분	시(時)	일(日)	월(月)	년(年)
천간(天干)	기(己)	경(庚)	무(戊)	무(戊)
지지(地支)	묘(卯)	진(辰)	자(子)	자(子)

> **해설**
>
> 위 사주는 경금(庚金)일간인데 지지에 자진합(子辰合)이 중첩되어 수기(水氣)가 지나치게 강한 사주이다.
>
> 지지에서 수기가 중합(重合)되어 있다는 것은 건강 사회적 목적 인간관계 등에 문제가 발생되었다는 것을 의미한다.
>
> 위 사주는 지지에 목기(木氣)가 있어 강한 수기(水氣)가 수생목(水生木) 할 수 있을 것 같지만 목기가 음목(陰木)이어서 수생목이 거의 일어나지 않거나 약하게 일어나며 화기(火氣)까지 약해 무토(戊土)에 의지하는 수밖에 없는 사주이다.
>
> 모든 면에서 지체현상이 일어나고 부정적이며 우울함과 불안정함이 상존한다.
>
> 강한 수기(水氣)의 수생목(水生木)은 양목(陽木)과 화기(火氣)가 함께 있어야 효율적으로 해결할 수 있다.
> 이를 수탕기호(水蕩騎虎)라고 하는데 병인운(丙寅運) 때 발복한 사주이다.

◎ 여명(女命)

구분	시(時)	일(日)	월(月)	년(年)
천간(天干)	임(壬)	병(丙)	병(丙)	무(戊)
지지(地支)	진(辰)	오(午)	술(戌)	인(寅)

해설

위 사주는 병화(丙火)일간이 지지(地支)에서 인오술 삼합(寅午戌 三合)이 되어 있다.

화국(火局)이 형성되어 화기(火氣)가 매우 강렬하지만 습토(濕土)인 진토(辰土)가 있어 화기를 한정하는 역할을 한다.

지지가 화국(火局)일 때 진토(辰土)는 약신(藥神) 역할을 하는데 이를 화치승룡(火熾乘龍)이라 한다.

화치승룡이 되면 사회적 성공 건강 인간관계 등 대체로 무난하고 재물복 인복이 있는 사주이다.

그러나 운(運)에서 술토(戌土)가 들어올 경우 진술충(辰戌沖)으로 인해 진토(辰土)가 화기(火氣)를 제어하지 못하게 된다.

이 사주는 원국에 술토(戌土)가 있지만 떨어져 있어 작용이 미미하다.
다만 운에서 진토(辰土)가 들어올 경우는 진술충(辰戌沖)이 조금 강하게 작용한다.

④ 이합(二合)의 불안정성

삼합(三合)에 있어 이합(二合)은 불안정성을 가중시키는 요소로 작용할 때가 많다.
삼합은 3가지 기운이 삼각형을 이루는 피라미드 형태로 가장 안정적인 기운을 지니고 있다. 따라서 이합은 안정성이 무너진 형태로 볼 수 있다.

때론 좋은 작용을 하기도 하지만 왕지(旺支)의 기운이 일간에게 위협이 된다면 생지합(生支合)은 매우 위태로운 사건사고를 만들 수 있다.
결국 왕지의 기운이 일간에게 도움이 되는지 되지 못하는지가 관건이 되며 심리적으로는 부정성과 불안정성이 만들어지게 된다.

세발자전거가 삼합(三合)이면 두발자전거는 이합(二合)이다.
세발자전거가 두발자전거로 바뀌는 순간 잠시도 그냥 서 있지 못하고 움직여야 하기 때문에 불안정한 것이다.

돌아가 쉴 곳이 없는 사람은 열심히 일하기 어렵다.
힘이 부족한 사람은 열심히 일할 수가 없기 때문이다.

그러나 실제 임상 결과는 생지와 왕지가 있는 경우 일의 완성도가 높았고 왕지와 고지가 있는 경우는 다소 완성도가 떨어졌다.

⑤ 이합(二合)이 삼합(三合)으로 바뀔 때

운(運)에 의해 이합(二合)이 삼합(三合)으로 변화했을 때는 삶에도 큰 변화가 일어나는데, 혼인부터 이직 이사 창업 합격 승진 등 다양한 형태로 나타날 수 있으며 중요한 것은 심리적 현실적으로 안정감이 만들어진다는 것이다.

추진하던 일이 원활해지거나 누군가 자신에게 도움을 주는 사람이 뜻밖에 만들어지기도 한다.

그러나 사주원국에 삼합(三合)이 이미 된 상태에서 생왕고(生旺庫)가 또 들어오는 것은 바람직하지 않다.
지지는 천간합과 다르게 쟁합(爭合) 투합(妬合)의 개념이 없이 무조건 만나면 합(合)을 하려는 성질이 있다.

이는 음양합(陰陽合)이 아닌 세력이고 형제 친구들의 합(合)이기 때문이다. 부인은 한 명만 있어야 하지만 형제 친구는 많을수록 좋기 때문이다.

삼합이 부정적인 의미로 쓰인다는 것은 삼합의 기운이 지나치게 강해질 때이다. 예를 들면 삼합왕지의 기운이 천간으로 투간(透干)되어 일간이나 용신을 공격한다면 투간된 삼합은 가장 무서운 흉기가 될 수 있다. 이때에는 특히 건강에 치명적으로 작용할 수 있다.

⑥ 이합(二合)과 삼합(三合)이 충(沖)을 만났을 때

최우선적으로 왕지(旺支)의 상황을 살펴서 해석해야 한다.
생지(生支)와 고지(庫支)에 충(沖)이 발생해도 문제가 생기지만 왕지의 충은 전혀 다른 문제이다.
이합(二合)과 삼합(三合) 모두 무효가 되기 때문이다.

왕지의 충은 삶의 거대한 변화를 만들어 낸다.
이혼 이별 사별 만남 사기 폐업 창업 죽음 등 여러 형태로 나타나는데 합(合)의 기운이 인간에게 어떤 영향을 주었는지에 따라 그 강도가 달라진다.
심리적으로는 불안정성과 긴장감이 만들어진다.

그러나 반대로 길(吉)한 상황도 만들 수 있다.
예를 들면 삼합의 왕지기운이 일간이나 용신을 공격하고 있을 때 왕지충으로 삼합의 기운을 깨뜨린다면 그동안 막혀 있는 일이 한 번에 해결되거나 나빠진 건강이 빠르게 회복되기도 한다. 따라서 합과 충에 의한 변화는 상황이나 환경을 반전시키는 힘이 있다.

4) 삼합(三合)의 실전 사주 분석

◎ 남명(지지합)

구분	시(時)	일(日)	월(月)	년(年)
천간 (天干)	병(丙)	을(乙)	을(乙)	계(癸)
지지 (地支)	술(戌)	묘(卯)	해(亥)	미(未)

해설

위 사주는 일지(日支)에 왕지(旺支)묘목(卯木)이 있어 결합도가 매우 강력하다.

결합도가 강하면 약한 충극(冲剋)에 의해서는 쉽게 삼합(三合)이 풀리지 않게 되지만 지지로 신금(申金)이나 유금(酉金)이 들어올 경우는 합(合)이 무력화될 수 있다.

위 사주는 목기(木氣)로 종(從)하려는 기운이 있다.
많은 분들이 고서를 잘못 해석하여 종왕격(從旺格)사주는 무조건 비겁(比劫) 인성(印星)이 길운(吉運)이라고 생각하지만 실제로 가종격(假從格)인 경우 반대인 경우도 상당수 있다.
즉 종격사주도 일반 내격 사주처럼 조화와 균형이 우선시되는 경우도 많다는 것이다.

◎ 여명(女命) (지지합)

구분	시(時)	일(日)	월(月)	년(年)
천간(天干)	병(丙)	경(庚)	병(丙)	임(壬)
지지(地支)	술(戌)	인(寅)	오(午)	자(子)

해설

위 사주는 월지에 왕지(旺支)인 오화(午火)가 연지의 자수(子水)와 자오충(子午沖) 되고 있다.

왕지가 충(沖)하므로 삼합(三合)은 무효가 되거나 합력(合力)이 현저히 떨어져 무늬만 삼합의 형태가 된다.

삼합이 충극으로 깨졌을 때는 합(合)의 기운이 어떤 작용을 하는지 살피는 것이 매우 중요하다. 만약 용신(用神)기능을 하다가 충극(沖剋)으로 삼합이 깨졌다면 흉운(凶運)으로 작용할 가능성이 크기 때문이다.

또 반대로 기신(忌神)으로 작용하다가 합(合)의 기운이 해소되었다면 그동안 막혀 있었던 일이 해결되거나 생각하지 못한 행운이 생길 것이다.

길흉은 고정되어 있지 않고 늘 변화하는데 특히 월지에 도화가 있을 경우는 그 변화가 매우 크게 움직인다. 연지 월지의 도화충은 유년 시절 어려움이 생기기 쉬운데 여성의 경우 더욱 위험할 수 있으며 대체적으로 부모덕이 약한 편이다.

◎ 남명(지지합)

구분	시(時)	일(日)	월(月)	년(年)
천간 (天干)	정(丁)	을(乙)	을(乙)	정(丁)
지지 (地支)	축(丑)	유(酉)	미(未)	묘(卯)

> **해설**
>
> 위 사주는 일지 시지의 유금(酉金)과 축토(丑土)가 유축합(酉丑合)으로 반합(半合)이 되었다.
> 이 경우 운(運)에서 사화(巳火)가 들어와 삼합(三合)이 형성되면 삶의 큰 변화가 일어나게 된다.
>
> 삼합(三合)은 이 사주에서 관성(官星)의 기운이 강화되는 것으로 천간의 정화(丁火)로 인해 오히려 식신제살(食神制殺)을 하며 길한 작용으로 변화될 수 있다.
> 식신(食神)이 천간에 있는 경우 칠살(七殺)은 오히려 기회로 활용될 수 있음을 명심해야 한다.
>
> 고지(庫支)와 왕지(旺支)의 이합(二合)은 활동성이 매우 약하고 부정적인 성향이 나오기 쉽다.
>
> 그런데 생지(生支)가 들어와 삼합(三合)이 형성되면 안정성과 능동성 추진력 등이 만들어지며 새로운 일이나 계획들을 시작하게 된다. 도화 중에서도 금(金)도화는 결실을 맺으려는 성향이 강한 것이 특징이다.

5) 지지방합(地支方合)

지지(地支)의 가장 큰 특징은 방향성과 지장간이라고 할 수 있다. 방향성은 계절이 순환함으로써 발생되는 현상이며 그 순환과정에서 시작 성장 쇠퇴가 형성된다.

방합(方合)의 가장 큰 특성은 방향성이다. 방향성이 있다는 것은 시간의 흐름이고 시간의 흐름은 한난조습(寒暖燥濕)의 변화 작용이다. 하루의 아침 점심 저녁 밤 그리고 다시 아침으로 이어지는 순환과정과 봄 여름 가을 겨울 그리고 다시 봄으로 이어지는 계절의 순환과정도 모두 방향성이다.

또한 방합(方合)은 단기적이고 무정(無情)한 특성이 있다.
이익이나 목적에 의해 모였다가 무정하게 흩어진다.
따라서 방합(方合)은 결합이 강력한 대신 기간이 짧고 변화도 급격하게 일어난다.

삼합이 목적 합이라면 방합은 세력 합이라고 할 수 있다.
삼합이 종적인 합이라면 방합은 횡적인 합이다.
삼합이 이질적 합이라면 방합은 동질적 합이라고 할 수 있다.
삼합은 일지 중심의 합이라면 방합은 월지 중심의 합이다.
삼합이 용(用)이라면 방합은 체(體)이다.
삼합이 장기적인 변화라면 방합은 단기적인 세력 유지이다.
삼합은 변화의 기운이고 방합은 강화의 기운이다.

삼합(三合)은 변화를 목적으로 하는 합이지만 방합(方合)은 그저 같은 기운끼리 뭉쳐 유지 혹은 강화하는 것이 전부이다.

예를 들어 인묘진(寅卯辰)이 있을 때는 목기(木氣) 한 가지 기운의 형태로 존재하지만 묘진(卯辰) 혹은 인진(寅辰)은 목기(木氣)와 토기(土氣) 두 가지 기운의 형태로 존재한다.

사주는 오행의 개수가 중요한 것이 아닌 오행의 기운과 흐름이 길흉을 결정한다.

구분	방위	특성
인묘진 (寅卯辰)	목(木) 동쪽	봄(春)의 세력을 가지고 있다. (토(土)가 상하고 화(火)가 강해진다.)
사오미 (巳午未)	화(火) 남쪽	여름(夏)의 세력을 가지고 있다. (금(金)이 상하고 토(土)가 강해진다.)
신유술 (申酉戌)	금(金) 서쪽	가을(秋)의 세력을 가지고 있다. (목(木)이 상하고 수(水)가 강해진다.)
해자축 (亥子丑)	수(水) 북쪽	겨울(冬)의 세력을 가지고 있다. (화(火)가 상하고 목(木)이 강해진다.)

※ 방합(方合)은 계절성으로 방향성을 지니고 있는 세력합이다.
세력합이란 비슷한 기운들이 모여 한 가지 목적을 이루는 합으로 결합력은 최상이나 이합(二合)이 없고 반드시 3가지 기운이 모여야 합(合)이 성립된다.

또한 일지(日支)보다는 월지(月支)를 중심으로 모이는 세력으로 조후(調喉)적인 관점에서 관찰해야 한다. 삼합이 왕지(旺支)를 중심으로 모이는 종(從)적인 목적합이라면 방합은 횡적인 형제합 관계로 보는 것이 타당하다.

즉 방합(方合)은 특정한 목적 없이 같은 기운이 만나 발생되는 순수한 기운이다.

그래서 삼합에는 배신이 있어도 방합은 배신이 없으며 친구들의 모임처럼 여기기도 한다.

그러나 방합은 방향성과 계절성을 지니고 있기 때문에 방합이 성립된 오행에게 극(剋)을 받는 오행은 매우 어려운 상황에 놓이게 된다.

예를 들면 신유술(申酉戌) 금국(金局)이 설정된 상태에서 목기(木氣)가 약하다면 그 피해는 극심할 수 있다는 것이다.
금왕(金旺)이라는 계절의 힘의 세기를 이용해 반대편 오행을 무참히 짓밟을 수 있기 때문이다.

따라서 방합으로 종(從)하는 사주가 아니라면 반드시 방합의 기운을 극(剋)하거나 설기(洩氣)시킬 약신(藥神)이 있어야 한다.

◆ 인묘진(寅卯辰) 목국(木局)의 건강과 심리적 특성

성격은 밝고 명랑하며 긍정적이고 순수함이 있다.
추진력과 저돌성의 기운이 있으나 마무리가 약하고 고집이 강하여 독선적인 성향이 될 수 있다.

특히 원국 방합은 고집이 지나치게 강하여 타인들과 마찰 혹은 가족 간의 불화 등이 생길 수 있으므로 대인관계에 주의해야 하며 상대방 의견을 경청하는 태도를 유지하는 것이 좋다.

생산성이 극대화되는 성장의 시기이므로 반드시 수기(水氣)와 광화(光火)가 필요하다.

따라서 인묘진(寅卯辰) 목국(木局)이 형성되면 일을 시작할 때 반드시 마무리에 대한 준비를 해야 한다.

건강적으로는 토기(土氣)가 공격받는 현상으로 위장장애 등 소화기 계통에 문제가 발생할 수 있다.

> ※ 주의
>
> 인묘진(寅卯辰) 방합에서 월지에 진토(辰土)가 있고 천간에 금기(金氣)가 강한 편이라면 방합은 성립되지 않을 가능성이 발생된다. 진월(辰月)은 15일이 지나면 화기(火氣)가 점점 강해짐으로 상대적으로 목기(木氣)는 약화된다. 따라서 천간으로 금기가 투간되거나 금기가 강하면 합이 안 될 수 있다.

◈ 사오미(巳午未) 화국(火局)의 건강과 심리적 특성

성품은 예의 바르고 정의심이 있으나 급하고 불안정하다.
가장 강렬한 발산 팽창 확장 에너지가 활동하는 시기로 자칫 하는 일을 지나치게 확대하는 오류를 범할 수 있다.

이 시기는 수기(水氣)가 가장 필요하며 습토(濕土)로 열기(熱氣)를 분산시키는 것이 유용하다.

사오미(巳午未) 화국(火局)은 다른 오행들에게 나쁜 영향을 미치는 경우가 대부분인데 목(木)을 숯으로 만들고 땅은 갈라지게 하며 수(水)는 증

발시키고 금(金)은 녹여 버린다.

따라서 화기(火氣)가 고정될 수 있는 습토(濕土)가 가장 필요한 약(藥)이라고 할 수 있다.

사오미(巳午未) 화국(火局)이 형성되면 새로운 일을 확장시키거나 시작하기보다는 기존의 것을 정리하고 구분하는 것이 좋다.

건강적으로는 금기(金氣)가 공격받아 폐 대장 뼈 관련 질환이 발생될 수 있다.

> ※ 주의
>
> 사오미(巳午未) 방합에서 월지에 미토(未土)가 있다면 합이 성립되지 않을 수도 있다. 미월(未月)은 15일이 지나면 금기운으로 서서히 움직이기 때문이다.

◆ **신유술(申酉戌) 금국(金局)의 건강과 심리적 특성**

금(金)은 만물이 진멸(盡滅)하는 시기이다.
봄 여름 동안 성장했던 만물을 씨앗 형태로 저장하여 다음 계절을 위해 휴식기에 접어든 시기이다.
그래서 속은 따뜻할지라도 겉모습은 차분하고 냉정하며 이성적이다.

모든 생산활동을 일시 정지 차단하고 다음 생산을 위한 구분 작업을 하는 시기이기 때문에 냉정해질 수밖에 없는 위치에 있는 것이다.

이 시기는 숙살(肅殺)의 기운이 극대화되어 모든 목(木)의 기운을 죽이고 더 이상 수생목(水生木)을 하지 않는다. 수생목을 하지 않는다는 의미는 생산활동을 멈췄다는 것을 의미한다.

그러나 실제적으로는 새 생명을 위한 죽음인 것이다.
잠을 자기 위한 준비 단계라고 할 수 있다.
신유술(申酉戌) 금국(金局)이 형성되면 건강적으로는 간담(肝膽)이 상할 수 있으며 시력이 나빠질 수 있다.

> ※ **주의**
>
> 신유술(申酉戌) 방합에서 월지에 술토(戌土)가 있고 화기(火氣)나 수기(水氣)가 강하다면 합이 성립되지 않을 수도 있다. 술토(戌土)는 15일이 지나면 수기운(水氣運)으로 서서히 움직이기 때문이다.

◆ 해자축(亥子丑) 수국(水局)의 건강과 심리적 특성

모든 것이 고요히 잠들어 있는 시기가 해자축(亥子丑)이다.
그러나 그 안에서는 새 생명을 준비하고 있다.
지나간 세월의 고도로 응축된 정보를 지니고 다음 세월의 목(木)에게 전달하기 위해 기다리고 있는 것이다.
죽음과 침잠의 시기인 북방의 기운은 역설적으로 새로운 생명의 씨앗을 품고 있다.

모든 생명활동이 멈춰 있는 듯 보이지만 실제로는 새 생명을 준비하고 있는 형태인 것이다. 수(水)에게는 가장 응축된 정보를 목(木)에게 전달할 준비 단계에 있다고 할 수 있다.
따라서 해자축(亥子丑) 수국(水局)이 형성되면 눈에 보이는 것이 전부가 아닌 속을 알 수 없는 사람이 될 수 있고 생각은 많으나 행동력은 약할 수 있다.

성격은 지혜롭고 유연성이 있으며 생각이 깊고 비밀이 많다.
겉만 봐서는 정확한 판단을 내릴 수 없다는 것이다.
건강적으로는 화기(火氣)가 공격받는 형상으로 심장 심혈관 계통을 조심해야 한다.

※ 주의

해자축(亥子丑) 방합에서 월지에 축토(丑土)가 있고 목기(木氣)가 강하다면 합이 성립되지 않을 수도 있다. 축토(丑土)는 15일이 지나면 목기운(木氣運)으로 서서히 움직이기 때문이다.

6) 방합(方合)의 실전 사주 분석

◎ 남명(男命) (지지방합)

구분	시(時)	일(日)	월(月)	년(年)
천간 (天干)	기(己)	병(丙)	을(乙)	을(乙)
지지 (地支)	축(丑)	자(子)	해(亥)	미(未)

해설

위 사주는 일지(日支)를 중심으로 해자축(亥子丑) 방합(方合)이 되었다. 방합은 월지(月支) 중심의 합(合)이다. 방향성과 계절의 기운이 사주 전체를 지배한다.

수기(水氣)가 강해진 상태이기 때문에 화기(火氣)가 어떻게 보존되는지 살펴야 한다. 일간 병화(丙火)가 뿌리가 없어 위태로운 상태이다.

이렇게 강력하게 합(合)이 된 경우는 오화(午火)가 들어와 자오충(子午沖)하거나 토기(土氣)가 들어와 극(剋)해도 합(合)이 잘 풀리지 않는다.
이 사주에서는 미토(未土)가 용신 역할을 하는데 천복지재(天覆地載)가 되어 강력한 토극수(土剋水)작용을 한다.

◎ 여명(女命) (지지합)

구분	시(時)	일(日)	월(月)	년(年)
천간(天干)	병(丙)	갑(甲)	을(乙)	임(壬)
지지(地支)	인(寅)	인(寅)	묘(卯)	자(子)

해설

위 사주는 월지에 묘목(卯木)이 일지 시지의 인목(寅木)과 방합(方合)하려 하는데 진토(辰土)가 없어 방합이 성립되지 못한 상태이다.

운(運)에서 진토가 들어오면 방합이 성립된다.
방합은 이합이 성립되지 않는다.

다만 목기(木氣)가 워낙 강하여 토운(土運)이 들어올 경우 오히려 보완되는 것이 아니라 목극토(木剋土)를 하게 되어 질병이나 사건사고가 발생될 수 있다.

특히 이 사주는 목기(木氣)가 천간으로 투간되어 있어 그 세력이 매우 강하다. 이 경우 조토(燥土)가 들어오면 오히려 흉(凶)으로 작용할 수 있다.

여성이 운에서 방합이 형성되면 남성적 능동적 적극적으로 심리상태가 바뀌고 행동도 다소 진취적으로 변화된다.
방합은 맹목적인 특성이 있어 득실이나 승패의 개념이 없이 인간관계나 건강에 국한해야 한다.

◎ 남명(男命) (지지방합)

구분	시(時)	일(日)	월(月)	년(年)
천간 (天干)	계(癸)	갑(甲)	병(丙)	병(丙)
지지 (地支)	유(酉)	신(申)	오(午)	술(戌)

> **해설**
>
> 위 사주는 일지(日支)에 있는 금기(金氣)가 용금(熔金)이 되어 폐 대장 뼈 관련 질환과 각종 사건사고 등 매우 어려움이 많은 사주이다.
>
> 방합의 경우도 극(剋)하는 오행이 강력한 기운을 지니고 있다면 합은 무효가 된다.
>
> 만일 월지에 술토(戌土)가 있었다면 신유술방합(申酉戌方合)이 우선 성립하여 오화(午火)가 화극금(火剋金)을 할 수 없는 상태가 되지만 월지에 오화(午火)가 있어 방합이 성립되지 못하고 있다.
>
> 운에서 술토(戌土)가 들어올 경우 형태적으로는 방합의 모양을 갖추지만 월지가 화왕절(火旺節)이기 때문에 그 결합도는 매우 약하거나 합 자체가 무력할 수 있다.
>
> 방합은 월지를 중심으로 성립되는 합이기 때문에 방합 오행이 월지를 장악하지 못했을 때에는 합의 성립 자체가 불투명해진다.

7) 지지육합(地支六合)

육합(六合)은 형태적인 모습과 본질적인 모습으로 구분해서 이해해야 한다.
형태적인 모습은 생극(生剋)으로 판단하고 본질적인 모습은 계절로 해석해야 한다.
따라서 형태적으로 구분할 때는 생극을 기준으로 생합(生合)과 극합(剋合)으로 구분하고 본질적으로 구분할 때에는 계절의 방향성을 가지고 해석하여야 한다.

구분		생합(生合)	극합(剋合)
형태적	생극 기준	인해(寅亥) 진유(辰酉) 오미(午未)	자축(子丑) 사신(巳申) 묘술(卯戌)
본질적	방향 기준	인해(寅亥) 봄과 겨울(동북) 생명과 죽음의 합 진유(辰酉) 봄과 가을(동서) 성장과 결실의 합 오미(午未) 여름과 여름(남남) 성장과 결실의 합 자축(子丑) 겨울과 겨울(북북) 죽음과 어둠의 합 사신(巳申) 여름과 가을(남서) 성장과 결실의 합 묘술(卯戌) 봄과 가을(동서) 생명과 결실의 합	

(1) 지지육합(地支六合)의 형태적 모습

지지육합은 지지(地支)에서 음양(陰陽)이 만나 발생되는 목적성이 있는 음양지합(陰陽支合)이며 정략합(合)이다.

흔히 부부지합(夫婦支合)이라고도 하며 생극(生剋)을 중심으로 이루어지는 생극제화(生剋制化)의 합(合)이다.

생극(生剋)으로 충분히 설명되는데도 불구하고 육합(六合)이란 명칭을 사용하게 됐는지는 아직 정확한 기록이 없다.
하지만 중요한 것은 생극(生剋)에 위배되면 무효이고 생극의 원리에 맞으면 합(合)의 기능을 한다고 해석하는 것이 어느 정도 정설로 사용되고 있다.

그렇다면 극합(剋合)인 묘술합(卯戌合)과 사신합(巳申合)은 심각한 문제점이 발생하게 된다. 하지만 단순히 형태적인 모습만 보고 판단하면 오류가 발생될 수 있으므로 방향성과 지장간의 동태까지 면밀히 살피어 해석하는 것이 가장 좋은 방법이 될 것이다.

묘술합(卯戌合)은 형태적으로는 목극토(木剋土)이지만 방향성이 동일하거나 지장간에서 암합(暗合)이 된다면 그 본질적 기운은 다르게 해석될 수 있기 때문이다.

그럼에도 불구하고 극합(剋合)은 생극(生剋)의 논리에서 살짝 벗어난 석연치 않은 구석이 있는 것도 사실이다.
묘술합(卯戌合)과 사신합(巳申合)이 그 좋은 예이다.

묘(卯)와 술(戌)은 생극(生剋)관계로 해석되지 않으며 사신합(巳申合)은 어떤 이유로 수기(水氣)를 만드는지에 대한 논리가 불분명하다.

묘목(卯木)은 동쪽 방향성을 지니고 봄의 기운과 목기(木氣)로 구성된 오행이고 술토(戌土)는 서쪽 방향성과 가을의 기운인 금기(金氣)를 지니고 있는 오행이다.
서로 전혀 공통분모가 없는데도 합(合)하여 화기(火氣)를 만들어 낸다.

어떤 원인으로 인해 합(合)이 되는 걸까?

그것은 방향성도 지장간도 아닌 음양(陰陽)의 기운에 그 원인이 있다. 이음사양(二陰四陽)과 일양오음(一陽五陰)이 만나 조화를 이루려고 하는 것이다. 서로 부족한 기운을 채우려는 것이다.

그러나 묘목(卯木)이 월지에 있다면 합은 성립되지 못한다.
묘목은 도화(桃花)의 기운을 지닌 오행으로 월지에 있다는 것은 고유성과 선명성을 유지하는 기운이 강하기 때문에 합이 불가능한 것이다.

그 외 자축합(子丑合)은 같은 북방수기(北方水氣)를 지녔기 때문에 생(生)

적인 동질성이 가능하고 인해합(寅亥合)은 수생목(水生木) 진유합(辰酉合)은 토생금(土生金) 오미합(午未合)은 화생토(火生土)의 기운을 지니고 있어 모두 유효하다.

육합(六合)은 삼합과 달리 왕지(旺支)를 중심으로 변화되는 것이 아닌 오행의 기운을 각자 가지고 있으면서 정략적으로 같은 기운, 같은 목소리를 내는 것이라는 논리도 사용되고 있다.
어느 정도 일리 있는 주장이다.
따라서 육합이 다른 기운으로 변했다는 것은 정확한 표현은 아니다.

육합(六合)의 결합도는 생합(生合)인 경우 삼합의 생지합(生支合)과 강도가 비슷한 수준이고 극합(剋合)의 경우는 고지합(庫支合)보다도 약한 것으로 파악되기도 한다.
그러나 이러한 모든 육합의 형태적 모습은 실제 사주 해석에 엄청난 혼란을 야기시킨다.

특히 육합(六合)의 성지인 남녀궁합에서 어떻게 이를 적용할 것인지 난해해진다.
생합(生合)은 합력(合力)이 발생되니 유효하고 극합(剋合)은 모두 합의 작용을 부인할 것인지, 또 합(合)이 되었다면 어느 정도 합력(合力)이 근거하는지 수치적으로 명확하지 않다는 것이다.

이는 모두 본질적인 지지육합을 이해하지 못하는 데서 기인한다. 지지육합은 형태적인 모습을 기본으로 적용하되 반드시 본질적인 모습을 결합하여 해석해야만 개인 사주는 물론 혼인궁합도 명확히 이해할 수 있다.

육합의 드러난 모습은 남녀 간의 애정과 본능적 욕구 등 사람과 관계하려는 의지로 나타난다.

(2) 지지육합(地支六合)의 본질적 모습

지지육합(地支六合)의 본질적인 모습은 개별성을 바탕으로 한 상호 관여의 합(合)이다.
육합(六合)은 삼합(三合)과 달리 변화를 목적으로 하는 합(合)이 아닌 각자 오행의 개별적 이해득실 성향 특징 선명성에 관여하여 자신의 개별적 특성을 성장시키거나 유지하는 데 초점을 맞추고 있다. 즉 동상이몽의 각기 다른 오행들이 서로의 이익을 위해 임시적이고 개별적으로 합을 이루는 형태이다.

모든 합의 기본은 가합(假合)이지만 특히 육합은 가합적인 요소가 가장 강력하게 작용한다.
가합은 필요에 의해 강제성 등 임시적으로 어떤 형태와 기운을 유지하는 것이다.

만일 가합적인 형태가 영원히 유지되는 경우가 발생한다면 그것은 서로의 개별성과 고유성이 운(運)에 의해 혹은 서로에 의해 균형을 이루고 있다는 것을 의미한다.

실제 궁합(宮合)에서 육합이 된 부부 중에 균형을 끝까지 이루는 경우는 생각보다 많지 않다. 지지 육합이 된 남녀는 처음에는 매우 강렬히 서로에게 이끌리고 속도감 있게 애정이 진행된다.
하지만 뜨겁게 달아오르는 양철냄비처럼 식어 가는 속도도 매우 빨라 쉽게 만나고 쉽게 헤어지는 형태를 보인다.

그렇다면 육합(六合)이 잘 유지되는 경우와 그렇지 못한 경우는 무엇이 결정하는지 살펴보자.
우선 가장 먼저 개인 사주에서 육합이 수기유통(秀氣流通)이 되는지 살펴야 하고 두 번째는 충극(沖剋)이 있는지 봐야 한다.

또 운에서 충극이 들어와 육합을 깨뜨린다면 오늘은 연인 부부지만 내일 한순간 남남 원수로 바뀔 것이다.
지지육합은 합(合)으로 인한 변화가 목적이 아니기 때문에 자신의 고유성에 대한 집착이 매우 강하다. 따라서 결국은 원래의 모습으로 돌아가려는 습성이 강하다.

이는 사람과의 관계에서 이별로 나타나게 되고 심리적으로는 관심이 무관심으로 바뀌게 되는 원인이 된다.

특히 진유합(辰酉合)과 묘술합(卯戌合)은 자신의 특성을 지키기 위해 동질성을 찾기도 하는데 예를 들면 예술 영화 사업 등 공통분모를 만들고자 노력하는 모습을 보이기도 한다.
영화감독과 여배우의 관계 선생과 제자와의 관계 작가와 보조작가의 관계 사장과 참모의 관계 등 다양하게 나타난다.

처음에는 뜨거웠다가 시간이 지날수록 식어 가는 인해합(寅亥合)과 사신합(巳申合)은 가장 흔한 연인들의 형태적 모습을 보여 준다.
로미오와 줄리엣처럼 뜨겁게 연애하고 결혼까지 하게 되지만 시간의 흐름에 따라 점차 멀어져 가는 형상이다.

인(寅)과 해(亥)는 수생목(水生木)하는 장생(長生)관계이다. 즉 인(寅)의 지장간 속 갑목(甲木)과 해수(亥水)는 12운성으로 장생(長生)관계이기 때문에 처음에는 무엇을 주어도 아깝지 않은 본능적인 특성을 보이는 것이다.

따라서 육합 중에 합력(合力)이 가장 강하다.
그러나 시간이 지나면 흉운이나 충극에 의해 육합은 변질되기 시작한다.
처음에는 수생목(水生木)하는 장생(長生)관계인 갑목(甲木)과 해수(亥水)가 시간이 지나면 수설목(水洩木)하게 되는 병(病) 관계인 임수(壬水)와 인목(寅木)으로 형태가 변질되는 것이다.

극합(剋合)인 사신합(巳申合)의 경우에는 생합(生合)인 인해합(寅亥合)과 비슷하지만 한 가지 다른 점은 목적성이 더 강하다는 것이다.

예를 들면 인해합(寅亥合)은 처음에는 순수하고 본성적인 기운이 있다면 사신합(巳申合)은 현실적이고 계산적인 기운이 좀 더 강하다는 것이다.

신(申)의 지장간 속 경금(庚金)과 사화(巳火)는 화극금(火剋金)이지만 12운성으로 장생(長生)관계이고 병화(丙火)와 신금(申金)은 병(病)관계이다.

즉 경금(庚金)과 사화(巳火)는 장생(長生)관계라 처음에는 애정지수와 함께 목적과 계산적 형태로 서로 돕는 형태를 보이지만 시간이 지남에 따라 병화(丙火)와 신금(申金)은 병(病)관계로 바뀌어 관계를 오래 유지하기 힘들게 된다.

그러나 이런 경우에도 개인사주 구성에 충극(沖剋)이 없고 생합(生合)이나 수기유통(秀氣流通)이 잘되면 백년해로할 수 있다.

◎ 형태적인 지지육합(地支六合)

특 성
생극(生剋)이 기준이 되며 남녀지합을 바탕으로 한 목적성이 있는 정략합(合)이며 합 자체를 목적으로 하거나 합의 변화를 추구하지는 않는다.

자(子)+축(丑)	토기(土氣) 수기(水氣) 강화

자축합(子丑合)은 북방 겨울의 기운이 왕성해지는 시기이며 은밀하고 비밀스러운 경향을 띠며 합(合)의 결합도는 약한 편이며 남녀가 모두 호색(好色)할 수 있다.

인(寅)+해(亥)	목기(木氣) 강화

인해합(寅亥合)은 동방 봄의 기운이 왕성해지는 시기이며 순수함과 본성이 매우 강한 형태이며 처음 합(合)의 결합도는 매우 강한 편이나 시간이 지날수록 자기주장이 강해지는 경향이 있고 가는 길이 달라지기 쉽다.

진(辰)+유(酉)	금기(金氣) 강화

진유합(辰酉合)은 서방 가을의 기운이 왕성해지는 시기이며 개인의 고유성과 목적성이 가장 강한 합(合)의 형태이며 결합도는 중간이다. 유금(酉金)과 진토(辰土)는 서로 반기지 않지만 필요에 의해 만남을 유지한다.

사(巳)+신(申)	수기(水氣) 강화

사신합(巳申合)은 사회적 목적성을 추구하며 합(合)의 형태와 형(刑)의 형태가 함께 나타나는 특징을 지니고 있다. 형(刑)으로 작용할 때는 화극금(火剋金)의 관계로 작용하고 합으로 작용할 때는 득화이예(得火而銳)로 작용한다.

오(午)+미(未)	화기(火氣) 강화

오미합(午未合)은 남방 여름의 기운이 점차 변하는 시기로 결합도는 강한 편이나 뜨거운 기운이 생성되지는 않는다.
남녀관계에 있어도 남들 보기에는 다정하고 열정적으로 보이나 실제 부부관계는 다소 냉랭하고 사무적일 수 있다.

| 묘(卯)+술(戌) | 무변(無變) 또는 조기(燥氣) |

묘술합(卯戌合)은 목극토(木剋土)의 생극(生剋)원리에 따라 합(合)할 근거가 매우 약하다. 노랑(老郞)의 기운을 가지고 있어 신분이 맞지 않거나 나이 차가 많이 나는 경우가 많다. 흔히 불륜합이라고도 하는데 반드시 불륜이 아니더라도 상황이나 조건적으로 어울리지 않는 경우가 많다.

◎ 본질적인 지지육합(地支六合)

특성
계절성을 기준으로 지지육합(地支六合)의 본질적인 모습은 애정관계를 바탕으로 하며 고유성 개별성 선명성을 유지 성장하려는 상호 관여의 합(合)이다. 즉 시작과 끝이 다른 동상이몽적 형태를 보이는 것이 특징이다. 유시무종(有始無終)의 합(合)이라고도 한다.

자(子)+축(丑)	월지와 주변오행에 따라 토기(土氣) 수기(水氣) 강화

자축합(子丑合)은 어둠 속에서 미약한 양기(陽氣)로 변화되는 시기이다.
음양(陰陽)이 교차하는 시기이나 아직은 음(陰)적인 기운이 강한 상태이고 어둠을 이용하려는 경향이 있다. 그래서 은밀하고 비밀스러운 경향이 강하며 드러나는 것을 매우 꺼린다.

연애 만남 임신 결혼 사업 투자도 비공개 혹은 은밀하게 이루어진다.
합(合)의 결합도는 약한 편이며 남녀가 모두 호색(好色)할 수 있다.

인(寅)+해(亥)	목기(木氣)가 강화되지만 수기(水氣)도 고유성을 지키려 하며 시간이 지날수록 축수(縮水)가 되는 것을 매우 꺼린다. ※ 축수란 수기가 목(木)으로 인해 줄어드는 것

봄의 기운과 겨울의 기운이 만나 삶과 죽음이 교차하는 기운이 있다. 처음에는 다른 기운으로 강렬히 끌린다.

인해합(寅亥合)은 선합후파(先合後破)의 기운이 있다. 처음에는 순수한 마음으로 매우 강력한 합력(合力)을 보이지만 시간이 지날수록 후파(後破)의 경향으로 바뀌면서 관계가 훼손되기 시작한다.
봄의 기운과 겨울의 기운이 조화를 이루는 상태여서 남녀결합도는 매우 강한 편이다.

갑(甲)과 해(亥)는 수생목(水生木)이며 12운성으로는 장생(長生)관계이다. 임수(壬水)와 인목(寅木)의 관계는 수설목(水洩木)이며 병(病)의 관계이다.

진(辰)+유(酉)	형태적으로 금기(金氣)가 강화되는 것처럼 보이지만 실질적으로는 금(金)이 강하지도 토(土)가 설기되지도 않는다. 다만 그런 모습을 연출하고 있다.

봄과 가을이 만나 조급해지는 합이다.
여름이라는 과정 없이 수확을 기다리는 동상이몽의 모습을 하고 있다.

봄은 성장을 꿈꾸고 가을은 수확을 꿈꾼다.
진유합(辰酉合)은 정략적 강압적 현실합이며 서로 고유성과 선명성을 유지하기 때문에 남녀 간에 잘 뜨거워지지 않는다.

형태적으로는 금(金)의 기운이 강해져 보이지만 실질적인 토생금(土生金)은 잘 일어나지 않는다. 봄과 가을이 서로 결과를 기다리는 모양의 합(合)으로 계산적인 면이 강하다.
합(合)의 결합도는 중간 정도이다.

사(巳)+신(申)	형태적으로는 수기(水氣)가 강화되어 보이지만 실질적으로는 습기(濕氣)가 강해지는 정도이며 속도감이 오히려 늘어지는 형태를 보인다.

양기가 가장 강하게 드러나는 여름과 숙살의 가을이 만나 서로를 구속하고 강제하려는 기운이다. 육양(六陽)의 기운인 사화(巳火)가 가장 가치 있게 사용되는 것은 삼음(三陰)의 신금(申金)이나 사음(四陰)의 유금(酉金)을 만나 사용될 때이다.

이를 득화이예(得火而銳)라고 한다.
즉 원석을 다듬어 사회적 가치를 만들어 내는 것이다. 그러나 지나치게 화기(火氣)가 강하거나 금기(金氣)가 강하여 조화가 맞지 않으면 강압적인 형태로 변질될 수 있다.

사신합(巳申合)은 사회적 목적성이 가장 강한 합으로 형태적으로는 인해합(寅亥合)과 비슷해 보이지만 순수함이나 무목적성은 조금 다르며 결합도도 떨어지는 편이다.

또한 현실성과 목적성이 강하다 보니 합(合)의 형태적인 모습에 치중하려는 성향이 있고 때로는 형(刑)의 형태로 나타나기도 한다.

오(午)+미(未)	형태적으로는 화기(火氣)가 매우 강해지는 모습처럼 보이지만 실제로는 미지근한 열기 정도이며 잘 식지도 않는 경향이 있다. 이는 장점으로 작용하는 경우가 많다.

오미합(午未合)은 같은 여름의 기운끼리 겉보기엔 잘 맞는 듯 보이지만 속은 서로 다른 모습을 하고 있다.

오화(午火)는 성장하려는 기운이 있고 미토(未土)는 성장을 버리고 이미 결실로 향해 있다. 미토는 두 개의 기운을 지닌 오행으로 결국 가는 길이 달라진다.

오미합(午未合)은 공적 사회적 관계를 강화하는 합(合)이다.
남방 여름의 기운이 점차 가을의 기운으로 변하는 시기로 같은 목적이나 결과를 향해 합(合)하려는 성향이 매우 강하다.

결합도는 강한 편이나 뜨거운 기운이 생성되지는 않으며 특히 남녀관계에 있어서 친구 동료 같은 연인이나 부부관계를 떠올려 보자.

묘(卯)+술(戌)	형태적으로는 조기(燥氣)로 변화되는 모습을 보이지만 실질적으로는 술토(戌土)라는 찜질방 같은 곳에서 은밀하게 습목(濕木)인 묘목(卯木)이 훈증(熏蒸)하는 형태를 보인다.

봄의 기운과 가을의 기운이 만나 서로 이질적인 것에 이끌리는 현상이다.
묘술합(卯戌合)은 생극(生剋)의 원리로는 목극토(木剋土)이나 실제 묘(卯) 중 갑을목(甲乙木)은 술토(戌土)를 극(剋)할 여력이 부족하다.

오히려 술(戌) 중 무토(戊土)와 묘(卯)의 관계는 목욕(沐浴)이고 묘(卯) 중 을목(乙木)은 술토(戌土)와 묘(墓)의 관계이다.
따라서 묘술(卯戌)은 도화의 기운이 있어 남들이 보는 것과는 다르게 서로는 진심으로 사랑할 수 있는 관계이다.

주로 신분 차이 나이 차이가 나거나 예술적인 결합도가 높은 편이다. 이를 노랑(老郎)이라고 한다.
따라서 묘술합(卯戌合)은 음란지합(淫亂之合)이라고도 하는데 이는 남녀 간의 훈증 효과 때문이다.
남들의 시선으로는 어울리지 않지만 서로의 결합도는 높은 편이다.

※ 개인사주 구성에 충극(沖剋)이 없고 생합(生合)이나 수기유통(秀氣流通)이 잘되면 백년해로(百年解顧)할 수 있다.

8) 육합(六合)의 실전 사주 분석

◎ 남명(男命) (지지합)

구분	시(時)	일(日)	월(月)	년(年)
천간 (天干)	계(癸)	갑(甲)	을(乙)	무(戊)
지지 (地支)	유(酉)	인(寅)	해(亥)	인(寅)

해설

위 사주는 수생목(水生木)의 원리로 생합(生合)이라 하며 합(合)의 결합도가 다소 높은 편이다.

합(合)도 생(生)의 형태로 이해하면 된다.
지지육합(地支六合)은 천간의 영향 없이 모든 오행 간에 합력(合力)이 유지된다.

인해합(寅亥合)으로 목기(木氣)가 강해지는 기운이 있다. 시지(時支)에 유금(酉金)이 있어 금극목(金剋木)이 되어 합력(合力)이 다소 약해질 수 있다.
인해합(寅亥合)이 이처럼 중합(重合)으로 되어 있을 때는 목기(木氣)가 강해지는 특성이 있으나 화기(火氣)가 없는 해월(亥月)은 예외이다.

◎ 남명(男命) (지지합)

구분	시(時)	일(日)	월(月)	년(年)
천간(天干)	갑(甲)	기(己)	무(戊)	기(己)
지지(地支)	자(子)	유(酉)	진(辰)	묘(卯)

해설

위 사주는 생합(生合)인 진유합(辰酉合)이 되어 금기(金氣)가 강화되는 기운을 지니고 있다.

지지(地支)에 자유귀문(子酉鬼門)이 있으나 작용이 강하지는 못하고 진유합(辰酉合)에 큰 영향을 미치지 못한다.
육합(六合)은 정략적이며 현실적인 기운이 강한 합(合)으로 실질적인 토생금(土生金)이 되지 않는다.

다만 금기운(金氣運)이 강해지는 정도로 이해하면 된다.
유금(酉金)이 진토(辰土)가 필요할 때는 금기(金氣)가 매우 약할 때와 오화(午火)로부터 화극금(火剋金)을 방어할 때이다.

연지의 묘(卯)가 진토(辰土)를 목극토(木剋土)하고 있으나 토기(土氣)가 매우 강하여 진유합(辰酉合)에 영향을 주질 못한다.

유금(酉金)은 근본적으로 생금(生金)이 불필요한 오행으로 자신의 고유성을 지키려는 성향이 강하여 진토(辰土)를 반기지 않는다.
따라서 겉모습은 유정해 보여도 실제 모습은 각자 움직이는 경향을 보인다.

◎ 여명(女命) (지지합)

구분	시(時)	일(日)	월(月)	년(年)
천간 (天干)	을(乙)	경(庚)	기(己)	병(丙)
지지 (地支)	유(酉)	자(子)	축(丑)	인(寅)

해설

위 사주는 축월(丑月)에 태어난 경금(庚金)으로 자축합(子丑合)이 되었다.

자축합은 북방수국(北方水局)의 기운으로 성격적으로는 다소 부정적이고 우울한 기운을 지니고 있으나 연주의 병인(丙寅)이 이를 다소 완화해 주고 있다.

지지가 습할 경우 천간에 병화(丙火)나 무토(戊土)가 있으면 상당히 완화되며 지지에는 인목(寅木)이 있으면 수생목(水生木)되어 수기(水氣)가 어느 정도 해결된다. 그 외에도 미토(未土)나 술토(戌土)도 토극수(土剋水)로 수기를 제거하는 기능을 하지만 수기가 지나치게 강할 경우에는 무리수가 따르며 이를 제방이 무너진다고 한다.

자축합(子丑合)은 비밀스럽고 은밀한 기운이 있다.
그래서 연애를 하더라도 드러나지 않게 몰래 하는 경우가 많고 서로 은밀한 관계가 오래 유지되는 경향을 보인다.
또한 연애뿐 아니라 사업이나 계약 투자 등은 비밀스럽게 진행하는 경우가 많다.

다행히 이 사주는 인목(寅木)과 병화(丙火)가 수기(水氣)를 수생목(水生木)시켜 비밀스럽고 은밀한 기운이 양지로 드러난다.

◎ 여명(女命) (지지합)

구분	시(時)	일(日)	월(月)	년(年)
천간(天干)	병(丙)	경(庚)	을(乙)	정(丁)
지지(地支)	술(戌)	술(戌)	묘(卯)	사(巳)

해설

위 사주는 묘술합(卯戌合)이 성립하지 않는다.
묘목(卯木)은 도화(桃花)의 기운을 가진 오행으로 자기 고유성을 유지하려는 성향이 강하므로 도화가 월지(月支)에 있을 경우 묘술합은 성립되지 못한다.

◎ 남명(男命) (지지합)

구분	시(時)	일(日)	월(月)	년(年)
천간(天干)	병(丙)	을(乙)	정(丁)	계(癸)
지지(地支)	술(戌)	묘(卯)	사(巳)	해(亥)

해설

위 사주는 묘술합(卯戌合)이 성립되어 화기(火氣)가 형성되는 기운이 있다. 묘술합은 목극토(木剋土)로 극합(剋合)이어서 결합도가 강하다고는 볼 수 없지만 실제 연인관계에서는 정이 있는 편이며 의리를 지켜려고 노력하는 편이다. 노련함과 순수함이 만나 노랑(老郞)이라고 하지만 이는 나이차가 아닌 성향적인 문제이다.

◎ 남명(男命) (지지합)

구분	시(時)	일(日)	월(月)	년(年)
천간(天干)	기(己)	병(丙)	을(乙)	무(戊)
지지(地支)	축(丑)	오(午)	미(未)	자(子)

해설

위 사주는 오미합(午未合)으로 화기(火氣)가 형성되는 기운이 있다. 그러나 이 합(合)은 열기가 지나치게 강해지는 것이 아닌 건조한 기운으로 해석하는 것이 좋다.

오화(午火)는 이미 일양(一陽)이 희생하고 일음(一陰)이 생겨나는 시기이고 미토(未土)는 여름을 마무리하고 가을로 넘어가려는 기운을 지니고 있다.

따라서 실제 남녀관계에 있어서도 열정적으로 서로 사랑에 빠지는 것이 아닌 전략적이고 현실적인 기운을 만드는 경향이 있다.
그래서 실제 부부관계는 열정적이지는 않지만 무난한 경우가 많다.

운에서 자수(子水)나 축토(丑土)가 들어오면 이혼 사별 등이 발생할 수 있는데 천간의 환경에 따라 길흉이 강도가 정해진다.

물상적으로 비유하자면 오화(午火)는 뜨거운 열기가 있지만 미토(未土)는 열기가 남아 있는 정도의 화로 같은 존재이다.

9) 암명합(暗明合)

암명합(暗明合)이란 어둠과 밝음이 만나 합(合)을 이루는 것이다.
어둠이란 지장간 속에 감춰져 있는 오행이고 밝음이란 천간에 드러나 있는 오행을 의미한다. 합(合) 중 유일하게 천간과 지장간이 만나 합을 하는 형태이며 자신이 주체가 되는 자기중심합이다.

어둠 + 밝음 = 드러내고 싶지 않지만 결국 드러날 수밖에 없는 비밀의 형태로 나타난다.
그래서 천간에 병화(丙火)가 있는 사주의 경우 더욱 쉽게 비밀이 드러나게 된다.

암명합(暗明合)의 가장 큰 특징은 감추고 싶은 비밀이 있으나 잘 감춰지지 않는 환경이라 할 수 있다.
그것은 사람과의 관계 심리적 상황 무의식의 세계까지 모두 포함하고 있다.
그중 우리에게 잘 알려진 육친적 관점에서의 암명합은 긍정적인 면과 부정적인 면을 모두 지니고 있다.

여자 신사(辛巳)일주는 정관(正官)이 암명합(暗明合)되어 있다.
여성에게 정관(正官)은 직업 남편 남자 애인에 해당한다.
그래서 여자가 신사일주면 정관이 암명합되어 있다고 하여 배우자 몰래 애인을 가질 수 있다는 논리가 성립될 수 있는데 이것은 조금 편협적인 해석방식이 될 수 있다.

물론 그렇게 될 가능성도 있지만 주변오행에 따라 전혀 아닌 경우도 있고 그 대상이 남편과의 관계일 수도 있기 때문이다.
부부관계가 좋은데 남들에게는 말 못 할 비밀이 있는 경우도 있고 직업적으로 그런 경우도 있다.

운(運)이나 다른 요소들로 인해 암명합은 여러 형태로 변화될 수 있다는 것이다.
만일 부부 중에 암명합(暗明合)으로 인해 의심하고 싸우는 경우가 종종 발생된다면 어떻게 해석해야 올바른 해석이 될까?

정관(正官)이 암명합 되었을 때 육친적 관점에서만 보지 말고 심리적인 관점으로 접근할 필요가 있다.
은밀한 남녀 관계가 아닌 감추고 싶은 비밀로 보고 그것의 대상을 폭넓게 펼쳐 볼 필요가 있다.

자신만이 아는 신체적 정신적 결함이나 습관 어릴 적 트라우마나 콤플렉스 등도 그것에 포함된다.

누구나 드러내고 싶지 않은 부분은 있다.

그것은 도덕 윤리 규칙하고는 상관없는 경우가 많으며 심리적 정신적인 경우일 때가 오히려 많다. 암명합(暗明合)을 육친적 관점에서만 보지 말고 심리적 관점에서 보도록 하자.

(1) 간지암합

천합지자 지왕희정(天合地者 地旺喜靜)

일간과 지장간 속에 숨어 있는 오행과 합한 경우 지지의 기운이 세력으로 강하면 고요함을 반기고 충은 두려워한다.

- 《적천수》

천간합은 정관과 정재합만이 존재하며 암명합도 이와 마찬가지이다. 따라서 여성이 정관과 암명합 되거나 남성이 정재와 암명합 된다면 은밀한 인연이 될 수 있으므로 주의해야 한다.

천간이 약하면 지지는 강할 가능성이 높은데 만일 서로 도움을 주고받을 수 있으면 부귀가 보이지 않는 곳에서부터 시작될 것이다. 그래서 암명합은 충(沖)을 꺼리고 고요한 것을 반기는 것이다.

암합은 근원적으로는 보이지 않는 합이지만 천간과 충에 의해 밖으로 발현되는 특징을 지니고 있다.

예를 들면 신사(辛巳)일주가 암명합 되었을 때 천간운에서 병화(丙火)가 들어오거나 지지로 해수(亥水)가 들어오면 감추어진 것들이 드러나게 된다. 《적천수》에서도 "간지암합은 충을 두려워하고 고요한 것을 반긴다"라고 되어 있다.

또한 병화(丙火)가 빛으로 작용할 때 감춰진 것들이 밝게 드러나기도 하는데 마치 한 밤이었던 암명합이 아침이 되는 것과 흡사하다고 할 수 있다.

◎ 암명합(暗明合)의 형태

구분	종류	특성	성격
갑오(甲午)	갑기합(甲己合)	일간(日干)과 본기(本氣)와의 합(合) (중기(中氣)까지는 실제적으로 영향력이 있는 것으로 나타남)	다정다감하고 비밀이 있으며 호색하고 의심이 많다. 사람이나 생각에 대한 집착이 강하다. 투쟁 다툼을 싫어하고 결정장애가 있고 우유부단한 편이다. 배우자와 관계는 좋은 편이다.
정해(丁亥)	정임합(丁壬合)		
무자(戊子)	무계합(戊癸合)		
신사(辛巳)	병신합(丙辛合)		
임오(壬午)	정임합(丁壬合)		
기해(己亥)	갑기합(甲己合)		
을사(乙巳)	을경합(乙庚合)		

※ 재성(財星)암명합은 남성의 바람. 관성(官星)암명함은 여성의 바람.
그러나 암명합은 남녀관계뿐 아니라 직업 인간관계 재능 성격 트라우마 두려움 등 비밀스런 직업이나 내면에 감춰져 있는 것까지 포함하고 있다.

(2) 암명합(暗明合) 일주의 육친적 특징

① 갑오(甲午)일주(중기와 암명합) : 정재(正財)와 합(合)하여 돈에 대한 집착이 강하고 알뜰하며 근면성실하다. 남성은 현모양처를 두고 부인복이 있지만 다소 집착과 의심이 있을 수 있고 부부관계는 좋은 편이다.

◎ 남명(男命) 갑오(甲午)일주 갑기합(甲己合)

구분	시(時)	일(日)	월(月)	년(年)
천간(天干)	을(乙)	갑(甲)	신(辛)	병(丙)
지지(地支)	축(丑)	오(午)	사(巳)	진(辰)

해설

위 사주는 갑오(甲午)일주가 지장간속 기토(己土)와 갑기합(甲己合)으로 암명합이 되어 있다.

원칙적으로 암명합은 지장간 본기와 합을 하는데 갑오일주는 중기와 합을 한다. 따라서 암명합이 무효라고 주장하는 경우도 많으나 실제 임상 결과 암명합의 특성이 나타나 특별히 예시한 것이다.

이런 경우 주변오행과 연계해서 해석해야 하는데 암명합에 우호적인 환경이 되어 있으면 합의 특성이 더욱 명확히 나오기 때문이다. 예를 들면 일지에 극충이 없어야 하고 생이 있으면 좋다.

《적천수》에 의하면 간지암명합은 戊子 辛巳 丁亥 壬午 4가지뿐이다.
위 사주는 십성적으로 해석하면 정재합이다.

② 정해(丁亥)일주(본기와 암명합) : 명예와 신의를 중히 여겨 직업적으로는 선생 의사 예술가 상담가 등이 잘 어울리며 낭만적인 성향이 강해 연애를 잘하는 편이다. 남성은 명예욕이 있고 여성은 남성에게 집착과 관심이 강하다. 부부관계는 좋은 편이나 여성의 경우 바람을 피울 수 있다.

낭만적인 기운이 있고 여성은 남자로 인해 눈물 흘릴 가능성이 높다.

◎ 남명(男命) 정해(丁亥)일주 정임합(丁壬合)

구분	시(時)	일(日)	월(月)	년(年)
천간(天干)	신(辛)	정(丁)	을(乙)	병(丙)
지지(地支)	축(丑)	해(亥)	사(巳)	자(子)

해설

위 사주는 정해(丁亥)일주이며 지장간속 임수와 정임합(丁壬合)으로 암명합되어 있다.

십성적으로 해석하면 정관합이며 여성에게 숨겨둔 직업 혹은 남성이 될 수도 있다. 정해(丁亥)일주는 정득성광(丁得星光)이라고 하여 낭만적이고 감성적이다.

특히 위 사주처럼 천간에 병화(丙火)가 있으면 비밀이 잘 지켜지지 않아 쉽게 드러난다.

③ 무자(戊子)일주(본기와 암명합) : 정재와 암명합하여 갑오(甲午)일주와 비슷한 성향을 보이는데, 다만 다른 것은 갑오(甲午)일주에 비해 다소 물리적이며 강압적이다. 남성은 권위적이고 보수적이며 여성은 외로움을 잘 타고 나이 든 사람과 결혼하기 쉽다. (재성이 아버지이고 아버지처럼 나이 많은 사람을 남편감으로 선호한다는 의미인데, 참고적으로 사용해야 한다.)

◎ 남명(男命) 무자(戊子)일주 무계합(戊癸合)

구분	시(時)	일(日)	월(月)	년(年)
천간(天干)	기(己)	무(戊)	을(乙)	무(戊)
지지(地支)	미(未)	자(子)	유(酉)	자(子)

해설

위 사주는 무자(戊子)일주로 지장간속 계수(癸水)와 무계합(戊癸合)으로 암명합 되어 있다.

십성적으로 해석하면 정재합이며 남성에게 숨겨둔 재물이나 여인이 될 수도 있고 재물과 여인에 대한 집착이나 소유욕으로 나타날 수 있다.

암명합도 합의 본질적 성질을 지니고 있어 다정다감하고 의심과 소유욕을 지니고 있으며 유혹에 약하다.

특히 무자(戊子)일주는 속마음과 언행이 다른 이중적 특성을 지니고 있다.

④ 신사(辛巳)일주(본기와 암명합) : 정관과 합하여 명예 신의를 중히 여기며 직장인 공무원 등의 직업에 잘 맞는다. 남성은 명예욕이 있고 여성은 남편에 대한 집착이 있으며 남편을 친구처럼 여기는 경향도 있다. 하지만 이런 성향은 주변오행에 따라 달라지며 남성은 명예에 대한 관심이 높은 편이지만 이 또한 호불호(好不好)가 나누어지게 된다.

◎ 여명(女命) 신사(辛巳)일주 병신합(丙辛合)

구분	시(時)	일(日)	월(月)	년(年)
천간(天干)	임(壬)	신(辛)	갑(甲)	경(庚)
지지(地支)	진(辰)	사(巳)	인(寅)	자(子)

해설

위 사주는 신사(辛巳)일주이며 지장간속 병화(丙火)와 병신합(丙辛合)으로 암명합되어 있다.

십성적으로 해석하면 정관합이며 여성에게 더 의미 있는 합이다.

남들에게 드러내지 못하는 직업이나 남성이 될 수도 있고 직장과 남편복은 있는 편이나 스트레스를 잘 받고 예민한 편이다.

암명합도 합의 본질적 성질을 지니고 있어 다정다감하고 의심과 소유욕을 지니고 있으며 유혹에 약하다.

특히 신사(辛巳)일주는 낭만적이고 열정이 있으나 남성에 경우 허세가 있고 여성에 경우 이중성과 허영심이 강해 실속이 없는 편이다. 그러나 이 사주처럼 임수(壬水)가 있으면 성격도 긍정적이고 사회적으로도 성공하기 좋다.

⑤ 임오(壬午)일주**(본기와 암명합)** : 정재(正財)와 합(合)하여 돈에 대한 집착이 강하고 알뜰하며 근면성실하다.

다만 갑오(甲午)일주와 다르게 생각이 많고 우유부단하여 행동력이 부족하다.

남자는 재물복과 처복이 있으며 여자는 현실적이고 남편의 내조를 잘하는 편이다.

직업적으로는 사업 장사 등이 잘 맞는다.

◎ 남명(男命) 임오(壬午)일주 정임합(丁壬合)

구분	시(時)	일(日)	월(月)	년(年)
천간(天干)	임(壬)	임(壬)	정(丁)	을(乙)
지지(地支)	인(寅)	오(午)	해(亥)	유(酉)

해설

위 사주는 해월(亥月)에 태어난 임오(壬午)일주이며 지장간속 정화(丁火)와 정임합(丁壬合)으로 암명합되어 있다.

십성적으로 해석하면 정재합이며 남성에게 더 의미 있는 합이다.
남성에게는 드러내지 못하는 재물이나 여성이 될 수도 있다.

특히 임오(壬午)일주는 음란지합으로 낭만적이고 열정과 집중력이 있어 한번 타오르는 사랑은 깊이 들어가는 특성이 있다.

대개는 부부관계가 유정한 편이지만 다정하면서도 은밀히 감추는 것이 많아 부부갈등의 원인이 될 수도 있다.

위 사주는 일지가 생(生)과 충(沖)이 함께 있어 심리적으로는 불안정하고 부정적이며 육친적으로는 양면성을 보일 수 있다.

제4장

합(合)의 다양성

1) 합(合)의 심리적 특성

합(合)은 심리적 변화를 만들며 실제 현실의 성패를 좌우하는 매우 중요한 요소로 작용한다. 모든 일은 심리적 영향을 받는다.
합에 의한 불안정은 잘못된 판단과 결론을 만들기도 하며 이와 반대로 긍정적인 기운으로 인해 업무의 효율성을 높이기도 한다. 따라서 합이 만들어 낸 변화의 기운을 잘 판단하여 이에 대비해야 한다.

특히 자리와 일간의 음양(陰陽)에 따라 미세한 심리적 형태가 변화되며 천간합은 겉으로 보여지는 대외적인 성향으로 나타나고 지지합은 내면적인 변화로 성격과도 밀접한 관련이 있으며 인간관계에 큰 영향을 미친다.

운(運)의 영향으로 천간합과 지지삼합이 형성되었다면 운의 시기 동안 심리적 변화가 일어나는데, 그 특성은 크게 4가지로 나타날 수 있다.

첫째, 심리적으로 다정다감해지고 이성에 대한 관심이 커지며 긍정적으로 판단하는 성향을 보이지만 주체성은 상실되거나 약화된다.

두 번째, 현실감의 약화와 착각으로 인해 사업적으로 잘못된 판단이나 오류를 범할 수 있다.

세 번째, 집착과 의심이 강해지며 실제 일어나지 않은 일에 대한 과대 불안감이 생긴다.

네 번째, 심리적으로 집중력과 호기심이 왕성해지며 유흥과 재미에 빠지기 쉬운 심리구조가 된다.

◎ 합(合)의 심리적 변화

구분	합(合)의 형태	합(合)의 심리적 변화
천간합 (天干合)	음양이 다른 오행 간의 결합으로 음양지합(陰陽之合)이라고도 하며 주로 사회적 성패에 관련된다.	사회적 배신이나 세력으로 작용하며 남녀관계에서는 가치관 방향 등 정신적인 결합도를 나타낸다.
지지삼합 (地支三合)	왕지(旺支)를 중심으로 한 성향적 특성을 나타내며 주로 남녀 결합도로 나타난다.	다정해지고 집착과 의심이 강해지며 긍정적인 심리상태가 되지만 현실감이 떨어져 오판할 수 있다.
지지방합 (地支方合)	사계(四季)중심으로 춘하추동(春夏秋冬) 계절별로 뭉치는 세력합(合)이다.	방합(方合)은 세력과 방향을 나타내는데 추진력, 고집, 아집 등이 강해지는 합(合)이다.
지지육합 (地支六合)	생극(生剋)중심으로 한 오행 간의 결합으로 상대적으로 결합도가 약한 정략합이다.	단기적이고 인간관계에서 심리적 변화를 가져오는 합이다. 연애합이라고도 한다.
암명합 (暗明合)	일간과 일지 지장간 속 본기와의 합으로 암명합은 육합 삼합과 비슷한 특성을 보인다.	길흉(吉凶) 관계없음 일주(日柱) 암명합만 본다.

2) 합(合)의 사회적 특성

**흉(凶)한 운(運)이 합(合)하여
길한 운(運)으로 변할 때 용(龍)이 승천한다.**
- 《적천수》

합(合)의 사회적 목적은 목적 달성이 되는가, 되지 않는가인 성패(成敗)에 달려 있다.
주로 천간합(天干合)은 사회적 성패로 나타나는데 사회적 목적 실현을 돕기도 하지만 오히려 방해하는 경우가 더 많이 발생한다.

예를 들어 천간에서 관살(官殺)이 일간을 극(剋)할 때 이를 제거해 주는 식신상관운(食神傷官運)이 들어오면 위험이 제거되고 스트레스가 완화되는 등 긍정적인 상황이 전개되지만 반대로 잘 작동하던 식신(食神)이나 정관(正官)이 운(運)에 의해 합(合)이 되면 그동안 문제없이 잘 진행되어 오던 일들이 멈추거나 지체되는 등 문제가 발생하게 된다.

지지에서도 그동안 흉(凶)한 작용을 하던 오행이 합(合)으로 인해 묶이게 되면 안 풀리던 문제가 해결되고 인간관계도 좋아지겠지만 반대로 길(吉)한 작용을 하던 오행이 합(合)으로 묶이게 되면 추진하고 계획했던 일이 훼손되고 인간관계도 나빠지는 현상을 겪게 된다.

합은 사회적으로 연관된 인간관계에서도 폭넓은 영향을 미치는데 천간합은 주로 직장상사, 부하직원, 거래처 관계 등 정무적 인간관계이고 지지의 삼합은 목적이 있는 세력들의 인간관계로 볼 수 있다.

추구하는 목적이 같다면 세력을 구축하여 함께 공동 이익을 추구하기 때문에 합력이 매우 강한 편이다.

그에 비해 천간 합(合)은 함께 있을 때 친할 뿐 눈에 보이지 않으면 멀어지는 관계이다.
즉 목적성이 결여되어 있기 때문에 함께 있을 때와 떨어져 있을 때 전혀 다른 모습을 보일 수 있다.

천간합은 사회적 특성과 밀접한 관련이 있으며 특히 직장 직업에 관련된 성패가 잘 드러난다.
따라서 천간합은 사회궁인 월지 월간과 연계해서 살피는 것이 매우 유용하다.

◎ 합(合)의 사회적 변화

구분	합(合)의 형태	합(合)의 사회적 변화
천간합 (天干合)	흉신(凶神)이 합(合)이 되어 묶이면 좋은 작용을 하고 길신(吉神)이 묶이면 나쁜 작용을 한다.	흉신(凶神)이 합(合)이 되면 사회적 목적 달성이 되고 길신(吉神)이 합(合)이 되면 목적 달성이 되지 않는다.
지지삼합 (地支三合)	왕지(旺支)가 흉신(凶神)인데 합(合)이 되면 최악의 상황이 되고 왕지(旺支)가 길신(吉神)인데 합(合)이 되면 매우 좋다.	흉신(凶神)이 합(合)이 되면 현실성과 진실성이 약화되어 오판을 하게 되고 길신(吉神)이 합(合)이 되면 귀인이 나타나 올바른 판단을 도와준다.
지지방합 (地支方合)	춘하추동(春夏秋冬) 계절별로 뭉치는 세력합(合)으로 한 가지 기운이 비대해진다.	자신의 지지세력이 강해지므로 추진력, 고집, 아집 등이 강해지며 인간관계가 나빠질 수 있다. 상대에 대한 배려와 인내가 필요하다.
지지육합 (地支六合)	상대적으로 결합도가 약한 정략합으로 일시적인 목적에 의해 만나는 관계이다.	단기적인 사회적 목적 달성을 위해 임시적으로 관계를 맺는 관계이며 깊이가 없고 의리도 없는 편이다.
암명합 (暗明合)	일간과 일지 지장간 속 본기와의 합으로 육합 삼합과 비슷한 특성을 보인다.	길흉(吉凶)과 관계없이 차마 대내외적으로 말 못 할 사회적 관계, 인간관계를 오랫동안 유지하는 성향을 보인다.

3) 합(合)의 궁성론

◎ 궁성자리

구분	시(時)	일(日)	월(月)	년(年)
천간(天干)	편인궁(종교)	주체궁(나)	식신궁(부)	편재궁(조부)
지지(地支)	상관궁(자식)	정재궁(아내)	관성궁(남편)	정인궁(조모)
근묘화실 (根苗花實)	실(實)	화(花)	묘(苗)	근(根)
연령	80세	60세	40세	20세

궁성론은 고전마다 다양한 주장과 해석이 있지만 통설로는 조상궁 부모궁 배우자궁 자식궁으로 구분한 것이다.

그러나 일부 진보적인 학자들에 의해 현실적으로 변형을 준 경우도 있는데 그중 대표적인 궁성론이 대만의 하건충선생의 궁성론이다. 특이한 것은 배우자궁에 아내와 남편을 나눈 것이다.

즉 남녀의 지위와 역할이 다르다는 것을 현실적으로 인정한 것으로 남자가 여자보다 지위가 높다는 것을 염두에 둔 이론이다.

◎ 궁성 합(合)의 형태

구분	시(時)	일(日)
천간 (天干)	시간(時干)의 합(合)은 중년 이후 삶의 형태를 나타내며 남성은 재성 여성은 관성의 동태에 따라 직장운 재물운 배우자운에 영향을 미친다. 말년에 부부인연이 유정해지거나 종교와 인연이 되는 경우가 많다.	일간(日干)을 포함한 합(合)은 성향 가치관 성품 등 정신적인 면이 결정되는 가장 중요한 합으로 일간합이 되어 있으면 사업보다는 직장인이 더 잘 맞는다.
지지 (地支)	시지(時支)는 자식운과 말년운이 좋으며 아랫사람에게 도움받는 경우가 많다. 일지와 생(生) 관계가 되어 있거나 합(合)이 되어 있는 것이 좋다. 백호대살 괴강살 원진귀문 천라지망 탕화살 등이 있으면 흉하다.	일지(日支)는 배우자 자리로 삼합보다는 육합이 더 좋은 경우가 많으며 생 관계가 되어 있는 것이 좋다. 일지에 합이 있으면 배우자와 유정하며 건강과 인덕이 생긴다. 간여지동 진술축미 삼형살 자형 백호대살 괴강살 원진귀문 천라지망 탕화살 등이 있으면 흉하다.

구분	월(月)	년(年)
천간 (天干)	월간(月干)의 합은 사회성과 밀접한 관련이 있으며 일간과 연간에 따라 크게 달라지는데 연간과의 합은 긍정적인 심리상태를 만들며 일간과의 합(合)은 긍정심리뿐 아니라 의존성 성향 판단력 길흉 성패 등까지 영향을 미친다.	연간(年干)의 합(合)은 조상 부모 등의 운(運)과 초년운에 관계하는데 가장 좋은 것은 재성이나 관성이 합(合)이 되는 경우이다. 이런 경우 부모덕이 있고 유년 시절이 유복할 수 있다. 반대로 연간에 비겁이 있거나 극이 되어 있으면 부모덕이 약하거나 부선망하는 경우가 많다.
지지 (地支)	월지(月支)는 사회궁이며 사주 전체의 필요한 기운을 결정하는 자리로 월지에 합(合)이 있으면 선명성 또는 부화뇌동하는 기운이 있다. 따라서 월지에 도화가 있는 경우와 역마나 화개가 있는 경우로 나누어 판단해야 한다. 월지에 도화가 있으면 사회적으로 자기 선명성 고유성이 분명하여 재능을 세상에 드러내기 유리하다.	연지 합은 조상 초년운을 나타내며 긍정적인 심리상태를 갖는 경우가 많다. 그러나 삼형살 자형 백호대살 괴강살 원진귀문 천라지망 탕화살 등이 있으면 초년이 흉하다.

제4장 합(合)의 다양성

▶ **남자 사주** : 천간에 재성에 있으면 남자를 무시하는 아내를 얻는다.
지지에 재성이 있으면 자신이 아내를 하대할 수 있다.
지장간에 재성이 있으면 아내의 존재가 불안정하며 드러나지 못하는 아내가 될 수 있다.

- 편재궁에 정편재가 있으면 아내가 어렵고 멀게 느껴짐. 조부 같은 느낌
- 정인궁에 정편재가 있으면 아내가 거리감이 있지만 사이는 원만함
- 식신궁에 정편재가 있으면 아내의 기세가 강하고 남편을 무시하는 경향이 있음. 아내 눈치를 보고 삼. 공처가
- 관성궁에 정편재가 있으면 어머니 같은 아내로 아내에게 의존성이 강하다.
매사 아내와 의논하거나 의견을 따름
- 정재궁에 정편재가 있으면 아내와의 관계가 유정하며 친구처럼 서로 친근하다.
- 편인궁에 정편재가 있으면 각자 다른 관심사가 있으며 다소 냉랭한 부부관계가 된다.
- 상관궁에 정편재가 있으면 자식 같은 아내로 아내를 자식처럼 돌봐주려는 성향을 보인다.

▶ **여자 사주** : 천간에 관성에 있으면 남편을 존경하고 어려워한다. (정관)
지지에 관성이 있으면 남편을 무시하거나 친구 혹은 아랫사람처럼 대한다.

지장간에 관성이 있으면 남편의 존재가 불안정하며 남편복이 없거나 약하고 백년해로하기 어렵다.

- 편재궁에 정편관이 있으면 남편에 대한 존경심은 있으나 어렵고 멀게 느껴짐
- 정인궁에 정편관이 있으면 남편과 거리감이 있으며 사이가 유정하기 어렵다.
- 식신궁에 정편관이 있으면 남편에 대한 존경심이 있고 긍정적인 의존성과 상호 보완성이 있다.
- 관성궁에 정편관이 있으면 어머니 같은 남편으로 자신의 이야기를 잘 들어주고 의견이 잘 받아들여진다.
- 정재궁에 정편관이 있으면 남편과의 관계가 유정하며 친구처럼 서로 친근하다.
- 편인궁에 정편관이 있으면 각자 다른 관심사가 있으며 다소 냉랭한 부부관계가 된다.
- 상관궁에 정편관이 있으면 자식 같은 남편으로 남편을 자식처럼 돌봐주려는 성향을 보이지만 한편으로 무시하는 경향도 있다.

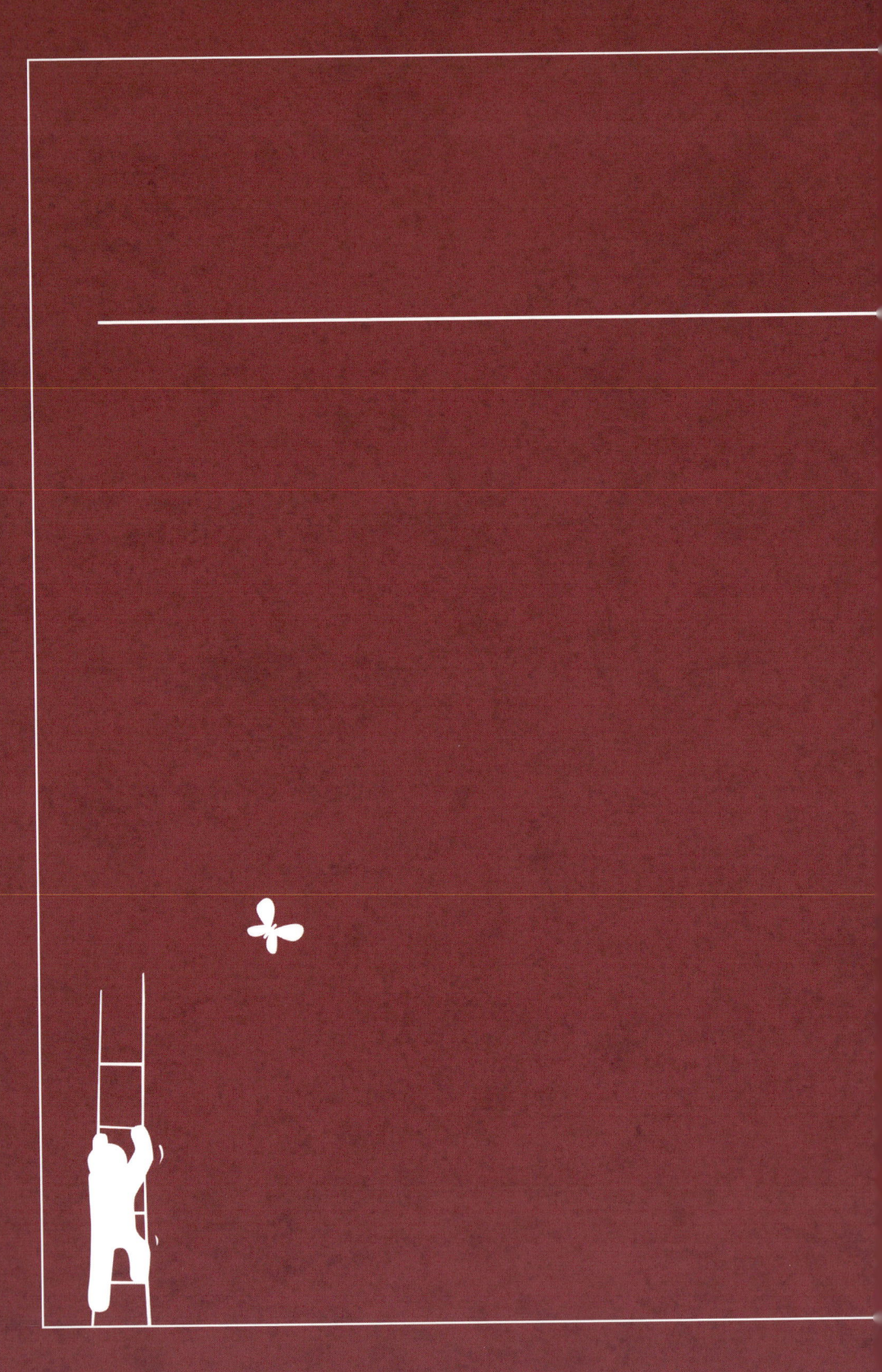

제5장

천간합(天干合)과 지지합(地支合)의 차이점

천간합(天干合)은 양(陽)의 속성과 음양의 원리를 지니고 있으며 지지합(地支合)은 음(陰)의 속성과 세력의 원리를 지니고 있다.

천간합은 사회성을 지니고 있다. 사회성은 대중들에게 겉으로 드러나는 형태로 '결혼', '취업', '승진', '변동', '이직', '드러나는 심리적 변화' 등이 있고 음양(陰陽)의 합(合)이기 때문에 극단적 변화성[4]을 지니고 있다.

지지합(地支合)은 개인적인 성향을 지니고 있다. 따라서 대중들에게 잘 드러나지는 않지만 가까운 극소수 사람들과 은밀한 변화가 진행되며 자신의 심리적 변화도 남들이 잘 알아채지 못한다.

또한 세력합이기 때문에 조건만 맞는다면 누구와도 손을 잡을 수 있고 보편적이고 합리적 변화성을 지니고 있다.

---

4   극단적 변화성이란 전혀 다른 제3의 기운으로 변화되는 것을 의미한다.

지지합(地支合)은 크게 3가지로 나눌 수 있는데 삼합(三合), 방합(方合), 육합(六合) 등이다. 이들 합(合)의 가장 중요한 특성은 쟁합(爭合), 투합(妬合)의 원리가 적용되지 않는다는 것이다.

천간은 쟁합, 투합이 되면 합 자체가 불가한 데 비해 지지합은 그것에 영향을 받지 않고 무조건 닥치는 대로 합을 한다.
그 이유는 천간합은 음양지합(陰陽之合)이고 지지합은 세력합이기 때문이다. 그 차이는 다음과 같다.

천간합은 남녀가 일대일로 만나야 부부의 인연이 되므로 쟁합, 투합이 불가하지만 지지합은 친구, 형제, 동료 간으로 목적이 같거나 같은 동질함을 느끼면 뭉치기 때문이다.

삼합(三合)은 왕지(旺支)를 중심으로 목적 지향적이고 방합(方合)은 같은 세력끼리 방향성이 같아 성립되는 것이며 육합(六合)은 임시적 정략적으로 만나는 일종의 본능적인 특성이 있다. 따라서 천간합은 화(化)하기 매우 까다롭고 지지는 그에 비해 화(化)하기 쉬운 구조를 지니고 있다.

- 쟁합(爭合) : 양간(陽干) 2개가 음간(陰干) 1개와 합(合)하려는 현상
- 투합(妬合) : 음간(陰干) 2개가 양간(陽干) 1개와 합(合)하려는 현상
- 쟁합(爭合) 투합(妬合)은 기본적으로 불합(不合)이지만 주변오행에 따라 가합적인 형태로 바뀔 수 있다. 즉 절대적인 원리는 아니다.
- 합리적 변화성이란 예측 가능하고 이성적 판단에 의거한 현실적 변화를 의미한다.

◎ 천간합(天干合)과 지지합(地支合)의 비교

구분	천간합 (天干合)	지지합 (地支合)
사회적 형태	사회적으로 성패가 드러나는 현상으로 개인적인 변화는 적은 편이다.	인간관계 성품 재능 등이 행동력으로 발현되고 개인적인 변화가 강하게 일어남
개인적 형태	정신적인 의지 생각 계획의 변화를 가져온다. 심리적으로 인한 강력한 변화성을 지니고 있다.	개인적인 심리적 변화가 강하게 일어나며 겉으로 드러나지 않는 변화와 위험이 상존한다.
현실적 특성	긍정성 계산성 논리성 착각 생각의 전환	추진력 행동력 긍정성 비계산성 비논리성
실제 현상	겉으로 보여지는 모습 명예 명분 지위 권력 추구 실리적 결혼 사회적 변화에 민감	결혼 연애 재능실현 취미생활 이직 이사 등 개인적 변화

※ 실제 결혼, 연애, 승진, 이직, 이사 등의 현상이 합(合)에 의해 이루어질 때 가장 중요한 것은 합화(合化)된 기운이 용신(用神)으로 변화되는지이다.

[합충변화 시험문제]

◆ 천간합(天干合)

01 다음 중 불화(不化)에 대한 설명이 맞는 것은? (   )

1) 합(合)이 되었지만 화(化)까지는 안 된 것을 의미한다.
2) 합(合)이 되지 않은 것을 의미한다.
3) 합(合)이 되어 화(化)까지 된 것을 의미한다.
4) 쟁합(爭合)과 투합(妬合)은 합화(合化)이다.

> ※ 포인트 : 불화(不化)는 성합(成合)까지는 성립될 수 있다.

02 다음 중 불합(不合)에 대한 설명이 맞는 것은? (   )

1) 합(合)이 되었지만 화(化)까지는 안 된 것을 의미한다.
2) 합(合)이 되지 않은 것을 의미한다.
3) 합(合)이 되어 화(化)까지 된 것을 의미한다.
4) 쟁합(爭合)과 투합(妬合)은 합(合)이 성립한다.

> ※ 포인트 : 쟁합(爭合)과 투합(妬合)은 원칙적으로 불합(不合)이다.

03 다음 중 성합(成合)에 대한 설명이 맞는 것은? (   )

1) 합(合)이 되었지만 화(化)까지는 안 된 것을 의미한다.
2) 합(合)이 되지 않은 것을 의미한다.
3) 합(合)이 되어 화(化)까지 된 것을 의미한다.
4) 쟁합(爭合)과 투합(妬合)은 성합(成合)이다.

※ 포인트 : 성합(成合)이 되어야 합화(合化)가 가능하다.

04 다음 중 성합(成合)을 깨는 요소가 아닌 것은? (   )

1) 합(合)으로 변한 오행을 극(剋)하는 오행이 있을 때
2) 합(合)하려는 오행을 극(剋)하는 오행이 있을 때
3) 합(合)하려는 오행의 지지(地支)에 근(根)을 가지고 있을 때
4) 월지(月支)가 화(化)한 오행과 다를 때

※ 포인트 : 월지(月支)는 합화(合化)와 깊은 관련이 있다.

05 다음 천간합 중 성합(成合)의 방해요소가 아닌 것은? (   )

1) 합(合)으로 변한 오행을 극(剋)하는 오행이 있을 때
2) 합(合)하려는 오행을 극(剋)하는 오행이 있을 때
3) 합(合)하려는 오행의 지지(地支)에 근(根)을 가지고 있을 때
4) 지지(地支)에 합화(合化)를 극(剋)하는 삼합(三合)이 형성될 때

※ 포인트 : 천간합의 방해요소는 지지가 통근(通根)되어 있을 때이다.

06 다음 중 아래 사주의 설명이 잘못된 것은? (   )

◎ 남명(男命) (천간합)

구분	시(時)	일(日)	월(月)	년(年)
천간(天干)	병(丙)	갑(甲)	기(己)	정(丁)
지지(地支)	인(寅)	신(申)	묘(卯)	축(丑)

※ 포인트 : 갑기합토화(甲己合土化)가 되기 위해서는 반드시 월령(月令)을 얻어야 한다.

1) 위 사주는 갑목(甲木)과 기토(己土)가 합(合)되었지만 월령(月令)을 얻지 못해 합이불화(合而不化)된 사주이다.

2) 위 사주가 합화(合化)하기 위해선 화(化)한 오행을 득령(得令)해야 한다.

3) 위 사주는 합(合)을 방해하는 요소가 전혀 없어 합(合)이 된다.

4) 위 사주는 합화(合化)되어 토기(土氣)로 변화한 사주이다.

07 다음 중 아래 사주의 정답은? (   )

◎ 남명(男命) (천간합)

구분	시(時)	일(日)	월(月)	년(年)
천간(天干)	을(乙)	경(庚)	정(丁)	병(丙)
지지(地支)	유(酉)	인(寅)	유(酉)	술(戌)

※ 포인트 : 성합(成合)은 주변에 극(剋)하는 오행이 있어서는 안 된다.

1) 불합(不合)   2) 성합(成合)
3) 합화(合化)   4) 투합(妬合)

08 다음 중 아래 사주의 정답은? (   )

◎ 남명(男命) (천간합)

구분	시(時)	일(日)	월(月)	년(年)
천간(天干)	무(戊)	갑(甲)	기(己)	정(丁)
지지(地支)	진(辰)	술(戌)	축(丑)	미(未)

※ 포인트 : 지지가 모두 같은 기운으로 되어 있으면 화(化)할 가능성이 매우 높다.

1) 불합(不合)   2) 성합(成合)
3) 합화(合化)   4) 화격(化格)

09 다음 중 삼합(三合)의 설명이 맞지 않는 것은? (   )

1) 삼합(三合)에는 쟁합(爭合)과 투합(妬合)이 있다.
2) 삼합(三合)은 왕지(旺支)가 없으면 합(合)이 되지 않는다.
3) 삼합(三合)은 화(化)까지 되면 안정성이 생긴다.
4) 이합(二合)은 불안정하다.

※ 포인트 : 지지합은 쟁합(爭合)과 투합(妬合)이 없다.

10 다음 중 삼합(三合)의 설명이 맞지 않는 것은? (   )

1) 삼합(三合)은 생지(生支)가 있어야 강력하게 변화의 기운이 생긴다.
2) 삼합(三合)은 고지(庫支)만 있고 생지(生支)가 없으면 안정성이 생긴다.
3) 삼합(三合)은 화(化)까지 되면 안정성이 생긴다.
4) 생지(生支)이합(二合)은 불안정하지만 추진력은 매우 강하다.

※ 포인트 : 삼합(三合)은 생왕고(生旺庫)가 되었을 때 가장 안정적인 형태가 된다.

11 다음 중 삼합(三合)의 설명이 옳은 것은? (   )

1) 삼합(三合)은 생지(生支)에 충극(沖剋)이 발생하면 합(合)이 무효가 된다.
2) 삼합(三合)은 고지(庫支)에 충극(沖剋)이 발생하면 합(合)이 무효가 된다.
3) 삼합(三合)은 왕지(旺支)에 충극(沖剋)이 발생하면 합(合)이 무효가 된다.
4) 삼합(三合)이 된 상태에서 운(運)에서 또 삼합(三合)오행이 들어오면 쟁합(爭合)이 되어 합(合)이 무효가 된다.

※ 포인트 : 왕지(旺支)에 충극(沖剋)이 발생되면 합력(合力)이 상실된다.

[합충변화 시험문제]

12 다음 중 삼합(三合)의 설명이 옳은 것은? (   )

1) 생왕지합(生旺支合)의 특성은 시작을 잘하고 추진력이 있어 만족도가 매우 높다.
2) 삼합(三合)으로 변화된 오행의 기운이 흉신(凶神)이면 매우 나쁘다.
3) 삼합(三合)은 왕지(旺支)에 충극(沖剋)이 발생하면 무조건 흉(凶)한 일이 생긴다.
4) 삼합(三合) 중 왕지(旺支)가 시지(時支)에 있는 것이 결합도(합력)가 가장 크다.

※ 포인트 : 삼합(三合)에서 변화된 기운이 길신(吉神)의 기운으로 변화되는 것이 가장 좋다.

13 다음 중 삼합(三合)의 설명이 맞지 않는 것은? (   )

1) 삼합(三合) 중 생지(生支)에 충극(沖剋)이 발생하면 하던 일에 지체현상이 일어난다.
2) 삼합(三合) 중 고지(庫支)에 충극(沖剋)이 발생하면 하던 일에 마무리가 잘 안된다.
3) 삼합(三合)은 왕지(旺支)에 충극(沖剋)이 발생하면 이혼, 결별, 이직 등 변동수가 발생된다.
4) 삼합(三合) 중 왕지(旺支)가 두 개 있는 것이 합력(合力)이 가장 극대화된다.

※ 포인트 : 왕지(旺支)에 충극(沖剋)이 발생되면 합력(合力)이 상실된다.

14 다음 중 아래 사주의 정답은? (   )

◎ 여명(女命) (지지합)

구분	시(時)	일(日)	월(月)	년(年)
천간(天干)	무(戊)	병(丙)	경(庚)	무(戊)
지지(地支)	술(戌)	오(午)	인(寅)	술(戌)

1) 불합(不合)   2) 불화(不化)
3) 합화(合化)   4) 화격(化格)

※ 포인트 : 인오술삼합(寅午戌三合)이 되어 화국(火局)이 형성되었다.

15 다음 중 아래 사주의 정답은? (   )

◎ 여명(女命) (지지합)

구분	시(時)	일(日)	월(月)	년(年)
천간(天干)	신(辛)	을(乙)	계(癸)	신(辛)
지지(地支)	사(巳)	유(酉)	묘(卯)	축(丑)

1) 불합(不合)   2) 성합(成合)
3) 합화(合化)   4) 화격(化格)

※ 포인트 : 왕지(旺支)가 충극(沖剋)되면 불합(不合)이다.

[합충변화 시험문제]

16 다음 중 아래 사주에서 삼합(三合)의 성립에 관한 설명 중 맞는 것은?
(   )

◎ 여명(女命) (지지합)

구분	시(時)	일(日)	월(月)	년(年)
천간(天干)	갑(甲)	임(壬)	기(己)	갑(甲)
지지(地支)	진(辰)	자(子)	미(未)	신(申)

1) 불합(不合)   2) 성합(成合)
3) 합화(合化)   4) 화격(化格)

※ 포인트 : 자수(子水)를 미토(未土)가 막고 있어 신금(申金)과 합(合)하기 어려운 상태이다.

17 다음 중 아래 사주의 정답은? (   )

◎ 여명(女命) (천간합)

구분	시(時)	일(日)	월(月)	년(年)
천간(天干)	경(庚)	임(壬)	정(丁)	경(庚)
지지(地支)	자(子)	진(辰)	유(酉)	진(辰)

1) 불합(不合)   2) 성합(成合)
3) 합화(合化)   4) 화격(化格)

※ 포인트 : 정임합목(丁壬合木)을 극(剋)하는 오행이 옆에 있을 경우 불합(不合)이다.

18 다음 중 아래 사주의 정답은? (   )

◎ 남명(男命) (천간합)

구분	시(時)	일(日)	월(月)	년(年)
천간(天干)	을(乙)	정(丁)	임(壬)	계(癸)
지지(地支)	사(巳)	축(丑)	인(寅)	유(酉)

1) 불합(不合)　　　　　2) 성합(成合)
3) 합화(合化)　　　　　4) 화격(化格)

※ 포인트 : 정임합목(丁壬合木)이 되기 위해서는 주변에 극(剋)하는 오행이 없어야 한다.

19 다음 중 육합의 설명 중 해당되는 것은? (   )

◎ 여명(女命) (지지합)

구분	시(時)	일(日)	월(月)	년(年)
천간(天干)	경(庚)	임(壬)	계(癸)	정(丁)
지지(地支)	술(戌)	술(戌)	묘(卯)	묘(卯)

1) 불합(不合)　　　　　2) 성합(成合)
3) 합화(合化)　　　　　4) 화격(化格)

※ 포인트 : 위 사주는 묘술합(卯戌合)이 성립하지 않는다.

20 다음 중 육합의 설명 중 해당되는 것은? (   )

◎ 여명(女命) (지지합)

구분	시(時)	일(日)	월(月)	년(年)
천간(天干)	병(丙)	을(乙)	계(癸)	임(壬)
지지(地支)	술(戌)	묘(卯)	술(戌)	오(午)

1) 불합(不合)   2) 불화(不化)

3) 합화(合化)   4) 화격(化格)

※ **포인트** : 위 사주는 묘술합(卯戌合)이 성립한다.

[정답풀이] (한 문제당 5점)

문제	정답	문제	정답
1번	(1)	11번	(3)
2번	(2)	12번	(2)
3번	(1)	13번	(4)
4번	(4)	14번	(3)
5번	(4)	15번	(1)
6번	(4)	16번	(1)
7번	(1)	17번	(1)
8번	(4)	18번	(2)
9번	(1)	19번	(1)
10번	(2)	20번	(3)

100점~90점 : 매우 우수
90점~80점 : 우수
80점~60점 : 보통
60점 이하 : 반복학습

제6장

지지충(地支冲)

사주에 합(合)이 많은 사람이 분쟁과 다툼을 싫어하고 주체성이 약해 우유부단한 모습을 보인다면 충(沖)이 많은 사람은 분쟁과 다툼을 만들고 주체성이 강해 늘 전투적인 모습을 보인다.

그러나 이것은 더 좋고 나쁜 것이 아닌 삶의 방식이 다른 것뿐이다. 충은 심리적으로 욕심과 목적의식을 만들고 빠르고 강하게 행동하려는 경향이 있다.

그래서 운에서 충이 발생되면 심리적으로는 불안정과 긴장감이 발생되고 외형적으로는 전도(顚倒)현상과 변화가 나타나게 되는 것이다.

우리가 충을 두려워할 필요는 없지만 충을 가볍게 여겨서도 안 되는 이유가 바로 전도와 변화 때문이다.
우리 인생이 바뀌는 시점이 바로 합충변화이다.

生方怕動庫宜開 敗地逢沖仔細推
(생방파동고의개 패지봉충자세추)
생지충(生支沖)인 인신사해(寅申巳亥)는
충(沖)으로 움직임을 두려워하고
고지충(庫支沖)인 진술축미(辰戌丑未)는
충(沖)으로 열려야 마땅하며
왕지충(旺支沖)인 자오묘유(子午卯酉)의
충(沖)은 자세히 살펴야 한다.
- 《적천수》

생지충(生支沖)은 금목(金木)과 수화(水火)의 상쟁(相爭)인데 이때는 지장간(地藏干) 속의 오행들이 모두 상(傷)한다.

그렇기 때문에 그 충격이 두 오행에게 모두 미치는데 그중에서도 월지(月支)를 장악한 오행이 더 강하다. 이를 충발(沖發)이라고 한다.

특히 생지충이 발생되면 투간(透干)되어 있는 천간오행이 함께 큰 영향을 미친다. 즉 생지충은 뿌리를 상처 입혀 줄기를 훼손시키는 작용을 한다.

따라서 천간지지 지장간의 움직임을 함께 살펴야 한다.

고지충(庫支沖)은 고속도로 I.C 같은 것으로 변화의 기운인데 어떤 방향으로 움직이는지가 중요하다.

특히 고지충은 입묘 개고 현상이 발생하므로 천간의 동태가 매우 중요하다.
화개(華蓋)라고도 하는데 화개는 화려함을 덮고 지난 것을 다시 새롭게 한다는 의미가 있다.

왕지충(旺支沖)은 누가 누가를 충(沖)하는지가 중요하다. 용신(用神)이 흉신(凶神)을 극(剋)하는 것은 길(吉)할 수도 있지만 기신(忌神)이 용신을 극하는 것은 매우 흉하다. 따라서 왕지가 월지를 장악하고 있는지와 충하는 것 중 어느 것이 더 강한지를 살펴야 한다.

왕자충쇠 쇠자발(旺者沖衰 衰者拔)
쇠신충왕 왕신발(衰神沖旺 旺神拔)
강한 것이 약한 것을 충(沖)하면 약한 것은 뿌리째 뽑히고
약한 것이 강한 것을 충(沖)하면 강한 것은 더욱 강해진다.
- 《적천수》

충(沖)에서 가장 나쁜 것 중 하나는 약한 것이 강한 것을 건드리는 것이다.
운(運)에서 그런 현상이 일어날 때 가장 조심해야 한다.

이를 숙호충비(宿虎衝鼻)라고도 하는데 흔히 '잠자는 호랑이의 코를 찌른다'라는 표현을 쓰기도 한다.
예를 들면 오월(午月)에 태어난 인오술생(寅午戌生)이 운(運)에서 자수

(子水)를 만났다면 불이 꺼지는 것이 아니라 오히려 자수(子水)가 수증기화되어 날아가게 된다.

즉 화기(火氣)가 너무 강하면 화다수증(火多水烝) 현상이 일어나는 것이다. 큰 산불을 옹달샘으로 끄려는 것으로 중과부적(衆寡不敵) 현상이 일어날 수 있다.

※ 중과부적(衆寡不敵) : 적은 수의 군사로 많은 수의 적을 상대하는 것

1) 충(沖)과 극(尅)의 공통점과 차이점

충(沖)과 극(尅)은 욕심이 만들어지고 그로 인해 변동이 일어나는 현상은 같으며 실제 사건사고도 크게 다를 것이 없다.
심지어 충을 극이라고 사용해도 무방하다.
그런데 왜 충극을 구분하여 사용하는 것인지 고전에서도 그 논리가 명확하지는 않다.

단지 충은 극에 비해 그 작용이나 효과가 빠르고 순간적으로 강하며 복잡한 양상이 있다.

극(尅)은 원래 동양철학 음양오행(陰陽五行)에 있었던 것이고 충(沖)은 서양의 점성학에서 들어온 개념이라 다소 다르게 해석하고 느끼는 것일 수도 있다.

그러나 큰 틀에서 보면 충극(沖尅)은 사주의 균형이라는 공통 목적을 가지고 움직이는 기운이라는 것을 알 수 있다.

그렇다면 충(沖)과 극(剋)이 발생될 때 현실적으로 만들어지는 현상과 결과를 분류해 보자.

우선 충(沖)은 금목(金木)과 수화(水火)만 존재한다.
하지만 극(剋)은 오행이 모두 가능하다.

진술충(辰戌沖)이나 축미충(丑未沖)은 같은 토충(土沖)이라는 명칭이 있지만 이를 본질적으로 충(沖)이라고 하지 않는 이유는 토기(土氣)는 방향성이 없기 때문이다. 즉 충은 방향성으로 인해 벌어지는 현상이기 때문에 천간에서도 충이 없는 것이며 토기(土氣)도 충이 불가한 이유이다.

봄과 가을은 방향성이 동쪽과 서쪽으로 정반대이며 목기(木氣)와 금기(金氣)를 상징한다.
여름과 겨울은 방향성이 남쪽과 북쪽으로 정반대이며 화기(火氣)와 수기(水氣)를 상징한다.
정반대 방향에서 서로 충돌하는 현상이 바로 충(沖)인 것이다.

구분	충(沖)	극(剋)
공통점	사주의 균형을 목적으로 한다. 욕심의 확장이 발생한다. 긴장감 위험성 무모함이 생성된다. 예민 충동 능동성이 발생된다.	
차이점	방향성이 있다. 토충(土沖)이 없다. 성패(成敗)로 나타난다. 목적 달성의 여부 변동성이 매우 강하다. 변화의 복잡성 단발성 속도감 강렬함	방향성과 관계없다. 토극(土剋)이 있다. 득실(得失)로 나타난다. 이기고 지는 현상 변동성이 약하다. 변화의 단순성 지속성 장기적

2) 충(沖)의 형태적 의미와 본질적 의미

사주는 어렵고 난해하고 모호하다, 라고 많은 분들이 이야기한다.
어느 정도 공감되는 면도 있다.
하지만 원리와 근원을 알고 나면 조금 다른 생각을 할 수 있다.

우리의 사고방식은 서양적으로 길들여져 있다.
눈이 아프면 눈만 치료하고 신장이 안 좋으면 신장 약만 먹는다.

하지만 사주에서는 눈이 아프면 눈만 치료하는 것이 아니라 간과 심장을 도와 전체적인 신체의 균형을 바로 잡으려 노력하고 신장이 안 좋으면 간의 기능을 점검하고 돕는다.
이렇게 사고방식과 접근방식이 다르다 보니 사주명리가 어렵게 느껴지는 것이다.

지장간을 예를 들어 보자.
인목(寅木) 속에는 무병갑(戊丙甲)이란 천간이 숨겨져 있다.

지지 속에 숨겨진 천간은 어떤 의미가 있는 것일까?
그것은 지지가 천간의 기운으로 만들어졌다는 증거이다.

즉 형태적으로는 인목(寅木)의 모습을 하고 있지만
본질적인 모습은 다양한 천간의 본성을 지니고 있는 것이다.
이를 천성(天性)이라고 한다.

즉 지장간은 그 사람의 천성을 나타내는 것이다.

간혹 사주에서 지장간 속에 있는 글자를 사용할 수 있는지에 대한 질문을 받는다.
그러면 지장간에 있는 오행이 천간으로 투간되어 있을 때만 사용할 수 있다고 답변해 줄 때가 있다.

그러나 이것은 엄밀히 따지면 틀린 답이다.
질문 자체가 잘못되었기 때문에 답도 그에 맞게 대답해 줄 수밖에 없다.

그렇다면 어떻게 질문했어야 했을까?
지장간의 활용 및 사용은 지장간 속의 오행이 투간되었을 때와 투간되지 못했을 때의 차이가 어떻게 다른가? 라고 질문했어야 한다.
이 차이는 비슷한 것 같지만 전혀 다른 차원의 질문이다.

첫 번째 질문은 지장간은 사용과 불사용으로 처음부터 구분한 것이고 두 번째 질문은 지장간은 항상 사용되고 있는데 그 활용성과 작용에 대해 묻는 것이다.

지장간은 이미 해당 글자 자체이다.
밀가루와 버터와 우유가 결합되어 빵이 만들어졌다면 이것은 형태적으로는 빵이지만 본질적으로는 밀가루 버터 우유의 조합인 것이다.
인목(寅木)이 빵이라면 인목 속에 들어 있는 무병갑(戊丙甲)은 빵을 구성하는 요소들인 것이다.

지지는 천간에 의해 설계되고 만들어진 형상에 불과하다.

우리가 사주에 더 가까이 접근하기 위해서는 바로 지장간이 지지의 본질이라는 것을 깨달아야 한다.
지장간에 있는 그 어떤 오행도 사용되지 못하는 것은 없다.

다만 그 작용과 역할이 표상으로 드러나거나 드러나지 못하는 현상만이 있을 뿐이다.
따라서 지장간이 약해서 혹은 작용이 미미해서 사용과 불사용으로 구분하는 것은 이치에 전혀 맞지 않는 논리인 것이다.

3) 지지육충(地支六沖)

지지육충(地支六沖)은 방향과 계절의 충(沖)이다.
단 토충(土沖)은 제외이며 크게 3가지로 분류할 수 있는데 역마(驛馬), 도화(桃花), 화개(華蓋)로 구분할 수 있다.
각각의 특성은 지장간과 연관되어 있으며 충(沖)하는 오행들 간의 강약(强弱)과 충발(沖發), 충거(沖去), 개고(開庫), 입고(入庫) 등 지장간(地藏干)과 천간(天干)의 동태에 따라 성패(成敗)와 길흉(吉凶)이 정해진다.

지지육충(地支六沖)	
인신(寅申)	역마(驛馬)살
사해(巳亥)	역마(驛馬)살
자오(子午)	도화(桃花)살
묘유(卯酉)	도화(桃花)살
진술(辰戌)	화개(華蓋)살
축미(丑未)	화개(華蓋)살

☞ 지지육충(地支六沖)의 발생은 충(沖)하는 해당오행의 지장간이 상호 극(剋)하기 때문에 오행이 자신의 역할을 수행하지 못하는 원리이다.

◎ 지지충(地支沖) 도표

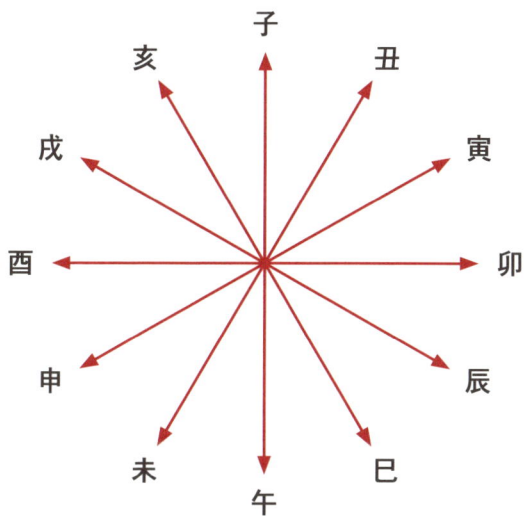

☞ 충(沖)의 개념은 대립적이며 토기(土氣)를 제외하면 극(剋)과 다르지 않다.

여기서 대립이란 오행의 기운이 반대적이지만 음양(陰陽)처럼 보완도 함께 된다.

지지는 계절에 따라 일정한 방향성을 지니고 있으며 환절기 역할을 하는 토기(土氣)가 사주 내에 없을 때는 충(沖)의 세기가 더욱 강해진다. 즉 충(沖)과 극(剋)의 원리는 음양(陰陽)이론에 기초하며 대립과 보완을 통해 균형을 추구하고 있다.

4) 충(沖)의 특징

충(沖)의 가장 큰 특징은 목적과 욕심이 강력하게 생성되며 인위적으로 에너지를 모아 그 힘을 이용해 순간적으로 성패(成敗)를 결정하려고 하는 것이다.

충도 사주원국에 있는 충과 운에서 들어오는 충을 구분할 필요가 있다. 사주원국에 있는 충은 성향적인 것과 삶의 환경을 나타내는 것이라면 운에서 들어오는 충은 전도(顚倒)와 변화를 동반하는 사건사고로 발현된다.

내가 충했을 때에는 양(陽)의 기운인 적극성과 주체성을 지니며 내가 충을 받았을 때에는 음(陰)의 기운인 소극성과 방어적인 형태를 취하게 된다.

충(沖)은 자신의 욕심을 강제로 채우거나 빼앗기는 기운인데, 내가 충분히 힘을 가지고 있을 때에는 목적실현이 가능하지만 내가 힘이 약하거나 상대가 힘이 강하다면 오히려 가지려는 대상에게 능욕당하고 패배하게 된다.

따라서 충의 결과는 주변오행에 따라 세기가 결정되며 경우에 따라 상당히 복잡한 양상을 보이기도 한다.

극(剋)은 충(沖)과 비슷한 형태를 취하고 있지만 조금 다른 점이 있다면 승패(勝敗)가 아닌 득실(得失)의 개념을 가지고 있다. 득실이란 얻거나 잃는 것을 의미한다.

내가 극(剋)을 하면 내 기운이 빠지게 되고 내가 극을 받으면 극하는 오행의 기운을 흡수할 수 있어 오히려 강해질 수 있다. 물론 매우 신약할 경우 극으로 인해 죽음을 맞이할 수도 있지만 극을 받는 오행이 강하다면 그 반발력은 매우 클 것이다.

이를 왕자충발(旺者沖發)이라 하는데 약한 것이 강한 것을 건드리면 강한 것이 오히려 더욱 강해지려는 속성이 있다.

※ 왕자충발(旺者沖發) : 강한 것을 극(剋)하면 발생되는 현상으로 충(沖)한 것은 오히려 설기(洩氣)당하며 반대로 극을 당한 오행이 반발력으로 더욱 강성해지는 현상

충(沖)의 정확한 의미는 사주고서《적천수》,《연해자평》,《자평진전》등에는 추상적으로 기록되어 있을 뿐이다.

심지어 형(刑) 충(沖) 극(剋)은 다른 것으로 분류하고 충은 중요한데 형(刑)은 중요성이 떨어지고 극(剋)은 죽이는 것이라는 다소 애매모호한 기록도 볼 수 있다.
나쁘면 왜 나쁜지 무엇 때문에 나쁜지가 명확하게 기록되어 있지 않다.

수많은 임상을 통해 만들어진 통계학적 근거와 음양오행의 원리에 기초해서 충(沖)의 길흉(吉凶)에 대한 설명을 하고자 한다.

지신지이충위중(支神只以沖爲重)
형여천해동부동(刑與穿兮動不動)
지지에서는 충(沖)이 중요하며 형천해파는 중요하지 않다.
- 《적천수》

여기서 주의해야 할 것은 충이 매우 중요하다는 의미이지 형천해파가 작용을 안 한다는 의미는 아니다. 다만 장간동요(藏干動搖)[5]적인 측면에서 충(沖)이 더 강하다는 것이다.

충(沖)하면 왠지 충돌이나 깨짐 현상 혹은 다치거나 더 상황이 나빠지거나 하는 등 뭔가 불길하고 흉(凶)한 기운이 만들어지는 느낌이 든다. 그러나 충의 역할도 알고 보면 극(剋)과 같은 균형과 변화임을 알 수 있다.

---

5   장간동요(藏干動搖)란 지장간 속의 오행들이 흔들린다는 의미이다.

운명을 자동차로 가정한다면 충(沖)은 브레이크 합(合)은 가속페달로 비유할 수 있다.
자동차가 목적지까지 안전하게 가기 위해서 충합은 모두 필요하다는 의미이다.

그런데도 불구하고 충(沖)은 부정적으로 합(合)은 긍정적인 요소로 느껴지는 것은 잘못된 지식이지만 심리적인 면에서는 살짝 일리가 있다.
실제로 충(沖)이 발생되면 긴장감이 생기고 생각이 부정적으로 흐르며 욕망이 커지고 자기중심적인 성향이 발현된다.

운(運)에 의해 어떤 특정 오행이 충을 했다고 가정해 보자.

사주는 충력(沖力)에 의해 충발(沖發)의 강도가 생기고 충(沖)한 해당오행이 어떤 역할을 해 왔는지에 따라 길흉(吉凶)이 결정되는데 여기서 중요한 것은 충한 오행의 세력이다.
왜냐하면 강한 것이 약한 것을 충하면 약한 것은 완전히 훼손되고 약한 것이 강한 것을 충하면 오히려 강한 것은 더욱 강해지는 현상이 일어나기 때문이다.

이것은 극(剋)으로도 표현될 수 있다.
극도 강한 것이 약한 것을 극하면 약한 것은 뿌리가 뽑히지만 약한 것이 강한 것을 극하면 오히려 약한 것이 상(傷)하게 된다.
물리적으로 해석하자면 기(氣)의 흡수현상이라고 할 수 있다.

흔히 충은 서로 전쟁이고 극은 한쪽이 한쪽을 일방적으로 죽이는 것이라고 하지만 사실 그 경계는 매우 불분명하다.

충(沖)도 극(剋)의 작용을 하고 극도 충의 작용을 하기 때문이다.
따라서 충극(沖剋)과 합생(合生)도 밸런스를 맞추기 위한 변화작용이라고 하는 것이 더 정확할 것이다.
다만 극에 비해 충은 다소 복잡한 양상이 나타날 수 있고 그것은 합(合)과 연관되어 있을 때 다양한 현상이 발생될 수 있다.

따라서 충(沖)과 극(剋)을 분리해서 보기보다는 극 속에 충이 포함되어 있다고 생각해 보는 것도 좋은 방법이다.

충(沖)은 극(剋)과 달리 대칭적 방향성을 지니고 있다.
마치 외나무다리에서 마주 보고 달리는 열차 같은 형상을 지니고 있다.
그래서 그 충격이 극에 비해 선명하고 강하게 느껴지는 것이다.
결과적으로 보면 비슷하지만 느낌은 충이 훨씬 강렬하게 느껴지는 이유이다.

또한 충의 충격은 일주가 신강한 사주인지 신약한 사주인지에 따라서 달라지며 받는 충격의 크기 자체가 다르다.
신강 신왕한 사주는 충의 흡수능력이 있어 어느 정도 견딜 수 있지만 신약한 사주는 충의 충격을 고스란히 받을 수밖에 없다.

※ 토충(土沖)은 생극(生剋)의 원리에 부합하지 않는다.

진술충(辰戌沖) 축미충(丑未沖)은 명칭만 충일 뿐 실제 충극을 하지 않는다.

다만 결과와 변화를 만들기 때문에 체감적으로 충력(沖力)을 느끼는 것이다.

5) 충극(沖剋)의 길흉작용과 목적

구분	작용	목적
충(沖)	※ 흉(凶)작용 욕망 긴장감 피로감, 예민 감정 기복 부정적 불안정 사건사고 이혼 이직 해직 질병 건강 악화 ※ 길(吉)작용 새로운 시작 결과 욕망의 확장 목적 달성 사건사고의 반전 결과 재결합 만남 취직	사주의 통제력 작용, 사주의 균형작용, 흉합(凶合)의 해소, 기신(忌神)의 통제 대칭적 방향성
극(剋)	생극제화(生剋制化)를 통한 기(氣)의 순환작용 건강 성격 재능 직업 개성 인간관계 혼인관계 불안정 불안 각종 사건사고	사주의 통제력 작용 사주의 균형작용 흉합(凶合)의 해소 기신(忌神)의 통제
충극(沖剋)의 공통점	사주의 균형과 변화	

※ 충발(沖發) 충거(沖去) : 충(沖)한 오행들의 현상으로 욕심, 긴장감, 불안정, 변화의 기운 발생

※ 충동(沖動) : 충(沖)한 오행들이 움직이는 현상

※ 충력(沖力) : 충(沖)한 오행들의 힘의 세기이며 왕자충쇠 쇠자발(旺者沖衰 衰者拔) 쇠신충왕 왕신발(衰神沖旺 旺神拔) 현상이 일어남. 충(沖)한 오행 중 누가 더 힘이 강한지 판단하여 길흉을 정해야 함

6) 충(沖)의 종류

(1) 생지충(生支沖)

운(運)에서 생지충(生支沖)이 들어올 때는 새로운 일이나 계획에 대한 욕망과 집착이 만들어진다.
셰익스피어 4대 비극의 하나인 〈멕베스〉 이야기처럼 감히 도전 불가능한 것 혹은 도덕적 상식적으로 맞지 않는 과욕 등이 만들어지기도 한다.

그래서 생지충(生支沖)때 유흥 재탐을 하게 되면 최악의 상황이 발생되지만 육영활인업(育英活人業)을 시작하면 오히려 길한 작용이 발생되기도 한다.

대표적인 육영활인업(育英活人業)인 교육 의료 보건 종교 봉사 관련된 일을 시작하거나 종사하는 것이다.
그래서 생지충이 들어올 때는 최대한 욕심 욕망을 통제해야 하고 보수적인 태도를 취해야 한다.

그리고 운(運)에서 생지충이 들어왔을 때 이사 이동 등 새로운 시작은 긍정적으로 작용할 때가 있다.

생지충(生支冲)은 역마충(驛馬冲)이라고도 하며 일지에 생지충이 있으면 주체성 고집 추진력 욕심이 강한 간여지동(干如之同)의 특성이 나온다. 역마충이 잘 발현되면 자수성가의 기운으로 작용하기도 하며 추진력이 있어 뭔가 새로운 것에 대한 기대와 욕심이 잘 만들어지는 편이다.

기본적인 성향은 역동성 활동성이 강하고 긍적적인 특성이 있다.
성격적으로는 긴장감이 있고 까칠하고 예민하지만 주변오행에서 설기(洩氣)시켜 줄 경우는 이러한 요소들이 상당히 완화된다.

예를 들면 일지(日支)에 신금(申金)이 있고 월지(月支)에 인목(寅木)이 있어 인신충(寅申冲)이 발생했는데 시지(時支)에 자수(子水)가 있다면 인신충(寅申冲)의 기운이 자수(子水)로 흘러갈 수 있어 그 충격이 감소하는 역할을 한다.

기본적으로 합(合)은 모이게 하고 충(冲)은 흩어지게 하는 작용이 있는데 그중에도 생지충(生支冲)과 왕지충(旺支冲)은 흩어지는 작용이 매우 강력한 편이다.

왜냐하면 지장간의 오행들이 토기(土氣)만 빼고 모두 깨지는 현상 때문이다.

특히 생지충(生支沖)의 경우 무토(戊土)만 남는 결과로 오히려 토기(土氣)는 강화된다고 볼 수도 있다.

물론 체감적으로는 잘 느껴지지는 않지만 논리적으로 그러하다. 생지충(生支沖)에는 인신충(寅申沖)과 사해충(巳亥沖)이 있다.

(2) 인신충(寅申沖)

운(運)에서 인신충(寅申沖)이 들어올 때는 월지(月支)와 일지(日支)가 무엇인지 살피고 무엇이 운에서 들어오는지가 중요하다.

운에서 들어오는 충극(沖剋)은 우선 일지와 충돌하고 그다음 월지에게 영향을 미친다.

만일 월지에 신금(申金)이 있다면 금왕절(金旺節)이라 금극목(金剋木)을 할 가능성이 매우 높다. 만일 일지에 인목(寅木)이 있는데 그것이 용신(用神)이라면 매우 치명적이며 천간(天干)에 있는 인목 속 지장간(地藏干)은 모두 다 영향을 받는다.

여기서 인목(寅木)이 용신(用神)이라는 의미는 인목 자체뿐 아니라 지장간에 들어있는 갑목(甲木)과 병화(丙火)까지 포함한다. 반대로 인목이 흉신 역할을 하고 있었다면 긴장감과 고생은 하겠지만 욕심냈던 것이 좋은 결과로 나오기도 한다. 그러므로 욕심이라고 모두 나쁜 것이 아니라 사주의 흐름과 동태를 살핀 후 판단해야 한다.

인신충(寅申沖)은 금목상쟁(金木相爭)이다.
강한 생지(生支)끼리 정면충돌하는 양상이며 그 싸움이 치열하여 반드시 상처와 흔적이 남는 특징이 있다. 마치 외나무 다리에서 만난 원수와도 같다. 피할 수도 돌아갈 수도 없는 라이벌의 싸움인 것이다.

병증(病症)으로는 정형외과적 수술 등에 관련성이 있다. 대표적으로 교통사고 낙상 폭행 등 물리적이고 인위적 사고에 연루되기 쉽다.
또한 신경계통질환 간 담 폐 대장 질환도 유의해야 한다.

성품은 겉보기에는 까칠하고 예민하지만 정이 많고 희생 봉사 정신이 있고 불쌍한 사람을 보면 내 일처럼 도와주는 착한 성향이 있다.
그러나 욱하는 성격이 있어 불의를 보거나 예의 없는 사람들을 참지 못해 과도한 행위로 법적 문제까지 비화되기 쉽다. 평소 때와 화났을 때 모습이 완전히 달라져 같은 사람인지 의문이 드는 경우도 있을 정도이다.

그러나 그 기운이 오래가지 못하고 금세 사그라 든다.
그래서 순간적으로 욱하는 기운만 잘 참고 넘긴다면 화(禍)를 면할 수 있다.
또한 다혈질적인 성품으로 인해 아군도 많으나 적도 많다.
약한 것에는 약하고 강한 것에는 강한 것도 인신충(寅申沖)의 대표적인 특징이다.
또한 사주에 이미 인신충(寅申沖)이 있는 상태에서 충(沖)이 가중되는 경우는 부정적인 사건사고에 휘말리거나 시작은 잘하지만 끝맺음이 부족하고 스스로 사서 고생을 하는 경우가 많다. 인간관계가 고립되거나 원치 않는 곳으로의 부서 이동, 직장 전직, 이사, 주거, 변동 등이 나타나며 최악은 배우자와의 생사이별까지 초래될 수 있다.

반대로 인묘진(寅卯辰)이 있는데 신금(申金)이 들어와 나쁜 역할을 하던 강한 목기운(木氣運)을 흐트려 놓을 경우에는 좋은 방향으로 사업의 변화 변동이 생기고 반응시간이 빠르게 나타난다. 심리적으로도 의욕이 넘치고 적극적이며 긍정적으로 변한다.

(3) 사해충(巳亥沖)

운(運)에서 사해충(巳亥沖)이 들어올 때는 월지와 일지가 무엇인지 살피고 무엇이 운에서 들어오는지가 중요하다.
운에서 들어오는 충극(沖剋)은 우선 일지와 충돌하고 그다음 월지에게 영향을 미친다.

만일 월지에 해수(亥水)가 있다면 수왕절(水旺節)이라 사화(巳火)가 입는 충격이 회복 불능의 엄청난 손상을 입을 수 있다. 왜냐하면 화기운(火氣運)은 생명과 직결되어 있기 때문이다. 화기운이 꺼진다는 것은 심장이 멈출 수도 있다는 의미이다.

또한 사해충(巳亥沖)의 병증은 수(水) 관련 질환을 광범위하게 포함하고 있는데 그중에서도 뇌관련 질환과 신경 정신 계통으로 병증이 잘 발현 되는 특징이 있다. 그래서 사해충이 있는 경우나 운(運)에서 사해충이 되면 정신이 흐려지고 두통 기억력 감소 예민 불안정성 등이 생성되는 것이다.

어릴 때 사해충(巳亥沖)이 가중될 경우 예전에는 홍역 뇌수막염 등으로 사망에 이르는 경우도 많았을 것으로 짐작된다.
현대는 의학의 발달로 예방과 치료가 발달하여 그런 염려는 많이 줄어 들었지만 그래도 조심해야 한다.
실제 필자의 임상을 통해 보면 성인들도 이 운(運)에서 과로사 등 돌연사가 발생되는 것이 확인되었다.

사해충(巳亥沖)은 수화상전(水火相戰)의 기운을 지니고 있다.
수화상전(水火相戰)을 해결할 수 있는 가장 좋은 방법은 인목(寅木)을 사용하여 통관(通官)시켜 주는 것이다. 이를 수화기제(水火旣濟)라 할 수 있는데 《적천수》에도 화치승룡(火熾乘龍) 수탕기호(水蕩騎虎)라 하여 화기(火氣)가 강할 때는 진토(辰土)를 사용하고 수기(水氣)가 강할 때는 인목(寅木)을 사용하라고 했다.

사해충(巳亥沖)은 수극화(水剋火)로 인해 화식(火熄)현상이 일어나는 것이 가장 문제가 된다고 할 수 있다. 물론 화기(火氣)가 너무 강해 화다수증(火多水蒸)되는 경우도 가끔은 있지만 화식(火熄)현상보다는 덜 위험하며 그 피해복구가 더 용이하다.

화(火)가 용신인 사람에게 수극화(水剋火)는 사형선고나 다름없기 때문이다.

만일 이때 대체할 수 있는 화기(火氣)가 천간(天干)에 있다면 소흉(小凶)으로 머물겠지만 대체할 수 있는 화(火)가 없을 경우는 최악의 경우를 맞이할 수도 있다.

운(運)에서 사해충(巳亥冲)이 들어올 때에는 사회적으로 성장 확장하기 어려우며 정신적으로는 쓸데없는 망상이나 의심으로 인하여 불면증이 생기기도 한다.

육친적으로는 배우자와 생리사별, 인간관계 훼손이나 바람이 나기도 한다.

이 시기에는 이동 변화 등은 좋지 않다.

화(火)는 성장 확산 팽창 등 분열하는 기운을 지니고 있다.

인신충(寅申冲)이 신체적인 문제라면 사해충(巳亥冲)은 정신적인 문제이고 인신충이 긍정적 추진력 행동력이 강하다면 사해충은 부정적이고 의심과 걱정이 많은 편이다.

(4) 왕지충(旺支冲)

운(運)에서 왕지충(旺支冲)이 들어올 때에는 자신의 능력 재능 등이 표출되어 세상으로 드러날 수 있다는 것을 의미한다.
왕지충은 자신의 선명성 상징성을 표출하는 것인데 문제는 그것이 자신이 의도한 모습인지 아닌지가 관건이 되는 것이다.

왕지충(旺支冲)이 생지충(生支冲)과 가장 다른 것은 완성의 기운이라는 것이다.
완성이라는 것은 이미 시작하여 어느 정도 진행된 것이며 전문성을 요구하는 단계이다.
이미 깊숙이 들어왔기 때문에 막 시작한 생지(生支)와 다르게 돌이킬 수 없는 상태이다. 흔히 왕지(旺支)를 도화(桃花)라고도 한다. 도화는 더 이상 첨가가 필요 없는 가장 완전한 상태를 의미하며 자신만의 특별한 고유성을 지닌다.

이미 완제품이 만들어졌는데 거기에 다른 것을 첨가한다면 오히려 상품가치가 떨어지는 것이다. 그래서 왕지(旺支)는 선명성 상징성 전문성 등 자신의 모습이 분명하고 확고하다. 주변을 자기화시킬 수 있지만 자신이 주변화되지는 못하는 기운이다.

일지와 월지에 도화(桃花)가 있으면서 천간으로 투간(透干)된 사람은 그 선명성이 더욱 명확하다.

누가 봐도 그 분야의 전문가로서 자기만의 세계가 있는 작가로 인정되는 것이다.

그래서 이성에게도 인기가 있는 것이고 대중으로부터도 사랑받을 수 있는 것이다. 그런데 여기에 충(沖)이 발생되었다는 것은 완제품에 첨가물로 인한 스크래치를 만들었다는 의미이다. 내 선명성이 훼손된 것이다.

이 경우도 자리가 매우 중요한데 도화(桃花)가 천간으로 투간(透干)된 경우와 월지에 있는 경우에 충(沖)이 발생되면 사회적 대중적으로 큰 훼손과 비난 가능성이 높고 천간으로 투간되지 않거나 일지에만 있는 경우는 개인적 재능 전문성 혹은 인간관계의 훼손일 가능성이 높다.

《적천수》에서는 도화충을 패지봉충자세추(敗地逢冲仔細推)라고 짤막하게 설명하고 있다. 패지(敗地)란 도화를 의미하는데 도화충(桃花沖)을 만나면 상세히 살펴야 한다고 기록되어 있다. 패지는 무너지거나 실패한 것을 의미한다.

직역을 하면 도화(桃花)를 실패한 지지라고 할 수 있지만 이렇게 해석한다면 왕지충(旺支沖)을 전혀 이해할 수 없을 것이다.
또한 시대 변천에 따라 도화의 순기능이 너무도 많이 생겨났기 때문에 단순히 과거에 도화의 나쁜 점들만 부각해서도 안 될 것이다. 그런 점에서 도화를 패지(敗地)라 명칭하는 것은 부적절하다는 생각이 든다.

과거에는 이성에게 인기가 있고 자기주장이나 재능이 너무 강하거나 남을 선동하는 행위 등이 모두 지탄의 대상이 되었지만 지금은 오히려 각광받는 시대로 변했기 때문이다.
하지만 도화가 각광받는다고 무조건 좋다는 의미가 아니다. 분명 그 안에 숨겨진 어두운 부분을 잘 이해해야 할 것이다.
따라서 도화(桃花)는 현대에 맞게 재해석되어야 한다.

(5) 묘유충(卯酉沖)

운(運)에서 묘유충(卯酉沖)이 들어올 때는 월지와 일지가 무엇인지 살피고 무엇이 운에서 들어오는지가 중요하다.
운에서 들어오는 충극(沖剋)은 우선 일지와 충돌하고 그다음 월지에게 영향을 미친다.

한 가지 덧붙일 것은 합(合)의 동태이다. 왕지(旺支)는 늘 주변오행을 자신의 기운으로 모여들게 하는 능력이 있다. 그래서 세력을 만들고 자기의 모습을 더 강하고 선명하게 드러내려고 하는 것이다.

그런데 운(運)에서 묘유충(卯酉沖)이 발생되면 자신이 의도하지 않는 형태로 드러날 가능성이 높아진다.
예를 들면 몰래 사내연애를 하다가 세상에 알려졌는데 사회적으로 지탄이나 비난받을 관계가 함께 드러난다던지 학술적으로 중요한 논문을 발표

했는데 표절시비가 제기되는 등 자신의 명예나 재능이 손상되는 것이다.

건강적으로는 금목상쟁(金木相爭)으로 인해 수술수가 들어오거나 정형외과적 사건사고가 발생될 수도 있다.

묘유충(卯酉沖)에서 가장 많이 발생되는 사건사고는 실직과 이혼이다. 특히 묘목(卯木)이 용신이라면 그 충격은 가중될 것이다. 실직을 당해도 억울하게 누명을 쓰고 해고되거나 실직하고 받은 퇴직금을 잘못 투자해서 모두 잃어버리거나 하는 안 좋은 일들이 중첩되는 것이다.

실제 상담을 통해 임상해 보면 이런 일들이 많이 발생되고 있음을 알 수 있다. 무엇을 해도 왜곡되고 손상될 가능성이 높기 때문이다.

묘유충(卯酉沖)을 도화충(桃花沖)이라고도 한다.
도화충은 특히 이성적으로도 매우 나쁜 작용을 하기도 하는데 이혼이나 이별운(運) 충이 중(重)하면 사별도 발생될 수 있다.

12신살로 보면 연살(年殺)의 다다음 해에는 망신살(亡身殺)이 들어오기 때문에 묘유충(卯酉沖)시기에 만난 인연은 길어도 3년을 못 간다는 속담이 있으며 망신 구설 관재까지 당할 수 있으니 조심해야 한다.

그렇다면 묘유충(卯酉沖)이 좋은 작용을 하는 경우는 없는가?
고서에는 그런 예가 나와 있는 것이 없다.

그러나 실제 임상을 통해 보면 드물지만 좋은 경우도 있다.

묘(卯)나 유(酉)가 월지에 한 개 있는데 천간으로 투간(透干)이 안 된 경우이다. 도화의 목적은 드러내는 것이다. 그런데 그러한 도화가 합충(合沖)도 없고 매금(埋金) 당했다면 그 도화(桃花)는 도화로서 기능을 하지 못하는 것이다. 간혹 도화가 있는데 도화의 특성이 전혀 없다고 말씀하시는 분들이 종종 있는데 이분들이 이런 경우인 것이다.

그런데 이렇게 얌전하게 미동도 하지 않는 도화를 충(沖)이 건드리는 것이다.
그러면 평소에는 자기주장이 없던 사람이 갑자기 자기 생각을 선명하게 말하고 실천하려고 한다. 이런 성향을 식상(食傷)의 기운과 혼동하는 경우가 있는데 비슷하면서도 다른 점이 있다.

다른 점은 식상(食傷)은 바꾸거나 새로운 것을 시작하려는 기운이고 도화(桃花)는 이미 가지고 있는 것을 더 선명하게 완성하려는 것이다.

그리고 묘목(卯木)은 피아(彼我)구분이 명확하여 자신의 편이라고 생각되면 선악의 구분 없이 무조건 충성심이 나오는 반면 유금(酉金)은 피아구분이 묘목(卯木)만큼 분명하지 않고 특히 선악구분을 명확하게 하는 편이어서 자기 편이라고 무조건 충성심을 보이지 않는다.

이러한 다른 특징들이 심리적으로도 작용하는 것이다. 실제 부부간 임상을 해보면 같은 문제를 다른 시각으로 보는 경우가 많았고 사건을 해결하는 방식도 상이한 경우 많았다. 합리적인 성향은 유금(酉金)이 강하고 감성적인 성향은 묘목(卯木)이 강한 경향을 보였다.

(6) 자오충(子午沖)

운(運)에서 자오충(子午沖)이 들어올 때에는 월지와 일지가 무엇인지 살피고 무엇이 운에서 들어오는지가 중요하다.
운에서 들어오는 충극(沖剋)은 우선 일지와 충돌하고 그다음 월지에게 영향을 미친다.

자수(子水)는 12지지의 첫 글자로 생명의 근원이며 어둠이다.
정체되어 있는 수기(水氣)를 의미하며 고체인 얼음상태로 해석해도 무방하다.
분명히 윤하(潤下)의 기운이 있는데도 불구하고 움직이지 않는 것이다.
그러한 고정된 자수를 움직이게 하는 것이 바로 오화(午火)이다.

고정된 자수가 오화에 의해 움직인다는 것은 어떤 의미일까?
물상적으로 보면 한겨울 눈이 소복이 쌓인 계곡에 봄이 오면서 열기가 생기고 눈이 녹고 시냇물이 흐르기 시작한다.
이어 땅이 녹고 땅으로는 습기(濕氣)가 스며들고 나무는 생기(生氣)를 되찾게 된다.

수생목(水生木)이 되는 것이다.

이것이 의미하는 것은 바로 자오충(子午沖)이 발생되었을 때 가장 중요한 요소는 수생목(水生木)이 되는지 이다.

자오충(子午沖)은 외형적으로 보면 그냥 수극화(水剋火)처럼 보인다.
천간의 본기(本氣)로 연결해도 정계극(丁癸剋)으로 수극화(水剋火)처럼 보인다. 그러나 자수(子水) 안에서는 임수(壬水)가 있고 오화(午火) 속에는 병화(丙火)가 있음을 알아야 한다. 임수와 병화는 수극화로 작용하지 않는 경우가 더 많기 때문이다. 특히 병화(丙火)는 모든 만물을 성장시키는 에너지를 지니고 있다. 자수(子水)를 수생목 할 수 있게 역할을 한다는 것이다.

자수(子水)의 성향은 은밀하고 비밀이 많으며 섞이는 것을 매우 싫어한다. 그에 비해 오화(午火)의 성향은 드러내고 섞이는 것을 좋아하며 주변을 성장 확장시키는 에너지를 지니고 있다. 그래서 자오충(子午沖)이 들어오면 움직이고 싶은데 움직이지 못하는 상황이 되는 경우가 많은 것이다.

이사 이직을 하고 싶은데 못 하는 경우나 지금하고 있는 일이나 업무를 더 확장하고 싶은데 오히려 그것을 막는 상황들이 발생되는 것이다. 건강적으로는 심장 심혈관 계통 질환들을 염려해야 한다.
오화(午火)는 심장을 나타낸다. 오화가 꺼진다는 것은 심장이 멈춘다는 의미도 된다. 그런 경우 개운법을 사용하여 사전에 대비하면 좋은 효과를 볼 수 있다.

육친적으로는 묘유충(卯酉沖)과 크게 다르지 않다. 해당오행이 재성(財星)인지 관성(官星)인지에 따라 남녀 간 차이가 있으며 주로 배우자와의 문제일 가능성이 높다.

(7) 고지충(庫支沖)

오행지토 산재사유 고금목수화 의이성상
(五行之土 散在四維 故金木水火 依而成象)
토기(土氣)는 사방의 바탕이다. 고로 금목수화(金木水火)는 토(土)에 의해 완성된 모습을 갖게 되는 것이다.
– 《궁통보감》

고지충(庫支沖)은 화개충(華蓋沖)이라고도 하며 《적천수》에서는 "진술축미(辰戌丑未) 고의개(庫宜開)라 하여 고지충(庫支沖)은 열리는 것이 마땅하다"라고 되어 있다.

그렇다면 열린다는 것은 어떤 의미일까?
열린다는 것은 고지충(庫支沖)이 일어나기 전까지는 닫혀 있는 상태란 의미도 될 것이다. 닫혀 있는 것을 물리적으로 열면 어떤 일이 발생할지는 뒤에 〈제7장 입고(入庫) 개고(開庫) 입묘(入墓) 현상〉 편에서 자세히 다루고 있으므로 여기서는 개념적인 설명만 하겠다.

고지(庫支)는 창고라는 개념을 지니고 있다. 창고는 무언가 보관하고 유지하는 기능을 하는 장소이다. 주로 귀하고 필요한 것을 보관하는 것이 인지상정인데 때로는 원치 않는 것을 보관하거나 보관함에 이상이 생겨 안에 들어 있는 보관물이 훼손되는 일이 발생하기도 한다. 즉 창고가 무덤의 기능을 하거나 창고가 망실되어 보관물이 변질되는 상태가 되는 것이다.

이때 고지충(庫支沖)이 발생되면 안에 있던 것들이 밖으로 나오게 되는데 이를 개고(開庫)라고 하고 천간에 있던 것이 창고속으로 다시 들어가는 것을 입고(入庫)라고 한다. 개고와 입고는 상대적인 개념으로 동시에 발생될 수도 있고 개고와 입고 중 무엇이 좋고 나쁨도 없다. 그저 하나의 현상일 뿐이다.

앞서 배운 생지는 시작의 기운, 도화는 완성의 기운이라면 고지는 변화의 기운이라고 할 수 있다. 어째서 고지를 변화라고 하는 것일까?

고지는 생지와 왕지를 거쳐 나온 결과물을 저장 보관하는 역할을 하기 때문이다.
그래서 모든 것을 덮는다 끝낸다는 의미로 화개(華蓋)란 명칭을 사용하는 것이다.
만일 우리가 어떤 과정을 모두 끝냈다면 그다음은 다시 새로운 과정을 시작하거나 끝낸 과정을 보관 유지하고 있게 된다.

그러나 결국 자연은 항상성을 유지하기 위해 생왕고의 과정을 순환 반복할 수밖에 없다. 그래서 화개에는 끝과 시작이 함께 들어 있는 것이 며 이것을 변화라 명칭하는 것이다.
끝은 영원한 끝이 아닌 시작을 위한 끝이 되는 것이다.

그래서 고지충(庫支沖)이 들어오면 인생의 큰 변화가 발생된다.
대운에서는 30년마다 그 변화가 오고 세운에서는 3년마다 그 변화를 맞이한다.

왜냐하면 진술축미(辰戌丑未)가 3년에 한 번씩 오기 때문이다.
우리 인생을 100살로 본다면 대운에서 기회는 누구나 3번은 온다는 의미도 될 것이다. 또 세운에서는 3년마다 올 수도 있다.

고지충(庫支沖)은 고속도로 I.C와도 같다.
그러나 그 원인은 주로 생지운 때 발생되는 경우가 많다.
모든 사건사고는 인과관계에 의해 형성된다.
원인이 좋으면 결과도 좋을 가능성이 그만큼 높은 것이다.
봄에 심은 씨앗과 겨울에 심은 씨앗은 개화란 결과로 나타난다.

봄에 심은 씨앗은 개화가 되겠지만 겨울에 심은 씨앗은 개화하지 못할 가능성이 높다. 우리가 혼인일, 이사일, 수술일, 창업일 등 길일을 중요하게 생각하는 이유도 바로 이것에 근거한다.
좋은 결과를 얻고 싶고 그것을 이어 다시 좋은 변화를 만들고 싶기 때문이다.

고지(庫支)의 가장 근원적인 문제는 육친의 흉화(凶禍)이다. 사람은 땅속에 있는 것이 병약 자체를 의미하기 때문이다.
그래서 이를 보완하는 개운법이 사용되기도 하는데 가장 근원적인 해결법은 마음가짐이다.
남을 살리거나 도와주거나 양육하는 마음과 행동은 흉(凶)을 길(吉)로 바꿀 수 있는 가장 좋은 개운법이다.

(8) 축미충(丑未沖)

운(運)에서 축미충(丑未沖)이 들어올 때에는 일지에 어떤 글자가 있는지 상세히 살펴야 한다. 진술축미(辰戌丑未)는 개고입고(開庫入庫)현상으로 인해 일지의 지장간 글자들이 동요하기 때문이다.

일지가 축토(丑土)인데 운에서 미토(未土)가 들어왔다면 일지 축토 속에 있는 지장간 계신기(癸辛己)만 장간동요라 한다. 충(沖)을 당한 곳만 개고입고(開庫入庫)현상이 일어난다는 의미이다.

고서에서는 이러한 명확한 근거가 없다. 이 논리와 그동안 무수한 임상을 통해 통계적으로 만들어진 경험법칙이다.

간혹 축미충(丑未沖)이 일어나면 축토(丑土) 속 장간 계신기(癸辛己)와 미토(未土) 속 장간 정을기(丁乙己) 모두가 개고입고(開庫入庫) 현상이 일어난다고 하는데 이는 맞지 않는 논리이다. 또한 위치도 매우 중요한데 일지에 충이 되는 것과 월지에 충이 되는 것은 큰 차이가 있다.

일지(日支)는 개인적이고 육친적인 특성이 강하게 나타나는데 주로 육친문제는 거의 흉화(凶禍)로 나타나는 경우가 대부분이다. 특히 입묘(入墓)현상은 더욱 치명적이라고 할 수 있다.

사람은 창고에 보관되지 않기 때문이다. 사람은 창고가 아닌 무덤이 되는 것이다.
무덤으로 사람이 들어간다는 의미는 해당 십성의 배우자 자식 형제 부모에게 흉한 사건사고가 발생될 수 있다는 것이다. 개고의 경우는 조금 다른 측면이 있는데 재성이 개고가 되면 남자의 경우 아내가 사회적 활동을 시작할 수도 있고 그동안 저축했던 재물을 꺼내어 집을 사거나 창업을 할 수도 있다.

축토(丑土)는 금(金)의 고지(庫支)이고 미토(未土)는 목(木)의 고지(庫支)이다. 이것이 의미하는 것은 축미충(丑未沖)은 형태적으로 토충(土沖) 같지만 본질적으로는 금목상쟁(金木相爭)이라는 것이다. 결국 남는 것은 토기(土氣)뿐이다.
그래서 축미충이 발생하면 고집이 강해지고 욕심이 생기는 것이다.

상대 것을 빼앗아 내 창고에 보관하고 싶은 것이다.
그러나 그 규모는 비교적 작은 편이고 소극적이다.
가볍고 작다고 하여 붕충(朋沖)이라고도 하며 음(陰)의 특성으로 나타난다.

(9) 진술충(辰戌沖)

운(運)에서 진술충(辰戌沖)이 들어올 때에는 일지에 어떤 글자가 있는지 상세히 살펴야 한다. 진술충은 충에서 단연 그 규모가 가장 크다고 할 수 있다.

충을 지진으로 구분한다면 진술충은 강도가 엄청난 규모의 지진이라고 할 수 있다. 땅이 바다가 되고 바다가 땅으로 변화될 수도 있다.
그래서 일지에 진토(辰土)나 술토(戌土)를 지니고 있는 사람들은 인생을 두 번 사는 경우가 많다.

엄청난 주변환경의 변화를 겪기 때문이다.
특히 운에서 직방살로 진술충(辰戌沖) 대운이 들어온다면 그 변화는 엄청난 크기가 될 것이다.
진토(辰土)는 용(龍)이라고도 하며 장간 속에는 을계무(乙癸戊)가 들어있다.
술토(戌土)는 가장 보수적이고 변화가 어려운 기운을 지닌 글자로 장간에는 신정무(辛丁戊)가 들어 있다. 이 두 오행(五行)이 충돌하는 것이다.

진토는 수(水)의 창고이고 술토는 화(火)의 창고이다. 진술충도 수화상전(水火相戰)임을 알 수 있는 대목이다.

실제 임상에서 진술충은 직업과 배우자 변동성이 가장 크게 나타났다. 배우자와 생리사별을 하거나 직업 자체가 전혀 다른 것으로 바뀌는 경우가 많았다.

예를 들면 기본 배우자와 헤어지고 홀로 새로운 삶을 시작하거나 새로운 사람과 다시 사랑을 시작하는 경우가 있고 사회적으로는 회사원이 사업을 시작하거나 업종 자체를 바꾸는 경우가 상당수 있다.

심지어 선생이 직장을 그만두고 유흥업을 시작하거나 샐러리맨이 약사시험을 봐서 약사로 진로를 변경하는 경우도 있다.
이 모든 것이 의미하는 것은 일생일대의 큰 변화라는 것이다.

진술충도 개고입고(開庫入庫) 현상이 일어나는데 육친적으로는 나쁜 일들이 발생할 가능성이 높고 사회적으로는 반길반흉(半吉半凶)이다.
특히 사회적인 관점에서는 원인이 좋았다면 결과도 좋을 가능성이 높다.

진술충은 일지에 진토(辰土)가 있는지 술토(戌土)가 있는지에 따라 그 충격이 달라진다.
진토(辰土)는 경제적 현실적인 문제가 발생될 가능성이 높으며, 술토(戌土)는 정신적 철학적인 문제가 발생될 개연성이 많으나 육친적으로 해석할 때는 십성에 준해서 살피면 된다.

7) 지지육충(地支六沖)의 임상

(1) 자오충(子午沖)의 작용

자수(子水)와 오화(午火)가 만나면 충발(沖發)이 발생되는데 힘의 세기에 의해 승패가 결정된다.
기본적으로 충(沖)을 받는 것보다 하는 것이 충격이 덜하나 그것은 월지의 세력에 따라 달라진다.

기본 원리는 수극화(水剋火)이지만 사오미월(巳午未月)이나 인오술합(寅午戌合)이 되어 화기(火氣)가 강하다면 오히려 수기(水氣)는 증발될 수 있다.

원론적으로 수기(水氣)는 겨울을 의미하고 화기(火氣)는 여름을 의미한다.
따라서 자오충은 겨울과 여름이 만나 벌어지는 현상이라고 볼 수 있다.
지지충은 천간충과 달리 방향성과 지장간이 있어 전쟁의 양상이 다소 복잡하다.
누가 이길지는 주변오행에 의해 결정된다는 것이다.

◈ 충거(沖去) 사주

◎ 여명(女命) (흉(凶)작용)

구분	시(時)	일(日)	월(月)	년(年)
천간 (天干)	무(戊)	병(丙)	갑(甲)	갑(甲)
지지 (地支)	술(戌)	자(子)	오(午)	인(寅)

해설

※ 왕자충쇠 쇠자발(旺者沖衰 衰者拔)사주

위 사주는 지지가 인오술(寅午戌) 삼합의 기운이 있다. 비록 자수(子水)로 삼합의 기운은 약화되었으나 여전히 화기(火氣)가 지나치게 강하여 자수(子水)가 수증(水烝)되어 목숨이 위태로운 사주이다.

건강, 질병, 교통사고, 낙상 등 생명과 직결된 사건사고들이 일어난다. 천간에는 불행히 임수(壬水)가 없어 약신(藥神) 역할을 하지 못하고 있다. 임수(壬水)와 경금(庚金) 혹은 진토(辰土) 신금(申金)이 있어야 화기(火氣)를 통제할 수 있다.

충(沖)은 사주 원국에 있는 것과 운에서 들어오는 것을 구분해야 하는데 특히 운에서 들어오는 충이 강력하다.
가장 나쁜 경우는 위 사주처럼 월지가 화왕절(火旺節)인데 옆에서 이를 돕는 인목(寅木)이 있을 때이다.

◈ 충거(沖去) 사주

◎ 여명(女命) (흉(凶)작용)

구분	시(時)	일(日)	월(月)	년(年)
천간 (天干)	갑(甲)	병(丙)	갑(甲)	임(壬)
지지 (地支)	오(午)	자(子)	오(午)	인(寅)

해설

※ 쇠신충왕 왕신발(衰神沖旺 旺神拔)된 사주

위 사주는 약한 자수(子水)가 강한 화기(火氣)를 극(剋)하려다 오히려 화다수증(火多水烝)당하고 화기(火氣)는 더욱 왕성해지는 현상이 일어난다.

실제 화기(火氣)가 강하면 수기(水氣)도 화기(火氣)로 변한다.
이는 화학적으로 수(水)에는 산소가 있어 화기(火氣)를 실제 도울 수 있는 성분이 들어 있다는 것이 과학적으로도 입증된 바 있다.

약한 것이 강한 것을 건드리며 호랑이 코를 찌른다고 하여 숙호충비(宿虎衝鼻)라고도 하는데 실제로 잘되어 가는 일에 문제가 생기고 믿었던 사람에게 배신을 당하며 구설수, 관재 등 사건사고가 일어난다.

(2) 인신충(寅申沖)의 작용

인목(寅木)과 신금(申金)이 충돌하면 충발(沖發)이 발생되는데 힘의 세기에 의해 오행간에 승패(勝敗)가 결정된다.
기본적으로는 충(沖)을 받는 것보다는 하는 것이 충격이 덜하나 그것은 월지(月支)의 세력과 주변오행에 의해 달라진다.

기본 원리는 금극목(金剋木)이지만 인묘진월(寅卯辰月)이나 해묘미합(亥卯未合)이 되어 목기(木氣)가 강하다면 오히려 금기(金氣)가 상(傷)하는 금결(金缺) 현상이 발생된다.

따라서 단순히 금극목(金剋木)의 원리만 해석해서는 안 되며 지장간 속에 있는 다양한 성분들이 깨지면서 벌어지는 현상도 주의 깊게 살펴야 한다.

인신충(寅申沖)은 주로 성급하게 일을 추진하거나 계획 준비 없이 일을 벌이다가 발생되는 사건 사고이다. 마음만 급하니 행동이 앞서고 각종 위험이나 함정을 보지 못해 시행착오를 겪는 경우가 많다.

인신충(寅申沖)은 새로운 일이나 계획에 대한 욕심이 만들어지고 추진력이 강화되며 주로 교통사고 낙상 폭행 수술 등의 사건사고로 나타나기도 한다.

◈ 충발(沖發)한 사주

◎ 여명(女命) (흉(凶)작용)

구분	시(時)	일(日)	월(月)	년(年)
천간 (天干)	병(丙)	갑(甲)	을(乙)	정(丁)
지지 (地支)	인(寅)	신(申)	묘(卯)	해(亥)

해설

위 사주는 인묘진월(寅卯辰月)의 목기(木氣)가 매우 강한 사주이다. 일지 신금(申金)이 오히려 강한 목기(木氣)에 공격당하여 금결(金缺) 현상이 발생되고 있다.

이를 두고 금(金)이 목(木)에게 능욕을 당한다고 하는데 현실에서는 상식적으로 맞지 않는 사건사고 등 미처 생각하지 못했던 일들이 발생하거나 생각했던 일과 정반대 현상이 일어나기도 한다.

인목(寅木)은 명예와 권력 지향적이고 신금(申金)은 실리와 현실적이다. 따라서 이 둘의 만남은 브레이크와 가속페달을 동시에 가동시키는 것과 비슷한 현상이 벌어진다. 예를 들면 아직 때가 되지 않았는데 씨앗을 심거나 아직 익지 않은 과일을 성급하게 수확하여 상품가치가 떨어뜨리는 등의 행위라 할 수 있다.

특히 묘신극(卯申剋)과 인신충(寅申沖)이 중복되었을 때에는 그 충격의 강도도 매우 높아지며 건강적으로는 신체적인 병증 외에 정신적으로 문제가 될 개연이 매우 높다.

◎ 남명(男命) (길(吉)작용)

구분	시(時)	일(日)	월(月)	년(年)
천간 (天干)	갑(甲)	갑(甲)	임(壬)	병(丙)
지지 (地支)	자(子)	신(申)	인(寅)	진(辰)

해설

위 사주는 지지(地支)가 신자신(申子辰) 수국(水局)이 되어 매우 습(濕)한 기운이 있다.

이를 월지(月支) 인목(寅木)이 인신충(寅申沖)하여 강한 수기(水氣)를 자연스럽게 수생목(水生木)하여 수설(水洩)하고 있는 구조이다. 성격이 좋고 대인관계가 원만하며 긍정적이다.
합(合)은 충력(沖力)을 약화시키는 역할을 한다.

이렇게 수기(水氣)가 강한 경우에 인목(寅木)이 있으면 수기를 제거해 주는 역할을 하여 사주의 균형을 이루는 기운으로 작용한다.
따라서 충(沖)이 병을 치료하는 약신(藥神) 작용을 하는 것이다.

충(沖)이라고 해서 모두 흉(凶)하게 작용한다는 생각은 매우 잘못된 것이다. 이는 마치 자동차에서 브레이크는 나쁜 것이고 액셀은 좋은 것이라고 주장하는 것과 같은 이치이다.

(3) 사해충(巳亥沖)의 작용

사화(巳火)와 해수(亥水)가 충돌하면 충발(沖發)이 발생되는데 힘의 세기에 따라 승패가 결정된다.
기본적으로는 충(沖)을 받는 것보다는 하는 것이 충격이 덜하나 그것은 월지와 각 오행의 세력에 따라 달라진다.

월지를 장악하고 있는 기운이 가장 강하고 그다음 통근 여부나
생합(生剋)에 의해 세기가 결정된다.

기본 원리는 수극화(水剋火)지만 사오미월(巳午未月)이나 인오술합(寅午戌合)이 되어 화기(火氣)가 강하다면 오히려 수기(水氣)는 증발되고 만다.

사해충(巳亥沖)은 주로 정신적인 문제를 발생시키는데 불안정성과 심리적 감정기복이 강해지는 작용을 한다. 간혹 신체의 병증(病症)으로도 나타나는데 신장 방광 자궁 호르몬 갑상선 등 수(水) 관련 질환들이 발병되기도 한다.

사해충은 월지가 해월(亥月)인지 사월(巳月)인지에 따라 해석하는 방법이 달라지는데 해월의 경우에는 정신적 종교적 철학적인 성향이 강해지고 사월일 때는 경제적 현실적인 성향이 나타난다.

◎ 여명(女命) (흉(凶)작용)

구분	시(時)	일(日)	월(月)	년(年)
천간(天干)	을(乙)	을(乙)	계(癸)	기(己)
지지(地支)	유(酉)	사(巳)	해(亥)	해(亥)

해설

위 사주는 해월(亥月)의 을목(乙木)으로 화기(火氣)가 시급한데 수기(水氣)가 매우 강하여 일지(日支)의 사화(巳火)가 공격받아 화기(火氣)가 꺼지는 현상이 발생되고 있다.
사해충(巳亥沖)은 주로 정신적인 문제나 뇌에 관련된 질환 이사 이직 폐업 창업 등 다양한 사건사고가 발생된다.

◎ 여명(女命) (흉(凶)작용)

구분	시(時)	일(日)	월(月)	년(年)
천간(天干)	병(丙)	을(乙)	신(辛)	기(己)
지지(地支)	술(戌)	해(亥)	사(巳)	해(亥)

해설

위 사주는 사해충(巳亥沖)이 양쪽으로 발생되고 있어 해수(亥水)가 위험한 상태이며 정신적 질환이나 직주의 이동이 강하게 나타날 수 있다. 이를 구원할 수 있는 것은 천간의 임수(壬水)이나 병화(丙火)가 있어 도움이 되지 못한다. 지지에서는 술토(戌土)가 토극수(土剋水)하여 해수(亥水)는 의지할 것이 없는 상태이다.

(4) 묘유충(卯酉沖)의 작용

묘목(卯木)과 유금(酉金)이 충돌하면 충발(沖發)이 발생되는데 금목상쟁(金木相爭)의 기운으로 그 피해가 극심한 편이며 힘의 세기에 의해 오행의 승패가 결정된다.

기본적으로는 충(沖)을 받는 것보다는 하는 것이 충격이 덜하나 그것은 월지의 세력에 따라 달라진다.
기본 원리는 금극목(金剋木)이지만 인묘진월(寅卯辰月)이나 해묘미합(亥卯未合)이 되어 목기(木氣)가 강하다면 오히려 금기(金氣)가 상하는 금결(金缺) 현상이 발생된다.

또한 묘유충(卯酉沖)은 왕지(旺支)끼리의 싸움으로 물러섬이 없고 자신의 고유성을 유지하려는 성향이 강해 그만큼 치열한 충돌이 발생된다.
월지(月支)에서 투간(透干)된 기운이 승기를 잡을 가능성이 높다.

특히 사주에 수기(水氣)가 있을 경우에는 금목(金木)이 통관되어 충(沖)의 세기가 상당히 완화되며 오히려 투간되었을 때에는 사회적 직업적으로 도화(桃花)의 기운을 사용할 수 있어 긍정적으로 작용한다.

◎ 여명(女命) (흉(凶)작용)

구분	시(時)	일(日)	월(月)	년(年)
천간(天干)	계(癸)	을(乙)	계(癸)	을(乙)
지지(地支)	미(未)	유(酉)	묘(卯)	해(亥)

해설

위 사주는 지지의 묘유충(卯酉沖)으로 인해 해묘미합(亥卯未合)이 무산되었음에도 목기(木氣)가 매우 강하여 일지의 유금(酉金)을 공격하여 금결(金缺) 현상이 발생되고 있다.
현실적으로 발생되는 현상은 이혼 이별 수술수 교통사고 낙상 폭행 강탈 재물손실 이성난 인기 구설 관재 등 다양하게 발생된다.

◎ 여명(女命) (흉(凶)작용)

구분	시(時)	일(日)	월(月)	년(年)
천간(天干)	을(乙)	을(乙)	신(辛)	경(庚)
지지(地支)	유(酉)	묘(卯)	유(酉)	술(戌)

해설

위 사주는 금왕절(金旺節)로 숙살(肅殺)의 기운이 매우 강한데 월지 시지(月支時支)에서 묘유충(卯酉沖)을 하고 있고 배우자궁의 묘목(卯木)이 매우 위태롭다. 운에서 금운(金運) 혹은 토운(土運)이 들어올 때는 건강악화 수술 사건 사고 등이 발생될 수 있다.

(5) 진술충(辰戌沖)의 작용

진토(辰土)와 술토(戌土)가 충돌하면 충력(沖力)에 의해 충발(沖發)이 발생되는데 진술충의 작용은 생지왕지충(生支旺支沖)과는 다른 형태를 보인다.

기본적으로는 충(沖)을 받는 것보다는 하는 것이 충격이 덜하나 토충(土沖)은 같은 토기(土氣)이기 때문에 충극(沖剋) 현상이 일어나지 않고 개고(開庫) 입고(入庫) 현상만 일어난다. 지지의 토충(土沖)은 계절과 계절 사이에서 환절기 역할을 한다.
토(土)는 모든 오행을 수용하는 기운이 있어 충력(沖力)이 금목수화(金木水火)처럼 강렬하지는 않다.

진토(辰土)는 음양오행의 근원으로 모든 만물이 처음 시작한다는 의미를 담고 있다. 계절로는 봄의 끝자락이고 방향으로 동남쪽이며 수기(水氣)의 고장지(庫藏支) 역할을 한다.

술토(戌土)는 음양오행의 끝으로 천문(天文)이 닫히는 시기로 모든 만물이 죽음으로 들어가는 통로 역할을 한다. 계절로는 가을의 끝자락이고 방향으로는 서북쪽이며 화기(火氣)의 고장지(庫藏支) 역할을 한다.

◎ 여명(女命) (흉(凶)작용)

구분	시(時)	일(日)	월(月)	년(年)
천간(天干)	임(壬)	무(戊)	병(丙)	임(壬)
지지(地支)	술(戌)	진(辰)	인(寅)	신(申)

해설

위 사주는 인월(寅月)에 진술충(辰戌沖)이 발생하였다.
충(沖)은 주로 운(運)에 의해 발현되는데 개고(開庫), 입고(入庫) 현상이 일어난다.
만일 세운에서 술토운(戌土運)이 들어온다면 진(辰)에 있는 지장간의 개고(開庫), 입고(入庫) 현상이 발생된다.

◎ 여명(女命) (흉(凶)작용)

구분	시(時)	일(日)	월(月)	년(年)
천간(天干)	임(壬)	무(戊)	병(丙)	임(壬)
지지(地支)	술(戌)	술(戌)	진(辰)	인(寅)

해설

위 사주는 진월(辰月)에 진술충(辰戌沖)이 발생하였다.
위 충(沖)은 매우 심각한 문제를 만들고 있다. 강한 토기(土氣)가 순환되지 못해 갇혀 있는 형상이기 때문이다.

수기유통(秀氣有通)이 되지 못하는 토기(土氣)는 단명 불구 고독 가난 질병 등 가장 나쁜 원인을 만들 수 있다. 반드시 지지로 금운(金運)이 들어와야 이를 구할 수 있다.

(6) 축미충(丑未沖)의 작용

축토(丑土)와 미토(未土)가 충돌하면 충력(沖力)에 의해 충발(沖發)이 발생되는데 축미충(丑未沖)의 작용은 생지왕지충(生支旺支沖)과는 다른 형태를 보인다.

기본적으로는 충(沖)을 받는 것보다는 하는 것이 충격이 덜하나 토충(土沖)은 같은 토기(土氣)이기 때문에 충극(沖剋) 현상이 일어나지 않고 개고(開庫) 입고(入庫) 현상만 일어나며 진술충(辰戌沖)에 비해 은밀하고 천천히 진행된다.
그러나 그 충격이 약한 것은 아니다.

축토(丑土)는 사음이양(四陰二陽)으로 가장 추운 시기이지만 안에서는 생명에 대한 갈망이 매우 강하고 계절로는 겨울의 끝자락이며 방향으로는 북동쪽이고 금기(金氣)의 고장지(庫藏支)이다.

미토(未土)는 이음사양(二陰四陽)으로 가장 더운 시기이지만 안에서는 생명의 마감이 시작되는 기운이 있으며 계절로는 여름의 끝자락이고 방향으로는 남서쪽이며 목기(木氣)의 고장지(庫藏支)이다.

◎ 여명(女命) (흉(凶)작용)

구분	시(時)	일(日)	월(月)	년(年)
천간(天干)	을(乙)	기(己)	정(丁)	임(壬)
지지(地支)	축(丑)	축(丑)	미(未)	신(申)

해설

위 사주는 기토(己土)가 미월(未月)에 태어나 축미충(丑未沖)이 발생하였다. 충(沖)은 주로 운(運)에 의해 발현되는데 개고(開庫), 입고(入庫) 현상이 일어난다. 축미충(丑未沖)은 붕충(朋沖)이라고도 하며 진술충(辰戌沖)에 비해 충력(沖力)이 다소 약하다.

◎ 여명(女命) (흉(凶)작용)

구분	시(時)	일(日)	월(月)	년(年)
천간(天干)	경(庚)	정(丁)	정(丁)	임(壬)
지지(地支)	술(戌)	미(未)	축(丑)	신(申)

해설

위 사주는 겨울에 발생한 축미충(丑未沖)이다.
지지에서 축술미(丑戌未) 삼형살까지 형성되어 축미충이 가중되는 형태를 보인다. 다행히 연지에 신금(申金)이 있어 충격이 다소 완화되고 있다.
토기(土氣)는 금(金)으로 설기시킬 때 안정화된다.

◎ 병증과 관련된 충(沖)

충(沖)의 종류	병 증(病症)
인신 (寅申)	주로 외적인 병증으로 수술을 동반한다. 간장, 쓸개, 폐, 대장 등과 뼈, 골수 등에 관련된 질환이 발생하기 쉽다. ※ 암, 교통사고, 낙상 주의
사해 (巳亥)	정신적 심리적 형태로, 불안정성, 심장, 심혈관, 뇌혈관질환, 수막염, 신경정신 계통으로 문제가 발생하기 쉽다. ※ 심장, 심혈관, 우울증, 교통사고 주의
자오 (子午)	심장, 심혈관, 비뇨기과, 산부인과, 정신과 계통에 문제가 발생할 수 있다. 신장, 방광, 자궁, 우울증 등을 조심해야 한다. ※ 심장, 심혈관, 우울증 등 신경정신과 주의
묘유 (卯酉)	간, 쓸개, 췌장, 폐 질환, 기관지 등 호흡기 계통, 뼈, 골수 등에 문제가 생길 수 있다. ※ 수술, 교통사고 주의
진술 (辰戌)	위장, 소장, 삼초, 췌장 등 소화기 계통에 문제가 발생하기 쉽다. 토(土)의 과다 혹은 극(剋)의 경우도 소화기 계통에 문제가 발생한다. 과식과 기름진 음식을 피하고, 야채 위주의 식습관이 좋다. 진술(辰戌)이 있는 경우 비만이 되기 쉽다. ※ 소화기 계통, 수술, 교통사고 주의
축미 (丑未)	진술(辰戌)과 비슷한 작용을 한다. ※ 소화기 계통, 수술, 교통사고 주의

제7장

입고(入庫)
개고(開庫)
입묘(入墓)
현상

1) 입고(入庫) 개고(開庫) 입묘(入墓) 현상의 특성

입고(入庫), 개고(開庫), 입묘(入墓) 현상의 공통점은 모두 토(土)에서 일어 난다는 것이다.
그렇다면 왜 토(土)에서만 이러한 현상이 일어나는지 그 원인을 살펴 보자.

토(土)는 축장(畜藏)의 기능이 있다.
축장이란 보관과 저장의 의미를 지니고 있는데 그것은 4행의 보관 저장뿐 아니라 통관(通關) 역할까지도 한다.

즉 토(土)는 목화금수(木火金水)를 보관 유지하고 있다가 어떤 물리적인 힘에 활성화되어 입고, 개고, 입묘 현상이 발생되는 것이다.
입고, 개고, 입묘는 중대 사건사고를 만들며 주로 나쁜 사건이나 사고 일 가능성이 높다.

특히 입묘는 육친적 관점에서는 가장 사랑하고 가까운 가족에게 최악의 사건이나 나쁜 일이 발생되는 현상이므로 이 시기에는 매우 조심하고 사전에 대비해야 한다. 따라서 입묘현상은 십성(十星)에 따라 그 명칭이 정해지는데 비견겁재가 입묘될 경우 자자입묘(自自入墓)라고 하여 스스로 무덤에 들어간다는 암시가 있다.
자살 자해 형제 자매 친구 동료에게 문제가 발생될 수 있는데 심각한 병증으로도 나타날 수 있다.

식상입묘(食傷入墓)는 육친적으로 여성에게는 자식이 무덤으로 들어간다는 의미가 있어 매우 무서운 작용을 하는 것으로 알려져 있다. 실제 자식이 다치거나 아프거나 안 좋은 사건사고에 연류 되기도 한다. 식상은 건강과 일의 활동성과 연관이 깊어 이와 관련된 흉한 현상이 일어나기도 한다.

재성입묘(財星入墓)는 육친적으로 남성에게는 아내에 해당하고 남녀 모두에게는 아버지에 해당한다. 아내나 아버지가 무덤으로 들어가는 현상으로 실제 아내나 아버지가 아프거나 큰 사건사고가 생길 수 있고 아내의 가족 중에 변고가 생길 수도 있다.
재성은 욕망과 재물 목표 결과를 의미하는데 이와 연관된 안 좋은 일도 발생될 수 있다.

관성입묘(官星入墓)는 육친적으로 여성에게는 남편에 해당하고 남성에게는 자식에 해당한다. 남편과 자식은 가족 구성원 중 가장 소중한 존재이다. 따라서 입묘 중에서도 관성입묘는 가장 나쁜 현상이라고도 하는

데 실제 관성입묘가 일어나면 이혼 사별이나 자식 때문에 마음고생을 하기도 한다.

관성은 명예 직장 조직 사회적 가치 등을 의미하며 관성입묘가 발생되면 실직이나 명예 실추 사회적 가치 훼손에 관련된 사건사고가 발생되기도 한다.

인성입묘(印星入墓)는 육친상 어머니에 해당한다.
어머니는 자신을 낳아 주고 길러 준 가장 소중하고 고마운 존재이다. 이것이 입묘된다는 것은 실제 어머니뿐 아니라 그동안 어머니처럼 자신을 도와주고 격려해 준 모든 사람이나 환경 등이 사라진다는 것을 의미한다.

인성은 문서 자격 절차 공부 수용 전통 등을 상징하며 인성입묘가 일어나면 이와 관련된 문제가 발생될 수 있다.

고(庫)는 창고의 의미를 지니고 있으며 유형적 무형적인 물질을 보관 유지한다는 의미가 있고 주로 이미 내재되어 있거나 존재해 있는 기운이라면 묘(墓)는 사람으로 특정되어 밖에서 안으로 들어오는 의미가 있다. 사람이 땅으로 들어온다는 것은 곧 죽음을 의미한다고 할 수 있기 때문에 조심해야 하는 것이다.

◎ 입고 현상표

구분	입고(入庫)
발생	진술충(辰戌沖) 축미충(丑未沖) 축술미(丑戌未)
현상	사주원국을 기준으로 일지(日支) 지장간(地藏干)에 들어 있는 오행이 천간에 없다면 입고(入庫)작용을 못 하지만 만일 고(庫)에 들어 있는 오행이 천간으로 투간되어 있다면 입고작용을 하며 주로 흉(凶)하게 작용하는 경우가 많다. 다만 입고는 물질적인 관점이고 입묘는 육친적인 관점에서 관찰해야 한다. 특히 남성은 관고(官庫) 재고(財庫)가 나쁘며 여성은 관고(官庫) 식상고(食傷庫)가 가장 나쁘다.
결과	고(庫)는 창고의 개념으로 길흉(吉凶)을 단정지을 수 없고 사주에 따라 길흉이 달라질 수 있다. 재고(財庫)는 숨겨 둔 재물이 될 수 있고 식상고(食傷庫)는 숨겨진 재능이 있다는 의미로도 해석된다. 하지만 고(庫)의 오행이 천간(天干)으로 투간(透干)되어 있다면 매우 나쁜 결과가 발생될 수 있다. 또한 천간에 투간되지 않아도 운에서 해당 지장간 오행이 들어오면 입묘와 비슷한 현상이 나타난다. 다만 그 강도는 다소 약하다.

◎ 개고 현상표

구분	개고(開庫)
발생	진술충(辰戌沖) 축미충(丑未沖) 축술미(丑戌未)
현상	사주원국을 기준으로 일지(日支) 지장간(地藏干)에 들어 있는 오행이 사주원국에는 전혀 없는 경우로 창고에서 오행이 나오는 현상이다. 길흉(吉凶)이 반반이며 일간에게 필요한 오행이 나오면 길(吉)하고 불필요한 오행이 나오면 나쁘다고 할 수 있다. 다만 개고된 오행과 천간(天干)에 합(合)할 수 있는 오행이 있다면 합반합거(合絆合去)[6]될 수 있으므로 유의해야 한다.
결과	고(庫)는 창고의 개념으로 길흉(吉凶)을 단정할 수 없고 사주에 따라 길흉(吉凶)이 달라질 수 있다. 하지만 지장간 속 오행이 천간오행과 합(合)할 수 있다면 합반합거(合絆合去) 현상이 일어나 배신, 불륜 등이 일어날 수 있다. 합은 천간합만 해당하며 5가지가 있고 모두 음양합이며 정관 정재합으로 구성되어 있다.

---

6 합반합거(合絆合去) : 지장간 오행과 천간오행이 합(合)하여 도망간다는 의미이다.

◎ 입묘 현상표

구분	입묘
발생	진술충(辰戌沖) 축미충(丑未沖) 축술미(丑戌未)
현상	사주원국을 기준으로 일지(日支) 지장간(地藏干)에 들어 있는 오행이 천간에 투간(透干)되어 있을 때 무덤으로 들어가는 현상으로 무조건 나쁘게 작용한다. 용신이 입묘되거나 일간이 입묘되는 경우 목숨까지 위태로우며 가까운 혈육 배우자뿐 아니라 재물 명예 건강 등 최악의 사건사고가 발생된다. 특히 남성은 관고(官庫) 재고(財庫)가 나쁘며 여성은 관고(官庫) 식상고(食傷庫)가 나쁘다.
결과	묘(墓)는 죽음을 의미하며 사주에서 발생될 수 있는 최악의 사건사고가 될 수 있다. 주로 육친, 혈육, 배우자가 죽거나 다치는 혈광지사(血洸之死)가 일어나고 사회적으로는 재물 손실, 사기수, 구설수, 관재수 등 나쁜 일들이 발생한다. 특히 배우자, 자식이 입묘(入墓)되는 경우 최악의 불행이 발생될 수 있으므로 미리 대비해야 한다.

※ 입고 입묘는 형태적으로는 같은 의미를 지니고 있지만 본질적으로 조금 다른 형태로 인식하는 것이 유용하다.

입고는 물질적 관점 입묘는 육친적 관점

2) 입개고(入開庫) 입묘(入墓)된 사주 분석

◎ 재성입묘(財星入墓) 사주 여명(女命)

구분	시(時)	일(日)	월(月)	년(年)
천간	을(乙)	기(己)	계(癸)	병(丙)
지지	축(丑)	축(丑)	미(未)	자(子)

해설

미월(未月)에 태어난 기토(己土)일간의 여자 사주이다.

일지(日支) 지장간(地藏干)의 계신기(癸辛己) 중 월간(月干)에 계수(癸水)가 있어 운(運)에서 미토(未土)가 들어올 때 입묘(入墓) 현상이 발생된다.

여성의 재성입묘(財星入墓)이기 때문에 육친적으로는 아버지 경제적으로는 재물에 관련된 나쁜 일이 발생할 가능성이 높다.

재고(財庫)사주는 재물복은 있는 편이지만 배우자복은 약한 편이다.
술토(戌土)나 진토(辰土)운 때도 충격이 있으며 대부분 육친적이고 개인적인 사건사고로 나타난다.

◎ 관성입묘(官星入墓) 사주 여명(女命)

구분	시(時)	일(日)	월(月)	년(年)
천간	을(乙)	을(乙)	신(辛)	병(丙)
지지	유(酉)	축(丑)	미(未)	오(午)

해설

미월(未月)에 태어난 을목(乙木)일간의 여자 사주이다.

일지(日支) 지장간의 계신기(癸辛己) 중 월간(月干)에 신금(辛金)이 있어 운(運)에서 미토(未土)가 들어올 때 관성입묘(官星入墓) 현상이 발생된다.

여성에게 관성입묘(官星入墓) 현상은 육친적으로는 배우자(남편), 사회적으로는 울타리, 보호막, 명예, 직장 등이 사라지는 것이기 때문에 매우 치명적이다.

위 사주처럼 천간에 편관이 있을 경우 입묘현상에 대비하는 것이 무엇보다 중요하다.

가장 좋은 개운법으로는 직업(업상대체) 개명 방향 색깔 숫자 기도 명상 선행 등 다양한 방법이 있다. 또한 이 시기에는 투자나 확장 이사 이전 창업들의 행위는 일체 삼가해야 한다.

입묘현상은 사주의 흉작용 중에서 매우 심각한 사건사고를 만드는데 만일 해당 오행이 용신일 경우는 자신이 사망하거나 엄청난 인생의 풍파를 겪을 수 있다.

◎ 식상입묘(食傷入墓) 사주 여명(女命)

구분	시(時)	일(日)	월(月)	년(年)
천간	임(壬)	정(丁)	기(己)	병(丙)
지지	인(寅)	미(未)	축(丑)	오(午)

해설

축월(丑月)에 태어난 정화(丁火)일간의 여자 사주이다.
일지 지장간의 정을기(丁乙己) 중 월간에 기토(己土)가 있어 운(運)에서 축토(丑土)가 들어올 때 식상(食傷)이 입묘(入墓)되는 최악의 현상이 일어난다.

여성에게 식상입묘(食傷入墓)는 자식이 무덤으로 들어가는 형상으로 자식이 크게 다치거나 사망에 이를 수도 있다.

◎ 재성고(財星庫) 사주 남명(男命)

구분	시(時)	일(日)	월(月)	년(年)
천간	갑(甲)	을(乙)	정(丁)	병(丙)
지지	신(申)	축(丑)	미(未)	자(子)

해설

미월(未月)에 태어난 을목(乙木)일간의 남자 사주이다.
일지 지장간의 계신기(癸辛己) 중 천간에 투간된 오행이 전혀 없다. 운(運)에서 미토(未土)가 들어온다고 해도 입묘(入墓) 현상이 발생되지 않는다.

◎ 개고(開庫)된 사주 여명(女命)

구분	시(時)	일(日)	월(月)	년(年)
천간	갑(甲)	갑(甲)	병(丙)	갑(甲)
지지	자(子)	진(辰)	술(戌)	오(午)

해설

술월(戌月)에 태어난 갑목(甲木)일간의 여자 사주이다.
일지 지장간의 을계무(乙癸戊) 중 천간에 투간(透干)된 오행이 전혀 없다. 운(運)에서 술토(戌土)가 들어오면 지장간 속의 을계무(乙癸戊)가 밖으로 개고(開庫)된다.

◎ 개고(開庫)되어 합반합거(合絆合去)된 사주 남명(男命)

구분	시(時)	일(日)	월(月)	년(年)
천간	임(壬)	무(戊)	무(戊)	갑(甲)
지지	자(子)	진(辰)	술(戌)	오(午)

해설

술월(戌月)에 태어난 무토(戊土)일간의 남자 사주이다.
운(運)에서 술토(戊土)가 들어와 충(沖)하게 되면 일지 지장간 속의 을계무(乙癸戊) 중 천간에 투간(透干)된 무토(戊土)와 개고(開庫)된 계수(癸水)가 만나 합반합거(合絆合去)하게 된다.
남자사주에서 재성(財星)이 합반합거된다는 것은 자신의 아내가 다른 남자와 바람을 피우거나 사기당하거나 다른 사람으로 인해 돈이 날아간다는 의미가 있다.

◎ 개고(開庫)되어 합반합거(合絆合去)된 사주 여명(女命)

구분	시(時)	일(日)	월(月)	년(年)
천간	경(庚)	계(癸)	갑(甲)	갑(甲)
지지	신(申)	축(丑)	술(戌)	오(午)

해설

술월(戌月)에 태어난 계수(癸水)일간의 여자 사주이다.
운에서 미토(未土)가 들어와서 일지와 충(沖)했을 때 일지 지장간의 계신기(癸辛己) 중 천간의 갑목(甲木)과 개고(開庫)된 기토(己土)가 만나 합반합거(合絆合去)하게 된다.

여자 사주에서 관성(官星)과 식신(食神)이 합반합거한다는 것은 육친적으로는 남편 자식 등에 문제가 발생하는 것이고 사회적 관점으로는 직장 업무 등의 변화를 의미한다.

합반합거는 실제 작용하지 않는 경우가 더 많으며 입묘현상과 달리 그 충격도 약한 편이다.

다만 합반합거와 다른 요소들이 함께 발생될 때는 자세히 살펴야 한다. 예를 들어 합반합거한 오행이 용신에 해당하면 예상치 못한 큰 손실이 발생될 수 있지만 기신이라면 좋은 작용을 하기도 한다.

제8장

형살(刑殺)의 특성

1) 형살(刑殺)의 종류와 특성

지신지이충위충(支神只以沖爲沖)
형여천해동부동(刑與穿兮動不動)
지지에서는 단지 충(沖)만이 중요하고
형천해파(刑穿害破)는 중요하지 않다.
《적천수》

《적천수》의 이 부분은 논란의 여지가 많다.
충(沖) 이외의 형천해파(刑穿害破)는 모두 사용하지 말라는 의미가 담겨 있기 때문이다. 실제 임상을 통해 보면 형충파해도 어느 정도 영향이 있는 경우가 있는데 대부분 충(沖)과 가중된 형태인 경우에 그 작용이 나타난다.
따라서 무조건 형천해파를 무시하기보다는 합충생극 등 사주상황을 보면서 유연하게 사용하는 것이 옳은 방법일 것이다.

특히 삼형살(三刑殺)은 그 영향력이 강한 편이기 때문에 충(沖)과 함께 신중히 살펴야 한다.

《적천수》에서는 단지 형해파보다는 음양(陰陽)과 생극(生剋)을 우선하여 그 역할이나 역량을 판단하는 것이 더 중요하다는 의미이다. 실제 해파(害破)는 단독적으로 사용될 때는 그 효과나 작용이 미미하여 적용할 필요성을 느끼지 못할 때가 많았다.

형살(刑殺)은 가둔다는 의미를 지닌 기운이다.
죄를 지은 사람들이 모여 있는 곳이 감옥이나 형무소인데 형살은 그러한 기운들이 일시에 폭발하는 형태를 보인다.

형살은 심리적인 면에서는 충극(沖剋)과 비슷하면서도 사회적으로는 조금 다른 특징이 있다.
형살을 성패와 길흉으로 구분했을 때, 일간이 강하면 추진력으로 작용하지만 일간이 약할 때는 관재 소송 시비 등으로 나타나기 쉽다.

또 형살의 가장 중요한 요소는 자신이 하고 있는 직업이나 업무의 관련성이다.

일간이 강하면서 재관(財官)이 튼튼하다면 형살은 권력지향적으로 사용되지만 일간이 강하면서 관성이 없다면 형살은 폭력적 무법적으로 사용되기 때문에 매우 나쁜 작용을 하게 된다.

즉 형살은 사주구성에 따라 길흉과 성패가 달라질 수 있는데 기본적으로는 신강하고 재관(財官)이 유정(有情)하면 긍정적으로 사용되고 신약하고 재관에 충극이 있으면 부정적으로 작용될 개연성이 크다.

형살이 부정적으로 작용되면 강제로 억압 조정하는 기운과 난치성 질병으로 발현되는 경우가 많고 긍정적으로 작용되면 내가 강제로 집행하는 지위를 얻게 되고 권력지향적으로 발현된다.

따라서 형살은 사주원국이 어떤 상황에 있는지의 문제이지 단순히 형살 자체가 좋고 나쁨의 기운이 아니란 의미이다.
흔히 사주에 형살이 있거나 운(運)에서 들어오면 관재(官財)나 송사, 파혼 등 나쁜 일이 발생된다고 하지만 실제로는 길흉과 성패는 반반 정도이다.
다만 형살이 들어오는 시기에는 개인적인 탐욕과 욕심은 금물이며 대의적이고 봉사적인 생각과 행동이 오히려 좋은 결과를 만들게 된다.

형살이 긍정적으로 작용하기 위해서 사주적으로 가장 중요한 것은 수기유통(秀氣流通)과 천간의 동태이며 현실에서는 어떤 직업과 사회활동을 하고 있는지이다.

※ 육영활인적인 일로 업상대체 했을 때 길하게 작용한다.
※ 육영활인적인 일이나 직업이란 의사 한의사 약사 간호사 등 사람을 살리는 의료인 또는 선생 상담사 공무원 종교인 등 사람을 돕는 일로서 그 범위는 매우 폭넓고 다양하다.

인사신삼형살(寅巳申三刑殺)이 있는 사람이 군인 검사 교도관 경찰 경비원 등의 직업을 가지고 있다면 자신의 업무를 잘 수행하여 명예를 얻거나 진급이 되어 좋은 작용을 하고 축술미삼형살(丑戌未三刑殺)이 있는 사람이 의사 선생 종교인의 직업을 가지고 있다면 명의가 되거나 훌륭한 스승님 또는 종교인이 된다.

따라서 단순히 사주에 형살이 있다고 해서 혹은 운(運)에서 들어온다고 해서 모두가 겁낼 필요는 전혀 없다.

고서에 의하면 형살은 충(沖)과 비슷한 개념이지만 실제 사주 내에서의 중요도는 충(沖)에 비해 그 작용력이 떨어진다는 의미로 설명하기 때문이다.

중요한 것은 사주가 어떤 오행의 형태로 있는가에 따라 달라진다는 점인데, 예를 들어 재관(財官)이 투간(透干)된 사주가 인사신 삼형살(寅巳申三刑殺)이 있다면 무관직 공무원(검찰 경찰 군인 교도관 감사관 등)에서 최고의 가치를 만들어 낼 것이고 인성(印星), 식상(食傷)이 투간(透干)된 사주가 축술미삼형살(丑戌未三刑殺)이 있다면 최고의 의사 약사 간호사 선생 종교인 예술인이 될 것이다.

이와 같이 사주는 살아 있는 생물이다.
어떤 것도 정해져 있고 고정된 것은 없으며 생극제화(生剋制化)에 의해 변화되는 원리를 지니고 있다.
형살은 아래와 같이 여러 종류가 있으며 그 특성은 조금씩 다르다.

(1) 인사신삼형살(寅巳申三刑殺)

인사신(寅巳申)은 모두 생지(生支)로 구성되어 있다.
생지는 강력한 추진력과 속도감을 지니고 있으며,
성급함과 자만심으로 인하여 실패할 가능성이 높다.
특히 배신과 다툼 등으로 강제적인 조정과 억압이 발생되기도 하는데
이를 무은지형(無恩之刑)이라고 한다.
따라서 운에서 인사신 삼형살(寅巳申 三刑殺)이 형성되면 심리적으로 불안정성이 증폭되고 욕심이 커지는 현상이 일어난다.

속전속결의 기운이 있어 대부분 일을 서두르다 낭패에 빠지는 경우가 많고 속도와 관련된 사건사고가 일어날 개연성도 크다. 대표적으로 교통사고 낙상 폭행 급성질환 등 빠르고 강하게 순간적으로 발생되는 경향이 있다.

고서나 임상에서의 인사신 삼형살(寅巳申 三刑殺)은 권력지향적인 성향으로 살기(殺氣)를 이용해 목적 달성이나 실패하는 기운이라고 되어 있다.

살기(殺氣)란 자신과 타인을 죽이고 정리하고 가두거나 갇히는 형태를 의미한다.
즉 자신이 누군가를 다스릴 수 있는 힘을 지니고 있다면 그 힘을 이용하여 사회적 목적 실현을 하겠지만 만일 반대의 경우라면 그 힘에 의해 자신이 해(害)를 입을 수도 있다.

따라서 주변오행과 투간(透干) 여부에 따라 길흉과 성패가 결정된다.
구조적으로 보면 인(寅)+사(巳)+신(申)의 형태로 되어 있는데 삼합(三合)의 원리처럼 생왕고(生旺庫)와 비슷한 형태로 이루어져 있다.
다만 삼합에서는 왕지(旺支)인 중간 오행이 가장 강력한 힘을 발휘하지만 삼형살(三刑殺)에서는 마지막 오행인 신(申)이 가장 강력한 역할을 한다.

쉽게 풀이하자면 칼이나 도끼를 화(火)로 제련하여 예금(銳金)화 시켜 강한 목(木)을 단번에 자른다는 것이다. 목(木)을 자른다는 것은 금(金)의 사회적 목적 달성을 의미한다.

당연히 자신이 칼을 쥐어야 길(吉)하며 칼을 쥔다는 의미는 일간이 강하면서 재관(財官)이 투간(透干)되어 있다는 것이다.
이런 경우 직업적으로 군인 검찰 경찰 교도관 감사관 등 공적 권력기관에 종사하는 경우에 매우 좋다.

그러나 신약(身弱)하여 그 칼을 자신의 의도대로 다룰 수 없다면 오히려 그 칼로 자신이 다치게 될 수 있다.
따라서 인사신 삼형살이 길(吉)로 작용하려면 반드시 관성(官星)이 있어야 하며 그것도 천간(天干)에 있어야 사회적으로 올바른 권력을 행사할 수 있다.

(2) 축술미삼형살(丑戌未三刑殺)

인사신삼형살이 권력지향적인 죽이는 칼이라면 축술미삼형살은 사람을 살리는 활인(活人)적인 칼이라고 볼 수 있다.
인사신(寅巳申)의 칼날은 악(惡)을 엄단하고 정의를 세우며 법을 집행한다면 축술미(丑戌未)의 칼은 사람의 생명을 살리는 의료행위로 수술 치료 약 등에 사용한다.

형태적으로 보면 토(土)의 기운 3개가 뭉쳐 만들어진 것이 축술미 삼형살이다. 토(土)는 만물을 생육(生育)하고 보호하는 어머니의 모습을 하고 있다.
사행(四行)을 모두 품어 주고 길러 주는 것이 토(土)의 역할인 것이다.

그래서 축술미삼형살을 붕형(朋刑)이라고도 하는데 붕형은 친구들끼리 모여 자신들의 세력만을 믿고 함부로 행동하다가 낭패를 당한다는 의미가 포함되어 있다.
이를 지세지형(持勢之刑)이라고도 한다.

부정적으로 작용할 때는 주로 질병 또는 법과 관련되어 문제가 발생되고 긍정적으로 작용할 때는 직업을 통해 사회적 목적실현이 되는 것으로 나타난다.

축술미삼형살이 긍정적으로 작용되기 위해서는 우선 사주가 신강한 것이 중요하지만 이보다 더 중요한 것은 수기유통(秀氣流通)이다. 즉 생설(生洩)작용이 되어 토기운이 잘 순환되어야 한다는 것이다.

따라서 축술미삼형살이 있는 사람들은 기본적으로 살리고 키우는 일에 매우 적합하다. 그중 가장 좋은 직업은 의사 한의사 약사 간호사 치료사 등 사람을 치유하는 업무이다. 그 외 철학 종교 예술 분야에서도 두각을 나타낸다.

그러나 만일 삼형살을 자신이 다룰 수 없다면 오히려 자신이 토(土) 속에 갇히는 형태가 된다. 따라서 축술미가 있다면 매금(埋金)되지 않게 반드시 목(木)의 기운이 있어야 한다.

목극토(木剋土)가 되면 매금을 방지할 수 있으며, 금(金)이 강하여 토생금(土生金)까지 된다면 매우 길(吉)한 기운이 만들어 진다.
축술미삼형살도 토기(土氣)가 극단적으로 강한 상태이기 때문에 금(金)이 있어 토기가 흘러갈 수 있어야만 설기(洩氣)되어 좋은 작용을 할 수 있다.

직업으로는 종교 의사 선생 봉사 등 육영활인업종이 잘 맞는다.

(3) 자묘형살(子卯刑殺)

자묘형살(子卯刑殺)은 유금(酉金)까지 합하여 자묘유(子卯酉) 형살이라고도 하는데 유유(酉酉)는 이미 자형(自刑)의 형태로 존재하고 자유(子酉)도 귀문(鬼門)형태로 존재하기 때문에 별개로 해석하는 것이 올바른 방법이다.

자묘형살은 두 개의 글자로 구성되어 있지만 삼형살(三刑殺)이라고 하며 작용면에서는 다른 삼형살과는 조금 다른 차이가 있다.
단순히 자묘(子卯)가 있다고 삼형살처럼 특정한 기운이 명확하게 나오는 것이 아니란 것이다.

자묘형살을 물상적으로 보면 한겨울 차가운 물속의 나무의 모습이며 꽁꽁 얼어 있는 동목(冬木)으로 꽃을 필 수도 없고 수생목(水生木)도 되지 않는 상태이다.
따라서 자묘형살은 매우 힘들고 고통스런 시간이 될 수밖에 없다. 이때 화(火)가 있다면 수생목(水生木)이 이루어지게 되고 자묘형살의 고통으로부터 벗어날 수 있다.
따라서 사주 원국에 자묘형살이 있거나 운에서 들어올 때는 주로 질병과 대인관계에 문제가 발생된다.

대표 질병으로는 수족냉증 심혈관질환 자궁 뇌질환 비뇨기계통 등이 흔하고 짜증과 불안정성이 자주 일어나 대인관계와 건강 등에 매우 나쁜 영향을 미친다.

자묘형살(子卯刑殺)은 도화(桃花)의 기운이 강하여 자기 중심적이고 남을 배려하는 마음이 부족하여 무례지형(無禮之刑)이라고 한다.

(4) 자형(自刑)

본지견본지(本支見本支)
자신과 같은 기운이 자신을 바라보는 것이다.
《적천수》

《적천수》에 의하면 자형(自刑)은 '자신과 같은 기운을 만나는데 어찌 극(剋)할 수 있는가'라고 질문하고 있다.

생극(生剋)의 원리에 맞지 않는다는 의미이다.
그러나 같은 기운이 나란히 병립(竝立)되어 있다는 것은 음양(陰陽)의 균형 원리에도 이롭지 않다는 것을 짐작할 수 있다.
따라서 사주구성에 따라 유연하게 해석할 필요가 있다.

자형(自刑)은 스스로 벌을 내린다는 의미가 있지만 음양(陰陽)의 부조화로 발생되는 사건사고이다. 사주에서 같은 글자가 나란히 있는 것은 음양(陰陽)의 균형 원리에 부합하지 않는 형태라 볼 수 있다.

한 번 음(陰)이면 한 번은 양(陽)이어야 하는데 자형(自刑)은 같은 기운끼리 함께 근거해 있기 때문에 문제가 발생하는 것이다.

여자와 남자가 만나야 조화가 이루어지는데 여자와 여자, 남자와 남자가 함께 있는 형태인 것이다. 또 운(運)에서 들어오는 자형(自刑)은 여성의 경우 새로 산 옷을 입고 회사에 출근했는데 나와 같은 옷을 입은 사람이 있을 때의 느낌 같은 것이다.

자형(自刑)은 스스로를 괴롭히는 스타일로 쓸데없이 에너지를 소모시키고 생각이 많으며 소심하여 늘 불평불만이 많다.
또 불필요한 일로 자신을 괴롭히며 주변 사람들에게도 불안감이나 불쾌감을 주기도 한다.
심리적으로는 불안정하고 부정적이며 의심이 많다.

• 진진(辰辰)
고독하고 이기적이며 냉정하다. 주변에 적들이 많다.

• 오오(午午)
자기 선명성이 뚜렷하여 타인과 다툼이 잦고 잘난 척을 잘하며 다혈질이다.

• 유유(酉酉)
예민하고 신경질적이며 불친절하고 욱하는 성향이 있다.

- 해해(亥亥)

시기질투가 많으며 수다스럽고 불평불만이 많다.

(5) 해(害)와 파(破)의 작용

《적천수》에 의하면 해(害)와 파(破)는 중요하지 않으니 사용하지 않는 것이 좋다고 명시되어 있다. 필자의 수십 년간 임상결과도 크게 다르지 않다. 해(害)와 파(破)는 단독적으로 사용하는 것은 의미가 없으며 생극합충(生剋合沖)으로 파악하는 것만으로도 충분하다.

해(害)는 합(合)을 방해한다는 의미로 미래에 벌어질 사건을 현재에 적용하는 형태로 이치에도 모순이 있고 논리적으로도 맞지 않다. 또한 해(害)가 살(殺)로 작용하려면 합이 반드시 좋은 작용을 한다는 가정(假定)에서만 합을 방해하는 해(害)가 나쁘다는 논리가 성립되기 때문에 맞지 않는 원리이다. 실제 합은 좋은 작용을 하는 것보다 나쁜 작용을 하는 경우가 더 많기 때문이다.

인사해(寅巳害) 신해해(申亥害) 자미해(子未害)
축오해(丑午害) 묘진해(卯辰害) 유술해(酉戌害)

파(破) 또한 논리적인 모순이 크게 다르지 않지만 생극적인 측면에서는 약간의 일리가 있다. 즉 같은 기운끼리는 서로 밀어내는 기운이 있는 이치이다.

파(破)는 '생지(生支)는 생지끼리 왕지(旺支)는 왕지끼리 고지(庫支)는 고지끼리 깨뜨린다'는 의미를 지니고 있다.
파(破)의 뜻은 손상, 파괴, 불화, 배신, 질투 갈등의 의미가 있지만 단독적으로 사용할 경우 맞지 않는 경우가 많다.

인해(寅亥) 사신(巳申) 생지파(生支破)
자유(子酉) 오묘(午卯) 왕지파(旺支破)
축진(丑辰) 술미(戌未) 고지파(庫支破)

◈ 해살(害殺)작용

• 인사해(寅巳害)
같은 역마의 기운끼리 만나 브레이크 없는 자동차처럼 속전속결로 일을 진행하다가 좌절 실패하는 기운이 있다. 인사해는 형살에도 해당되므로 실질적으로 해(害)라는 명칭이 의미 없다.

• 신해해(申亥害)
하극상이 자주 일어나고 억울하게 누명을 쓰거나 남의 잘못으로 인해 자신이 피해 보는 상황이 만들어진다. 음양오행의 원리로 보면 금생수(金生水)인데 단순한 구조로 보면 나빠 보일 것이 없다. 신해해는 화기(火氣)가 있다면 문제 될 것이 전혀 없는 구조이다.

- **자미해(子未害)**

은밀히 일을 진행하다가 결국 모두 드러나서 실패하고 망신당하는 기운이 있다. 자미해는 원진살(怨嗔殺)이라고 하며 서로 미워한다는 의미가 있는데 만약 사주에 수기(水氣)가 많아 습기(濕氣)를 제거해 줄 필요가 있을 때에는 미토(未土)가 오히려 고마운 역할을 해 준다.

- **축오해(丑午害)**

정신적으로 불안정성이 극에 달하는 매우 무서운 기운으로 정신분열 우울증 신경쇠약 부정적 사고 의심 집착 등 다양한 병증으로 나타나고 배우자와의 관계가 좋지 않아 이별 이혼 등의 아픔도 많은 편이다. 축오해는 원진귀문(怨嗔鬼門)이라고도 하며 정신적 육체적으로 문제가 발생되는 기운이다.

- **묘진해(卯辰害)**

계절적으로 봄에서 여름으로 넘어가기 전 꽃샘추위가 남아 있는 시기로 여름을 시기 질투하는 차가운 기운이 모든 것을 수포로 돌아가게 한다는 의미를 담고 있다.
즉 개화하려다 갑자기 다가온 추위에 움츠러드는 현상으로 다 된 일에 어려움이 생길 수 있다.

- **유술해(酉戌害)**

모든 생명이 죽고 천문이 닫히는 시기로 수성(守城)해야 하는 운이다. 그런데 이 시기에 욕심을 부려 공격적으로 확장하거나 창업한다면 사기수 계산착오 등으로 크게 실패하는 기운을 담고 있다. 따라서 운에서 유(酉)나 술(戌)이 들어올 때면 수성(守城)하거나 축소하며 때를 기다려야 한다.

◈ 파살(破殺)작용

• 인해파(寅亥破)

급하게 서두르고 과욕과 만용을 부리다가 중도에 일을 그르친다. 처음에는 잘 진행되지만 후에 실패하는 기운이 있다. 선합후파(先合後破)라 하여 남녀 관계에서도 처음에는 뜨겁게 사랑하다가 결국 이별한다는 의미를 담고 있다.

• 사신파(巳申破)

승부욕이 강하고 잔재주가 있으며 자신의 능력을 과신하다가 망신을 당하거나 관재 구설 당하는 기운 특히 교통사고 폭력 수술수 등 건강적으로도 조심해야 한다. 사신(巳申)은 형살이면서 파(破)에도 해당한다.

• 자유파(子酉破)

매사 막힘이 많고 자식 때문에 마음고생이 크며 정신적으로 불안정하여 우울증 신경쇠약 공황장애 등 병증이 있고 신체적으로는 자궁 난소 방광 등에 문제가 발생하기 쉽다. 자유(子酉)는 귀문(鬼門)이면서 파(破)에도 해당한다.

- **묘오파(卯午破)**

변덕이 심하고 이성적으로 문란하여 구설에 자주 오르며 유흥 오락 주색잡기 등에 빠져 패가망신하기 쉽다.
한 가지 일을 꾸준히 하기 어려워 직장이 불안정하고 배우자복이 약한 편이다.

- **축진파(丑辰破)**

육친간 불화가 많고 형제간 재산 다툼으로 송사가 발생하며 인덕이 적어 결정적인 순간에 도움을 받지 못해 실패하는 기운이 있다. 사람에 대한 권모술수가 능하나 결국 자기 꾀에 자기가 넘어가는 형상을 보인다.

- **술미파(戌未破)**

남녀 간 인연이 어려워 주변에 사람은 많으나 고독하고 외로우며 주변 사람들에게 배신당하거나 이용당하는 등 사람으로 인해 고통이 크다. 특히 사주에 수기(水氣)가 없을 때는 부정적이고 불안정성이 가중되어 스스로 극단적인 선택을 할 수 있다. 술미(戌未)는 형살이면서 파(破)에도 해당된다.

2) 형살(刑殺)의 실전 사주 분석

◎ 남성 - 인사신삼형살(寅巳申三刑殺)

구분	시(時)	일(日)	월(月)	년(年)
천간 (天干)	계(癸)	병(丙)	경(庚)	임(壬)
지지 (地支)	사(巳)	신(申)	인(寅)	술(戌)

해설

위 사주는 병화(丙火)가 인월(寅月)에 태어난 사주이다.
인월(寅月)은 아직 한기가 남아 있는 시기로 무엇보다도 병화(丙火)의 기운과 이를 지지해 줄 양목(陽木)을 필요로 한다.
그런 면에서 이 사주는 매우 좋은 구성으로 되어 있다.

기본적으로 인사신삼형살(寅巳申三刑殺)이 긍정적으로 작용하기 위해서는 일주가 신강(身强)해야 하고 천간에는 관성이 투간되어 있는 것이 중요하다.
인사신삼형살은 권력지향적이고 속전속결의 기운이 강하여 반드시 이를 통제하고 조절할 수 있는 관성이 필요한 것이다.
직업적으로는 군인 경찰 검찰 교도관 소방 교도행정 감사 등 법률과 질서 봉사 등과 관련된 직종이 잘 맞는다.

인사신삼형살은 모두 생지(生支)로만 구성되어 있어 욕심을 과도하게 내거나 급하게 일을 실현시키고자 할 때 실패할 경우가 많다. 따라서 운에서 삼형살이 들어오는 경우는 속도 조절과 과욕을 버리는 것이 매우 중요하다.
건강적으로는 외과적인 질환이나 급성으로 발생되는 병증에 취약하다.

◎ 여성 - 축술미삼형살(丑戌未三刑殺)

구분	시(時)	일(日)	월(月)	년(年)
천간(天干)	병(丙)	정(丁)	정(丁)	임(壬)
지지(地支)	오(午)	미(未)	축(丑)	술(戌)

해설

위 사주는 정화(丁火)가 축월(丑月)에 태어난 사주이다.
형태적으로는 화토(火土)로 종(從)할 것 같지만 월지(月支)가 축월(丑月)이므로 본질적인 기운은 수기(水氣)이며 종(從)은 불가하다.

특히 축월(丑月)의 축술미삼형살은 질병으로도 발현이 잘되는데 여성은 부인과 질환, 남성은 비뇨기 계통에 문제가 자주 발생되기도 한다.

축술미삼형살은 토기운(土氣運)이 모여 자신의 세력만 믿고 경거망동(輕擧妄動)한다는 의미를 담고 있는데 실제로는 부부간 생리사별 가난 질병 고독 난치병 등으로 나타난다.
육영활인업에 종사할 경우 불길한 기운이 완화되며 상당히 좋은 작용을 한다.

따라서 직업적으로 의사 약사 한의사 선생 공무원 종교인 등 남을 돕고 살리는 업종에 종사하는 것이 유리하다.
축술미삼형살은 토기운(土氣運)이 뭉쳐 있는 상태이므로 무엇보다도 금기(金氣)가 있어 강한 토기운을 설기(洩氣)시키는 것이 중요하다.

◎ 여성 – 자묘형살(子卯刑殺)

구분	시(時)	일(日)	월(月)	년(年)
천간 (天干)	기(己)	무(戊)	정(丁)	을(乙)
지지 (地支)	미(未)	자(子)	묘(卯)	해(亥)

해설

위 사주는 무토(戊土)가 묘월(卯月)에 태어난 사주이다.
자묘형살(子卯刑殺)은 도화(桃花)의 기운끼리 뭉쳐 성격적으로는 자기중심적이고 이기적인 성향이 나타나며 남을 무시하고 함부로 행동한다고 하여 무례지형(無禮之刑)이라고 한다.

그러나 실제 자묘형살이 일어나기 위해서는 자수(子水)가 반드시 월지에 있어야 한다. 수기(水氣)가 얼음 상태에서 수생목(水生木)이 되지 않아 발생되는 현상이기 때문이다.
형태적으로 보면 봄과 겨울이 만나는 것이고 본질적으로는 생명과 죽음이 대립하는 관계인 것이다.
사주의 기본 원리는 음양오행이고 음양오행은 계절의 순환을 근거로 하고 있기 때문에 반드시 계절과 방향성을 주의 깊게 살펴야 한다.

따라서 묘월(卯月)에 태어나거나 화기(火氣)가 강한 사주에서는 자묘형살(子卯刑殺)의 작용이 거의 나타나지 않는다.
그러나 반대로 자월에 태어났는데 화기가 없거나 약하다면 형살작용이 일어난다.
위 사주는 형살작용이 거의 나타나지 않는다.
건강적으로 여성은 자궁 난소 신장 등에 병증이 발생되기 쉽고 남성은 비뇨기 계통과 신장에 질병이 발생되기 쉽다.

◎ 남성 - 자형(自刑)

구분	시(時)	일(日)	월(月)	년(年)
천간(天干)	병(丙)	을(乙)	을(乙)	임(壬)
지지(地支)	술(戌)	유(酉)	유(酉)	술(戌)

해설

위 사주는 을목(乙木)이 유월(酉月)에 태어난 사주이다.
일지와 월지가 유유자형(酉酉自刑)으로 구성되어 있다.
자형(自刑)은 고서마다 조금씩 다르게 해석되어 있고 스스로에게 벌을 내린다고 되어 있는데 중요한 것은 음양오행적으로 해석하는 것이다.

자형은 같은 기운의 두 글자가 나란히 병립(竝立)되어 있는 것을 의미한다. 사주에서 같은 기운이 나란히 있다는 것은 해당오행의 기세가 강하다는 것이고 강한 기운은 설기(洩氣)하거나 극(剋)하여 조화를 이루는 것이 사주의 기본 원리이다.

자형의 나쁜 특성은 가까운 가족은 물론 스스로를 괴롭히는 작용을 하는데 대표적으로 신경쇠약 예민 의심 질투 시기 불면증 등 심리적으로 불안정한 모습이다.

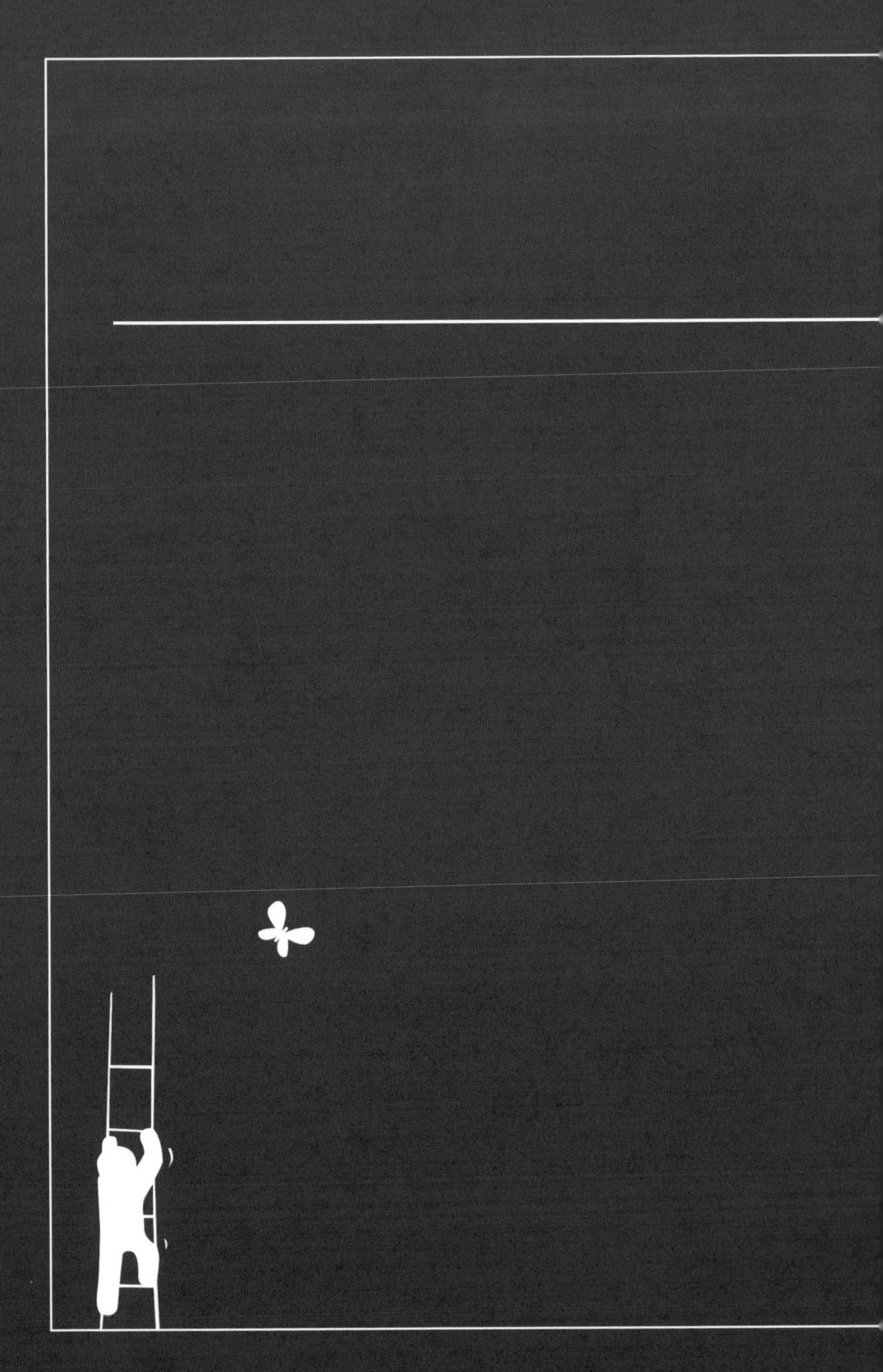

제9장

12운성(十二運星)

음양순역지설 (陰陽順逆之說)
낙서류행지용 (洛書流行之用)
기리신유지야 (其理信有之也)
기법불가집일 (其法不可執一)

음양순역(陰陽順逆)의 이치, 즉 12운성의 논리는
낙서(洛書)에서 시작이 된 것이니 많은 부분에서 활용하고 있고
그 이치는 믿을 만하지만 그 방법에서는 한 가지로만
집착할 일이 아니다.

- 《적천수》

해설

음양순역지설(陰陽順逆之說) : 음양(陰陽)이 순행(順行)하고 역행(逆行)하는 원리는 낙서(洛書)에 근거를 두고 있다.

이는 12운성의 음포태 양포태로 나타나는데 그 원리는 추종하되 사주구조는 순행 역행보다 생극(生剋)과 합충 통근 등 다양한 요소 등이 우선하기 때문에 12운성을 참고하되 생극제화의 원리를 우선해서 유연하게 해석하라는 의미이다. 실제 사주 분석을 하는 데 있어 12운성을 우선 적용하면 해석이 맞지 않는 경우가 많다.

※ 낙서(洛書) : 고대 중국 하나라 시대 치수(治水)에 관한 내용으로 강에서 나온 거북이 등을 보고 점을 쳤다는 기록이 있다.

1) 12운성(十二運星)의 이해

12운성의 근원 원리는 포태법과 양생음사(陽生陰死)이다.
포태법(胞胎法)은 장생법이라고도 하며 자연의 순환과 인간의 운명과정을 4개(4계절)로 나누고 그것을 다시 세분화하여 12개로 만든 것이다. 이 원리는 하도낙서(河圖洛書)에서 기원된 것인데 그 근원은 음양(陰陽)의 원리이다.

즉 음양이 4계절(오행)을 순환시켜 생로병사 근묘화실 원형이정이 생성된 것이며 이것을 다시 단계별로 세분화한 것이 바로 12운성인 것이다.

그렇기 때문에 12운성을 정확하게 이해하기 위해서는 음양을 이해하는 것이 매우 중요하다.
12운성에서 음양은 양생음사(陽生陰死)로 표현되는데 이를 직역하면 "양(陽)이 살아나는 곳에서 음(陰)이 죽는다"이다.

양(陽)은 모여서 앞으로 순행하고 음(陰)은 해체되어 역행하는 양순음역(陽順陰逆)의 원칙인 것이다.

12운성은 모두 일간과 지지와의 관계로 이루어져 있으며 각 계절별로 3개(생왕고)로 구분되어 있다.

- 갑목(甲木)은 해(亥)를 만나면 양생(陽生)이 되지만 을목(乙木)이 해(亥)를 만나면 음사(陰死)가 된다.

- 병화(丙火)가 인(寅)을 만나면 양생(陽生)이 되지만 정화(丁火)가 인(寅)을 만나면 음사(陰死)가 된다.

- 무토(戊土)가 인(寅)을 만나면 양생(陽生)이 되지만 기토(己土)가 인(寅)을 만나면 음사(陰死)가 된다.

- 경금이 사(巳)를 만나면 양생(陽生)이 되지만 신금(辛金)이 사(巳)를 만나면 음사(陰死)가 된다.

- 임수(壬水)가 신(申)을 만나면 양생(陽生)이 되지만 계수(癸水)가 신(申)을 만나면 음사(陰死)가 된다.

※ 12운성의 양생음사(陽生陰死)는 음양법칙을 기초로 한다.

모든 인간의 꿈은 무병장수와 사회적 목적실현이라 할 수 있다. 그러나 수많은 질병과 사건사고로 인해 인간은 불행한 삶을 살거나 죽는 것이 현실이다.

모든 인간은 죽음을 피할 수 없다. 그저 하루하루 최선을 다해 살아가는 것이 운명이다.

그렇지만 모든 인간이 다 같은 운명으로 살아가진 못한다.
그것은 다양한 원인과 결과 때문인데 그중에서도 운명을 결정짓는 가장 큰 원인과 결과는 시간의 변화이다. 시간의 변화는 공간이 있어야 존재할 수 있는 개념이다.

시간과 공간이 사건사고를 만들며 운명을 만들어 가는데 이때 중요한 것은 어떤 시점에서 원인을 만드는지가 결과를 결정한다는 것이다.
같은 공간에 씨앗을 심더라도 봄이라는 시간에 심은 씨앗과 겨울에 심은 씨앗은 결과가 다르게 나타난다는 의미이다.
봄에 심은 씨앗은 싹이 나고 꽃이 피겠지만 겨울에 심은 씨앗은 싹이 나지도 않고 꽃도 피지 못할 것이다.

그것은 시간이 공간과 연동하며 반응하기 때문인데 이 메커니즘(mecha-nism)을 예측하여 활용하는 것이 12운성(十二運星)의 사용법이라 할 수 있다.

시간은 누구에게나 공평하게 주어지지만 그 활용도 효율성 반응 가치 등은 전부 다르다.
따라서 언제 어떤 원인을 만들어야 어떤 결과를 도출할 수 있는지를 활용하기 위해서는 12운성의 명확한 개념과 이용법을 파악해야 한다.

인간은 실존 혹은 존재 자체가 공간적 의미를 지니고 있다.
그러한 공간적 존재에 시간이 결합하면 인간은 '생로병사(生老病死)'란 순환과정을 거치게 된다. 순환과정이란 시간이 공간을 변화시키는 과정이라고도 할 수 있다.

음양오행(陰陽五行)의 순환법칙에서는 삶과 죽음을 동시에 순환의 꼬리로 본다. 생명은 죽음과 같은 연결고리로 구성되어 있는 것이다. 즉 생명과 죽음은 떨어질 수 없는 관계로 일원성을 지니고 있다.

어둠이 짙을수록 새벽은 더 가까이 왔음을 경험법칙을 통해 알 수 있듯이 우리의 운명도 그 변화를 이해하고 받아들여야 한다.

12운성(十二運星)을 한마디로 표현하면 '생로병사(生老病死)'의 순환과정이라 할 수 있다.

12운성을 사주적으로 해석할 때는 다소 주의해야 할 것이 있다. 그것은 12운성의 명칭을 세력이나 힘의 세기로 구분하는 것이다.

예를 들면 건록 제왕 쇠가 자리하면 가장 힘이 강하고 행운이 되며 사 묘절이 있으면 가장 힘이 허약하고 불행하게 되며, 되는 일이 없다고 이분법적으로 길흉(吉凶)을 나누는 것이다.
그러나 그것은 매우 잘못된 판단 방식이다.

사주팔자가 자연의 순환과정인 것처럼 12운성(十二運星)도 사계절의 순환을 설명한 것이다.
만일 12운성의 길흉(吉凶)을 이분법적으로만 구분한다면 가을 겨울이란 계절은 불행하고 봄여름은 행복하다는 논리가 성립되는 것이다. 즉 12운성의 각 명칭을 길흉과 세기로 판단해서는 안 된다는 것이다.

사주에서 목(木)은 나무가 아니다. 생명이 있고 성장하는 모든 기운을 목(木)이라고 명칭한 것이다. 12운성도 그러한 관점에서 접근했을 때 참다운 해석이 가능하다고 할 수 있다.

여성이 건록(建祿) 제왕(帝旺)에 있으면 스스로 가주가 되거나 자신이 힘든 삶을 선택하게 되지만 여성이 절(絶)태(胎)에 있으면 연약하고 부드러워 보여 남성으로부터 사랑과 보호를 받으며 살 수 있다.

여성에게 건록 제왕이 반드시 행운이라고 할 수 있겠는가?

남성도 마찬가지이다.

남성이 건록(建祿) 제왕(帝旺)에 있으면 사업을 하거나 힘을 필요로 하는 힘든 육체적 노동을 할 수 있지만 병사묘절(病死墓絶)에 있다면 직장생활을 하거나 정신적, 철학적 일에 종사하는 경우가 많다.

즉 무엇이 더 좋고 나쁜 것은 없다. 다만 사주 상황에 따라 혹은 운(運)에 의해 달라질 뿐이다.

운(運)은 시간의 개념이다.
인간의 운명이 시간에 의해 변화되는 것처럼 12운성도 시간에 따라 변화되며 성장과 쇠퇴를 반복하는 것이다.

2) 12운성(十二運星)의 역사적 근거

12운성(十二運星)의 역사적 근거는 《연해자평(淵海子平)》에 상세히 기록되어 있다. 《연해자평》은 최초의 일간 위주의 사주책으로 년주(年柱) 위주였던 당사주를 계승하여 발전한 것에 연유되었다. 주요 내용은 일간을 기준으로 하여 왕상휴수사로 인생의 길흉화복을 판단하는 근거로 삼았다.

12운성과 십성론은 음양오행이란 그림에 채색을 더하여 선명성을 부각한 것으로 사주명리의 학문적 깊이와 해석의 비약적 발전의 근거를 마련한 계기가 되었다.

그중 12운성은 천간의 생왕사절(生旺死絶)의 제목으로 일간의 생왕사절을 대입하여 만든 것임을 알 수 있다.

일간이 지지로 들어오는 오행에 따라 변화되는 기운을 정리한 것이다. 따라서 일지(日支)보다는 월지(月支)에 따라 일간의 기운이 결정되었다. 현대에 와서는 월지보다 일지의 생왕사절이 더 중요한 요소로 해석하고 있는데 이는 잘못된 해석 방법이다. 고전에서 12운성을 도입한 취지는 일간의 생왕사절이지 개인의 특성이나 재능을 알아보는 것에 중점을 두지 않았다.

현재 많은 분들이 12운성의 일지의 동태만으로 사주를 해석하려는 시도가 있는데 이는 이치에 맞지 않다.
일지의 12운성만으로 개인의 성격 성향 재능 생왕사절을 정확히 알 수 없다는 이야기이다.
따라서 일주의 12운성은 보조적인 지표로만 활용해야 한다.
크게 생왕사절(生旺死絶) 등 4가지로 구분하였는데 이는 인간의 생로병사(生老病死)로 이해하면 된다.

갑목(甲木)일간이 지지에서 해수(亥水)를 만나면 장생(長生)이 되고 자수(子水)를 만나면 목욕(沐浴)이 되며 축토(丑土)를 만나면 관대(冠帶)가 된다. 이는 생왕사절(生旺死絶) 중 생(生)에 해당한다.

갑목(甲木)일간이 지지에서 인목(寅木)을 만나면 건록(建祿), 묘목(卯木)을 만나면 제왕(帝旺), 진토(辰土)를 만나면 쇠(衰)가 된다. 이는 생왕사절(生旺死絶) 중 왕(旺)에 해당한다.

갑목(甲木)일간이 지지에서 사화(巳火)를 만나면 병(病), 오화(午火)를 만나면 사(死), 미토(未土)를 만나면 묘(墓)가 된다. 이는 생왕사절(生旺死絶) 중 사(死)에 해당한다.

갑목(甲木)일간이 지지에서 신금(申金)을 만나면 절(絶), 유금(酉金)을 만나면 태(胎), 술토(戌土)를 만나면 양(養)이 된다.
이를 생왕사절(生旺死絶) 중 절(絶)에 해당한다.

◎ 생왕사절(生旺死絶)

생왕사절	생(生)	왕(旺)	사(死)	절(絶)
초기	장생(長生)	건록(建祿)	병(病)	절(絶)
중기	목욕(沐浴)	제왕(帝旺)	사(死)	태(胎)
말기	관대(冠帶)	쇠(衰)	묘(墓)	양(養)
계절	봄(春)	여름(夏)	가을(秋)	겨울(冬)

3) 12운성(十二運星)의 궁성론

12운성(十二運星)의 궁성론은 일간과 지지별 위치에 따라 사주의 길흉화복을 해석하는 방법으로 연지 월지 일지 시지에 어떤 글자가 있는지에 따라 달라진다. 우선 연지는 조상궁으로 초년운을 관장하며 부모나 초년의 집안 사회적 환경 등을 나타낸다.

월지는 사회궁으로 청년운을 관장하며 부모의 역할과 비중이 축소되면서 사회적 환경과 활동이 확대되는 시기이며 결혼 취업 등으로 사회적 개인적 변화가 가장 뚜렷하게 나타난다. 일지는 중년운을 관장하며 배우자와의 관계 자신의 재능, 성향, 성격 등을 나타내며 사회적으로는 전문화와 안정화가 되는 시기이다.

시지는 말년운을 관장하며 자식과의 관계 자식운 노년의 생활환경을 나타낸다.
이렇게 연월일시를 기준으로 12운성을 대비하며 해석하는 방식이다.
연지에 재성이 건록으로 들어왔는데 재성건록이 용신에 해당하고 충극이 없다면 부모덕이 있으며 좋은 환경에서 풍족하게 초년을 보냈을 가능성이 높다.

그런데 반대로 연지에 편관이 절(絶)로 들어왔는데 편관절이 기신이거나 충극되어 손상되었다면 부모덕이 없고 초년에 모진 풍파를 겪었을 가능성이 높아진다.

여자 일주가 갑신(甲申)인데 편관이 절(絶)로 들어와 있고 주변오행에 의해 충극(沖剋)까지 당하고 있다면 여성에게 편관은 남편이고 절(絶)은 모든 인연이 끊어진다는 의미가 있기 때문에 이 여성은 남편과 이혼 사별할 가능성이 높고 남자와 좋은 인연을 맺기가 어려울 가능성이 높다.

갑신(甲申)일주가 남자이고 주변오행에 의해 충극(沖剋)까지 당하고 있다면 이 남자는 자식과 사이가 나쁘거나 인연 자체가 어려울 수 있고 직장이 불안정하거나 배우자와 관계가 무정하다.
이는 일지가 배우자 궁이기 때문이다. 즉 배우자 자리에 어떤 오행이 있든 사절묘(死絶墓) 형태로 있는 것은 배우자와 인연이 약하고 충극(沖剋)까지 있다면 더 명확하고 선명하게 사절묘(死絶墓)의 기운이 나오게 된다.

원래 궁성이론은 하건충 선생의 《천고팔자비결총해》에 기록되어 있는 주장이다. 그전에도 궁성론은 다양한 형태로 전해 내려왔는데 이를 구체적으로 주석을 달아 설명한 것은 하건충 선생이다. 크게 변한 것은 월주 정도인데 그 외에는 거의 같은 논리이다.

궁성이론이란 궁(宮)과 성(星)에 관한 내용으로서 궁(宮)은 자리 혹은 위치를 나타내고 성(星)은 육친(六親) 혹은 십성(十星)을 의미하는데 고대부터 내려오던 이론들을 모아 체계화하여 현대 사주학에서 없어서는 안 되는 중요한 요소로 만든 분이 바로 하건충 선생이다.

고전에서 궁성론의 근거를 찾아보면 근묘화실(根苗花實)의 원리이며 이는 춘하추동(春夏秋冬) 사계절을 형상화했음을 알 수 있다.

분류방식은 사계절의 순환처럼 조상궁, 부모궁, 배우자궁, 자식궁 4개로 나누었다. 일간(日干)은 주체궁이라 하며 자기 자신을 나타낸다. 일지(日支)는 정재궁(正財宮)이며 남자에게는 처궁(妻宮)이며 고전에서는 여성에게도 배우자 자리가 된다.

그러나 하건충의 궁성론은 여성의 배우자 자리를 일지가 아닌 월지(月支)에 두고 이를 정관궁(正官宮)이라 하였다.

혼인에 있어 현실적으로 남성의 우위를 인정한 것으로 판단된다(그 당시는 혼인에 있어 여성보다 남성의 우위가 확실했고, 이를 현실적으로 반영한 것으로 보인다).

남녀평등시대인 현대적인 의미로 보면 많이 퇴색했다.

따라서 월지는 부모궁 사회궁으로 판단하고 정인궁으로 보는 것이 타당해 보이며 당연히 일지는 남녀 모두 배우자 자리로 판단하는 것이 좋겠다.

◎ 육친적 궁성의 위치

구분	시(時)	일(日)	월(月)	년(年)
천간 (天干)	편인궁 (종교)	주체궁 (나)	편재궁 (아버지)	정관궁 (조부)
지지 (地支)	상관궁 (자식)	배우자궁 (배우자)	정인궁 (어머니)	정재궁 (조모)
근묘화실 (根苗花實)	실(實)	화(花)	묘(苗)	근(根)
원형이정 (元亨利貞)	정(貞)	이(利)	형(亨)	원(元)
연령 (운세)	60세 이후 (말년운)	48세까지 (중년운)	36세까지 (청년운)	18세까지 (초년운)
특징	말년운과 자식과의 관계를 나타내며 종교 철학적 성향에 영향을 미친다. 사절묘가 있으면 병약할 수 있다.	자신의 재능이나 성품이 나타나는 자리로 중년운과 배우자 관계와도 밀접한 관련이 있다.	장생 관대 건록 제왕 등이 있으면 일간이 힘이 있어 주체적이고 능동적인 성향이 나타나고 사회성이 발달된다.	장생 관대 건록 제왕이 있으면 초년운이 비교적 좋은 경우가 많고 사묘절이 있으면 부모덕이 없고 초년에 고생하는 경우가 많다.

4) 12운성(十二運星)의 응용

12운성(十二運星)은 천간과 지지로 이루어져 있다.
정확히 표현하자면 일간과 지지의 관계라고 할 수 있다.
십성의 구조와 같다.
연해자평에 의하면 12운성은 양생음사(陽生陰死), 양(陽)이 자라는 곳에서 음(陰)은 죽는다는 기본 원리로 운명의 길흉화복(吉凶禍福)과 성격 및 특성을 비교적 간단명료하게 표현한 것이 장점이라고 할 수 있다.

그러나 양일간(陽日干)과 음일간(陰日干)이 상호 보완이 안 되거나 음일간의 특성이 잘 맞지 않는 것은 단점으로 작용한다. 사주는 음양오행의 원리를 지닌 학문으로 12운성은 음양오행의 선제적 해석 후에 참고적으로 사용해야 한다.
그럼에도 불구하고 12운성은 실제 사주를 간명하는 데 있어서는 약방의 감초 역할을 한다고 볼 수 있다.

12운성을 정확히 해석하는 방법은 심리적 사회적 육친적 특성으로 구분될 수 있는데 그 근본은 생극과 합충이다.

첫째, 사주의 생극(生剋) 관계를 살펴야 한다. 모든 사주의 기본 원리는 생극이다.
12운성도 생극의 원리를 벗어나지 못한다.

초년운과 부모복을 의미하는 연지(年支)에 장생이나 건록이 있다 하여도 충극(沖剋)으로 손상되었다면 초년운은 어렵고 힘들 가능성이 높아지기 때문이다. 따라서 반드시 생극(生剋)을 고려하여 해석해야 한다.

둘째, 사주의 희용신을 구분한 다음 12운성을 해석해야 한다.
관운과 부모덕이 있다는 건록(建祿)이 생(生)관계로 되어 있더라도 건록에 해당되는 오행이 흉신(凶神)작용을 하고 있다면 본래의 좋은 작용은 나쁘게 희석되기 때문이다.

셋째, 일간의 강쇠(强衰)를 구분해야 한다.
일간이 강하다면 12운성의 개별적 명칭과 의미에 관계없이 장생 건록 제왕 등은 부담스러울 수 있어 이를 고려해야 하며 일간이 약하다면 사절묘 등을 적용시킬 때 생극을 함께 살펴야 한다.

넷째, 심리적 사회적 작용은 우선 천간을 보고 생극 합충을 순차적으로 보되 특히 조습(燥濕)을 함께 살피어 판단해야 하며 육친적 특성은 지지의 변화 위주로 살펴야 한다.

(1) 장생(長生)의 특징

장생(長生)은 물질이 발생하여 나타나는 것이고 사람에게 부모의 정혈을 받은 것이다. 열 달 품어 생한다. '수명이 길고 영화가 있다'라고 《연해자평》에 기술되어 있다.

특히 일시(日時)에 장생(長生)이 있으면 성정이 영민하여 소년에 급제하여 조정에 든다, 라고 하였으니 일지(日支)나 시지(時支)에 장생이 있는 것이 좋다는 의미일 것이다.

또한 연월에 장생이 있으면 조상덕과 부모덕이 있고 일시(日時)에 장생이 있으면 장성한 후에는 부모와 처자식이 모두 무탈하니 편안하게 장수하며 산다고 한다.

남자는 가정적이고 자상하며 굴곡 없는 삶을 살며 의사, 선생, 상담사, 치료사, 공무원 등의 직업이 어울리며 여성은 온순하고 모성애가 있어 자식을 잘 키우고 남편에게 충성하는 현모양처의 기질이 있다. 장생(長生)은 12운성 중 첫 글자이며 계절적으로는 봄을 의미한다. 그래서 장생이 있으면 새로 시작하려는 의욕이 강해지며 봄의 기운이 있다.

장생(長生)은 예로부터 12운성 가운데 최고의 길성(吉星)으로 장수와 풍요 어진 마음을 의미하였다. 사회적으로도 인품과 재능이 뛰어나 성공과 출세가 빨라 어린 나이에 입신양명(立身揚名)하는 경우가 많았다.

위치별로 장생(長生)의 역할을 살펴보면 연지 월지(年支月支)에 있을 경우 초년운이 평탄하고 능력과 성품이 어진 부모 등 가정환경이 훌륭한 곳에서 성장하는 경향이 있다.

▶ **성격적 특성** : 온순 다정함 모성애 안정감 생육 사랑스러움 시작의 기운 등이 있다.
▶ **사회적 특성** : 육영 활인업 선생님 의사 간호사 종교인 상담사 변호사 요양보호사
▶ **개인적 특성** : 타인이나 동식물을 측은하게 생각하며 마음이 여유롭고 관대하며 모성애가 강하다.

▶ **장생일주 : 丙寅 丁酉 戊寅 己酉 壬申 癸卯**
▶ **장생지주 : 甲亥 乙午 庚巳 辛子**

※ 12신살에서는 지살(地殺)이라고 하며 역마살과 비슷한 작용을 한다. 직주(職住)의 변동이나 새로운 시작을 의미한다.
움직임 자체는 간접적이고 수동적이다.
자신이 주체가 되어 이동 변화를 겪는 것이 아닌 타의에 의한 객체적인 이동 변화의 움직임이라 할 수 있다.
따라서 직장이나 직업을 바꾸는 큰 이동이 아닌 회사 내 부서 간 이동이나 단순한 위치 변동 정도로 이해하면 될 것이다.

◎ 병인(丙寅)

구분	시(時)	일(日)	월(月)	년(年)
천간	경(庚)	병(丙)	을(乙)	기(己)
지지	인(寅)	인(寅)	해(亥)	미(未)
12운성	장생	장생	절	쇠

병인(丙寅)일주의 장생(長生)은 강인한 추진력과 정신력으로 남에게 의지하지 않고 스스로 자신의 운명을 개척하는 힘을 지니고 있다. 또한 속도감 있게 일을 추진하지만 자기중심적인 성향으로 인해 구설 관재 다툼이 있을 수 있다.

일간(日干) 병화(丙火)는 보편적이지만 강렬하고 세찬 기운이 있어 일지 인목(寅木)에게 그 기운을 온전히 전달해 준다. 따라서 욱하는 성향이 있고 권력지향적인 면을 보이기도 한다. 재물에 대한 욕심은 강한 편이나 예의를 중요하게 생각하기 때문에 불법적이거나 무례한 행동은 자제하는 편이다.
그러나 일하는 데 있어서는 전문적이고 깔끔한 편이다.
허세와 자만심이 있는 것이 단점으로 지적된다.

위 명조는 일지(日支)와 시지(時支)에 장생(長生)을 두고 있다. 인(寅) 중 무병갑(戊丙甲)을 두고 있으며 식신 비견 편인을 장생(長生)에 두고 있어 공부하고 탐구하길 좋아하며 성격이 온화하고 안정감이 있다. 또한 일지 시지에 장생이 있으면 일찍 출세하며 영민한 자녀를 두거나 말년까지 편안하다. 연지(年支)나 월지(月支)에 장생이 있으면 조상덕이 있고 가업을 승계하기 쉽다.

◎ 정유(丁酉)

구분	시(時)	일(日)	월(月)	년(年)
천간	경(庚)	정(丁)	갑(甲)	계(癸)
지지	술(戌)	유(酉)	인(寅)	유(酉)
12운성	양	장생	사	장생

정유(丁酉)일주는 부드러움과 카리스마를 함께 지닌 두 얼굴의 모습을 지니고 있다. 이를 고전에서는 내성소융(內性昭融)이라고 표현하였는데 겉은 다정다감하고 연약해 보이지만 내면은 무쇠도 녹일 수 있는 강인함을 지니고 있다는 의미이다.

이는 정유(丁酉)의 집중력과 충성심을 나타내는 것으로 한 번 마음 먹으면 끝까지 완수하려는 책임감과 한 번 인연을 맺으면 먼저 배신하지 않는 한 충성을 다하는 성향을 지니고 있다.
그러나 건강적으로 약한 면이 있으며 수극화(水剋火) 화소화회(火少火晦) 목다화식(木多火熄) 등 위험요소가 많다는 것이다.

직업적으로는 선생 의사 예술가 상담가 등 다양한 재능이 있다.

위 사주는 일지와 연지에 도화(桃花) 장생이 있어 일찍 예술적 재능이 뛰어난 사주이다.
위 사주는 일지가 재성장생이다. 일지의 재성장생은 공간예술, 디자인, 건축, 조각 등에서 뛰어난 재능이 있다. 연지의 도화(桃花)장생은 조상으로부터 천부적인 재능을 이어받았다는 의미를 내포하고 있다.

◎ 무인(戊寅)

구분	시(時)	일(日)	월(月)	년(年)
천간	갑(甲)	무(戊)	임(壬)	계(癸)
지지	인(寅)	인(寅)	오(午)	유(酉)
12운성	장생	장생	제왕	사

무인(戊寅)일주는 신의 명분 체면 등을 중요시하는 성향을 지니고 있으며 이미지로 보자면 숲이 있는 우뚝 솟은 산과 같다. 자신감이 넘치고 자기주관도 강한 편으로 지도자의 모습을 하고 있지만 내면적으로는 이중성을 지니고 있다.

남들 앞에서는 대범하고 남성적인 모습을 보이지만 혼자 있거나 가족들에게 오히려 소심하고 욕심 많은 성향이 나온다. 직업적으로는 사업이나 장사보다는 공직 직장 등이 더 잘 맞는다. 무인일주는 관을 깔고 있지만 천간으로 관이 투간되지 못하면 무관적인 특성이 잘 나온다.

위 명조는 일지 시지에 장생을 두고 있는데 인(寅) 중 무병갑(戊丙甲)은 비견 편인 편관이 장생에 놓여 있어 관인상생(官印相生)이 되어 있다. 직업적으로 선생, 공직, 의사로 진출하면 좋으며 사업이나 장사로 가면 관인(官印)이 상생(相生)되지 못하고 소인배가 되기 쉽다. 무인(戊寅)은 화토동법(火土同法)에 의해 병인(丙寅)과 비슷한 특성이 나타나기도 한다.

◎ 임신(壬申)

구분	시(時)	일(日)	월(月)	년(年)
천간	무(戊)	임(壬)	병(丙)	갑(甲)
지지	신(申)	신(申)	자(子)	진(辰)
12운성	장생	장생	제왕	묘

임신(壬申)일주는 12운성 상 장생(長生)이며 강인한 생명력과 정신력으로 독립적이고 주체적인 성향을 지니고 있다. 아무리 강한 신금(申金)이라도 임수(壬水)를 만나면 능히 설기되어 순해진다.
생각이 깊고 지혜로우며 사리분별을 명확히 하는 편이나 행동력이 약한 것은 단점이다.

육친적으로는 모성애가 강하고 모든 생명을 잘 키워내는 재능이 있으나 생각이 부정적이고 우울한 편이다.
직업으로 상담가 선생 의사 연구원 등 공부를 통해 자격을 취득하고 이를 직업으로 삼는 전문가 영역이다.

위 명조는 일지 시지에 장생을 두고 있다. 신(申) 중 무임경(戊壬庚)은 편관 비견 편인이 장생에 있어 배우기를 좋아하고 성품이 밝고 온화하여 대인관계가 좋다.
직업으로는 전문직, 공직, 선생, 상담가 등이 잘 어울린다.

인성이 장생인 경우는 배움을 좋아하고 남의 의견이나 새로운 지식에 대한 탐구심이 강한 편이며 자신의 지식을 이용하여 사회적 목적실현을 이루는 것이 가장 좋다.

◎ 계묘(癸卯)

구분	시(時)	일(日)	월(月)	년(年)
천간	甲(갑)	계(癸)	경(庚)	을(乙)
지지	寅(인)	묘(卯)	오(午)	미(未)
12운성	목욕	장생	절	묘

위 명조는 일지에 장생을 두고 있는데 묘(卯) 중 갑을(甲乙)은 상관 식신

이 장생에 놓여 있어 예술적 재능과 언변이 뛰어나며 성품이 온화하다. 직업적으로 예술가 연예인 전문가 선생 공직 의사로 진출하면 좋으며 사업이나 장사하려면 반드시 재성이 있어야 한다.

위 사주처럼 도화가 일지 월지에 있고 천간으로 투간되어 있으면 개인적인 재능을 사회적으로 사용할 수 있다.

도화의 기운은 개인적으로 용도로 활용되는 것보다는 사회적으로 쓰임새가 만들어질 때가 가장 이상적이다.

모든 사주 고서에 도화가 나쁘다고 기록되어 있지만 시대에 따라 긍정적인 부분도 생겨났기 때문에 이를 고려하여 해석해야 한다.

주로 시지 일지에 있는 도화는 개인적으로 사용되고 년지 월지에 있는 도화는 사회적으로 사용되는 경우가 많다. 특히 도화는 투간 여부가 매우 중요하다.

(2) 목욕(沐浴)의 특징

《연해자평》에 의하면 "목욕(沐浴)은 막 태어나 땅에 올바르게 존재하는 것으로 약하다. 가령 사람이 막 태어나 목욕하는 것으로 길한 것은 아니다. 흉신(凶神)으로 절대 꺼리며 이루기도 하고 망(亡)하기도 하는데 아는 사람이 적으며 남자는 고독하고 여자는 이별한다.

특히 목욕도화(沐浴桃花)는 음란하고 소문이 견디기 어려우며 주색으로 패가망신하거나 병사(病死)한다. 남자는 의처증이 있고 주색잡기로 가산을 탕진하여 삶이 피폐하며 여성은 가정이 2~3번 파탄되어 남편과 이별하며 수명이 짧다"라고 기록되어 있다.

그러나 현대적으로 해석하면 도화(桃花)의 기운을 예술, 예능, 전문성 방향으로 발휘하면 오히려 사회적으로 성공할 수 있기 때문에 고서의 기록처럼 지나치게 가혹한 해석은 지양하는 것이 좋다.

다만 성향적으로 의처의부나 불안정성, 조바심, 반복성, 변덕 등이 내재되어 있으니 항상 스스로 경계해야 한다. 특히 세운에서 일지로 목욕이 들어올 때는 이성 문제나 구설이 생기며 타인에 의해 모함이나 오해를 받거나 쓸데없는 일에 개입하는 등 심하면 관재까지 발생될 수 있으니 주의해야 한다.

목욕이 가장 잘 사용되기 위해서는 일(업무)에서 발휘되는 것임으로 천간의 투간과 합생(合生)의 역할이 매우 중요하다고 할 수 있다.

▶ **성격적 특성** : 타인의 시선을 의식하며 반복성 의심 잔소리 과시욕 허영심 등이 있다.
▶ **사회적 특성** : 예술 예능적 재능이 있으며 창의력과 활동성이 좋은 편이며 아름다움을 추구한다.
▶ **개인적 특징** : 변덕 호기심 반복성 감정기복 예민함 예술성 이성애 관종

▶ 목욕일주 : 甲子 乙巳 庚午 辛亥
▶ 목욕지주 : 丙卯 丁申 戊卯 己申 壬酉 癸寅

※ 12신살에서는 연살(年殺)이라고 하며 도화살과 비슷한 작용을 한다. 자기 중심적이며 감정기복이 심한 편이다.
타인의 이목과 평가 혹은 이성에 대한 관심이 강해지며 때로는 완성의 기운으로도 작용한다. 연살은 다정다감하며 사교성이 좋아 대인관계가 원만하다.

◎ 갑자(甲子)

구분	시(時)	일(日)	월(月)	년(年)
천간	병(丙)	갑(甲)	임(壬)	기(己)
지지	인(寅)	자(子)	인(寅)	미(未)
12운성	건록	목욕	건록	묘

갑자(甲子)일주의 12운성 목욕(沐浴)은 호기심이 많아 이성에 일찍 눈 뜨는 편이며 인성도화인데도 불구하고 공부보다는 자신을 꾸미고 유흥 예술적인 곳에 관심이 더 많은 경우가 흔하다.

60간지 중 첫 번째로 시작되는 간지이며 자존심이 강하고 우두머리 기질과 순수한 백치미가 있어 사람들 사이에서는 인기가 있는 편이다. 자수정인(子水正印)은 사람을 구분해서 만나는 경향이 있으며 자신만의 분명한 고유성을 지니고 있고 대인관계가 좋으면서도 적이 많은 편이다.

위 명조는 일지에 목욕을 두고 있다. 도화목욕은 자존심이 강하고 개성과 고집이 분명하여 남들과 차별화되는 것을 선호한다.

대인관계는 좋은 편이나 폭이 넓지는 못하다. 인성도화는 공부보다는 멋을 부리고 이성관계에 더 관심을 보인다. 따라서 인성이 도화로 있을 경우 보여 주는 공부를 하는 경우가 많으므로 칭찬을 자주 해 주는 것이 좋다. 성격은 단정하고 깔끔한 편이나 지나치게 타인을 의식하는 것이 단점이라고 할 수 있다.

◎ 을사(乙巳)

구분	시(時)	일(日)	월(月)	년(年)
천간	병(丙)	을(乙)	신(辛)	을(乙)
지지	술(戌)	사(巳)	해(亥)	사(巳)
12운성	묘	목욕	사	목욕

을사(乙巳)일주는 영리하고 재능이 많아 대중적 사회적으로 인기와 부를 누리는 경우가 많으나 배우자 운은 약한 편이어서 외로운 일주라고도 한다.

특히 위 사주처럼 월지에서 사해충이 일어나면 재능을 활용하기 어렵고 배우자관계는 더욱 나빠지는 경향이 있다. 이런 경우 직업을 학문적인 영역으로 가면 흉이 길로 바뀔 수 있다. 당사주에서는 사화(巳火)를 천문성(天文星)이라고도 하는 이유이다.

일지와 연지에 상관도화가 있으며 예술 예능 계통에 재능이 있다. 하지만 일지상관 도화는 개성이 분명하여 직업이 불안정하고 배우자와 불화하는 경우가 많다.

사(巳)중 무경병(戊庚丙)은 정재 정관 상관이 있어 이미 지장간 속에서 상관견관(傷官見官)되어 직업, 배우자의 불안정성이 내재되어 있다. 을사(乙巳)일주는 고란살(孤鸞殺)에 해당하여 독신이 많고 고독하기 쉽다.

◎ 경오(庚午)

구분	시(時)	일(日)	월(月)	년(年)
천간	을(乙)	경(庚)	임(壬)	계(癸)
지지	유(酉)	오(午)	오(午)	유(酉)
12운성	제왕	목욕	목욕	제왕

경오(庚午)일주는 무쇠가 제련되는 모습을 하고 있는 형상으로 강인한 정신력과 저돌성을 지닌 목표지향적 성향을 가지고 있다. 항상 에너지가 넘치고 열정적이며 말보다 행동이 앞서는 편이다. 자존심과 승부욕이 있어 어떤 어려움도 인내와 노력으로 극복하는 성향을 보여 준다.

타인의 간섭과 통제를 싫어하고 한 번 목표가 정해지면 좌면 우면하지 않고 돌진하는 매의 모습을 하고 있다.
위 사주처럼 임수(壬水)를 만나면 살기(殺氣)가 설기되어 온유하면서도 능력을 인정받는다.

위 명조는 일지 월지에 관성목욕을 두고 있는데 오(午) 중 병기정(丙己丁)은 편관 정인 정관이 목욕에 놓여 있어 관인상생되어 있다. 겉과 속이 좀 다른 경향이 있으며 책임감은 있지만 일부종사하기 어렵다. 직업에 대한 애착이 크고 여자는 남자에 대한 집착이 다소 강하다. 직업으로는 공직 직장인 예술인이다.

정관목욕은 천간으로 투간되면 직장 직업적으로 성공할 가능성이 높으며 여성은 잘생기고 능력 있는 남편을 만난다.

◎ 신해(辛亥)

구분	시(時)	일(日)	월(月)	년(年)
천간	무(戊)	신(辛)	병(丙)	갑(甲)
지지	자(子)	해(亥)	자(子)	진(辰)
12운성	장생	목욕	장생	묘

신해(辛亥)일주는 인물이 출중하고 재능이 있으며 성격이 분명한 편이다. 특히 언변이 능숙하고 정의감이 강하며 감성적이다.

감정적으로 행동 언행하여 오해를 받거나 구설에 오르기도 하지만 대중적으로 인기가 있고 남의 일을 자기 일처럼 도와주는 성향 때문에 인간관계는 좋은 편이다. 다만 예민하고 자기 중심적이어서 사소한 일에서도 스트레스를 잘 받는 편이고 피아구분이 명확하여 아군도 많지만 적도 많은 편이다.

위 명조는 일지를 목욕에 두고 있다. 해(亥) 중 무갑임(戊甲壬)은 정인 정재 상관이 목욕에 있어 상관패인이 될 경우와 상관생재 될 경우로 나누어 보아야 한다. 상관패인은 선생 변호사 상담사 등의 직업이 어울리고 상관생재의 경우 사업이나 장사가 잘 어울린다. 특히 신해(辛亥)일주는 인물이 좋고 언변이 뛰어나며 대중적으로 인기가 많은 편이다.
그러나 인성이 없는데 재성까지 없는 경우는 삶이 고단하고 사회적으로도 성공하기 매우 어렵게 된다. 상관목욕은 투간 여부에 따라 직업을 선택하는 것이 좋다.

(3) 관대(冠帶)의 특징

"관대는 물질에겐 자라는 작용으로 운용하게 되고 사람에겐 관을 쓰고 띠를 매는 것으로 곧 임용이 된다. 운에서 관대(冠帶)를 만나면 형제, 처자식이 결함과 해가 없고 조상의 가업을 잇게 되며 귀인을 얻어 본위가 더해지면 공(功)을 이루고 명성이 따르는 것을 어찌 의심하겠는가" 라고 《연해자평》에 기록되어 있다.

관대(冠帶)는 사춘기에서 청년이 되는 시기로 다소 경험이 부족하고 실수가 많지만 적극적이고 매사 열정이 있어서 실패해도 금세 복원되는 기운이 있다.

그러나 자신을 지나치게 과대평가하여 사회적 목적이 어렵고 경험부족으로 인한 실수가 많아 사회적으로 지탄의 대상이 되기도 한다. 또 신체적으로 큰 변화를 겪는 데 따른 심리적 불안정성도 커져서 자신의 생각대로 일이 진행되지 않을 시에는 짜증이나 화를 잘 내는 편이며 반대의 경우에는 건방지게 행동하는 경우도 있다.

남자는 과시욕이 있고 어른 흉내를 내며 나서길 좋아하고 여자는 자기중심적이고 건방지며 시기 질투심이 강해 대인관계가 좋지 못하다.
따라서 관대(冠帶)가 일지에 있으면 매사 신중하고 깊이 생각하여 행동하는 습관을 들이는 것이 좋다. 특히 일지와 연지 관대는 나이에 비해 스스로 어른 행세를 하는 경우가 많은데 이는 매우 부자연스럽고 해악으로 나타나는 경우가 많다. 왜냐하면 어른스러운 것과 어른스러운 척을 하는 것은 전혀 다르기 때문이다.

- 의복(옷) : 사회성 신분표시 권위 멋

▶ **성격적 특성** : 심리적 불안정 무시 무모함 성급함 조급함 변덕 시기 질투 호기심 반복성 감정기복 예민함 예술성 이성애
▶ **사회적 특성** : 선민성 자립심 멋(예능 미술 음악) 언변 활동성 적극성 열정 자격 추진력

▶ 개인적 특징 : 예술 예능적 재능이 있으며 창의력과 활동성이 좋은 편이다. 건방 실수 아는 척 복원력 시기 질투 경험부족 직장인(집에 가만히 못 있음)

▶ 관대일주 : 丙辰 丁未 戊辰 己未 壬戌 癸丑
▶ 관대지주 : 甲丑 乙辰 庚未 辛戌

※ 12신살에서는 월살(月殺)에 해당하며 고초살(枯焦殺)이라고도 하며 각종 병고(病苦)나 장애가 일어나 삶이 힘들어진다. 이 시기에는 동물들도 교배를 하지 않으며 부부간 잠자리도 피해야 한다. 산모는 이 시기에 아이를 낳으면 산액이 있고 산모나 아이가 아픈 경우가 있다.

◎ 병진(丙辰)

구분	시(時)	일(日)	월(月)	년(年)
천간	병(丙)	병(丙)	갑(甲)	계(癸)
지지	신(申)	진(辰)	오(午)	유(酉)
12운성	병	관대	제왕	사

위 명조는 일지에 관대가 있다. 진(辰) 중 을계무(乙癸戊)가 있어 정인 정관 식신이 있다. 관인상생이 되고 식신이 있어 성품이 온화하고 정서적으로 감성이 풍부하여 예술적으로도 재능이 있고 언변이 뛰어나다. 그러나 선민의식과 자만심이 있어 실수가 많고 적을 만들기 쉽다. 따라

서 항상 겸손하게 행동하는 것이 중요하다.

병진(丙辰)일주의 특성을 살펴보면 봄철 비옥한 토지에 태양이 비추는 형상으로 식록이 풍부하여 긍정적이고 밝고 명랑하나 진(辰) 중 계수(癸水)가 태양을 가리는 격이니 말 못 할 사연이 있다. 남의 조언이나 충고를 잘 듣는 것 같지만 실제로는 안 듣고 무시하는 경향이 있다. 속정이 있지만 아는 척을 많이 하고 이기적이고 주관적이다.
변화를 싫어하고 성격이 태평하여 여유와 게으름을 동시에 가지고 있으며 화술이 뛰어나다.

◎ 정미(丁未)

구분	시(時)	일(日)	월(月)	년(年)
천간	기(己)	정(丁)	임(壬)	무(戊)
지지	유(酉)	미(未)	자(子)	자(子)
12운성	장생	관대	절	절

위 명조는 일지에 관대가 있다. 미(未) 중 정을기(丁乙己)가 있어 **비견 편인 식신**이 관대에 있다. 조상복과 식복이 있고 직업이 안정되지만 배우자복은 약한 편이다. 직업적으로는 육영활인업이 잘 맞는다. 식상이 관대에 있으면 성격이 급하고 참을성을 부족해 표정이 잘 드러나 손해를 보는 경우가 많다.

특성적으로는 남녀 모두 결혼하지 말아야 하는 일주 중 하나이다. 즉 혼자 사는 것이 경우에 따라 좋은 경우가 많은 일주이기도 하다.

정미(丁未)일주는 심성이 착하고 직설적이며 솔직담백한 성격이다. 호불호가 분명하고 정(情)에 약해 한번 마음을 주면 깊이 빠지는 경향이 있다. 독립심이 강하며 식상이 관대에 있어 말을 잘하나 자칫 직설적인 화법으로 인해 적을 만들고 오해가 생기기도 하지만 금세 수정하고 잘못을 인정하는 모습도 지니고 있다.

재물복도 있는 편이며 직업적으로는 선생 의사 간호사 등 육영활인업종이 잘 맞으며 사업이나 장사는 성공하기 힘들다. 내성적이고 사람들 앞에서 나서는 것을 좋아하지 않는다.

◎ 무진(戊辰)

구분	시(時)	일(日)	월(月)	년(年)
천간	임(壬)	무(戊)	경(庚)	을(乙)
지지	자(子)	진(辰)	오(午)	해(亥)
12운성	태	관대	제왕	절

위 명조는 진(辰) 중 을계무(乙癸戊)가 있어 정관 정재 비견이 있다. 물상적으로 첩첩산중으로 끝이 안 보이는 넓고 높은 산맥이며 성향은 이

상주의적이며 신념이 강하고 자기 주관이 뚜렷한 특징이 있다. 다정다감하고 인정이 많으며 주관이 강하고 주체성이 강한 일주이다.

무진(戊辰)일주는 백호의 기운이 있다. 신의와 명분을 중요시하며 체면과 자존심이 강한 편이다. 추진력 고집 주체성이 강하고 정신적 철학적 종교적인 성향이 있다. 또한 겉은 호탕하고 기개가 있어 보이지만 속으로는 소심하고 겁이 있다. 육친적으로는 재성 비견이 함께 있어 배우자와 유정하지 못한 것이 단점이다.

◎ 기미(己未)

구분	시(時)	일(日)	월(月)	년(年)
천간	병(丙)	기(己)	갑(甲)	을(乙)
지지	인(寅)	미(未)	술(戌)	해(亥)
12운성	사	관대	양	태

위 명조는 일주가 관대인 사주로 미(未) 중 정을기(丁乙己) 편인 편관 비견이 있다.
자기애가 강하며 자기중심적이고 이기적인 면이 있어 타인의 원망을 받기도 하지만 현실적이고 재물에 대한 개념이 분명하여 가난한 사람이 별로 없다.

기미(己未)일주는 역마의 기운이 매우 강하고 언변이 뛰어나며 재물에 대한 집착이 강하여 육영활인업뿐만 아니라 사업 장사에도 재능이 있다. 욱하는 성향은 있지만 뒤끝은 없는 편이고 대인관계가 폭넓지는 못하지만 한번 인연을 맺은 사람들과는 친분관계가 오래가는 편이다. 여성은 부성이 고(庫)에 들어가 있어 남편과의 관계가 좋지 않다. 일찍 결혼하면 생리사별하는 경우가 많아 혼인은 되도록 늦게 하는 것이 좋다.

◎ 임술(壬戌)

구분	시(時)	일(日)	월(月)	년(年)
천간	경(庚)	임(壬)	병(丙)	갑(甲)
지지	술(戌)	술(戌)	술(戌)	술(戌)
12운성	관대	관대	관대	관대

위 명조는 지지가 모두 관대로 놓여져 있다. 술(戌) 중 신정무(辛丁戊)가 있어 정인 정재 편관으로 참모나 지도자 격으로 큰 조직이나 회사를 운영하는 데 적합한 구조이다. 직장인 사업가 모두 잘 어울린다. 특히 임술(壬戌)일주는 천간에 경금(庚金)과 병화(丙火)가 투간되어 있을 경우 큰 기업을 운영하는 등 부귀가 있다.

임술(壬戌)일주는 지혜와 추진력이 함께 있으며 은밀하고 비밀이 많으며 겉모습과 속모습이 다른 형태를 보인다. 큰 재물을 모을 수 있는 일주이지만 육친적으로는 불화가 많고 고독하기도 하다. 배짱이 있고 인기가 있으며 결단력과 지혜, 저돌성이 있어서 큰 사업에 강한 면모를 보인다.

◎ 계축(癸丑)

구분	시(時)	일(日)	월(月)	년(年)
천간	을(乙)	계(癸)	을(乙)	을(乙)
지지	묘(卯)	축(丑)	미(未)	미(未)
12운성	장생	관대	묘	묘

위 명조는 일지가 관대로 놓여져 있다. 축(丑) 중 계신기(癸辛己)가 있어 비견 편인 편관이 관대에 있다. 관인상생격으로 직장인 명이다. 백호의 기운이 있어 고집이 강하고 추진력이 있으나 사업을 할 경우 실패할 가능성이 높다.

계축(癸丑)일주는 백호의 기운이 있으며 음(陰)과 음(陰)의 결합으로 하늘과 땅 모두가 겨울의 기운으로만 구성되어 춥다는 느낌이다. 자신을 낮추고 겸손해 보이지만 내면에는 사물에 대한 집착과 재물에 대한 욕심이 강하다. 특히 여성은 관고이며 부성입묘가 될 경우 배우자와 인연이 매우 불리하며 남성의 경우는 원국무관이면서 재탐(財貪)하게 되면 범죄자가 될 수 있다.

계축백호(癸丑白虎)는 배우자뿐 아니라 스스로 극단적인 선택까지 할 수 있기 때문에 항상 긍정적인 생각을 하는 습관을 만드는 것이 중요하다. 목화(木火)가 필요한 일주이다.

(4) 건록(建祿)의 특성

"임관(臨官)은 물질이 왕성한 것이다. 가령 사람이 지략을 사용하여 탁립한 것이다. 건록(建祿)은 가장 뛰어나다. 록귀가 같은 궁인지 상세히 살펴야 한다. 만약 장원으로 급제하지 않으면 곧바로 황갑(黃甲)에 올라 마의를 벗는다"라고 《연해자평》에 기록되어 있다.

건록(建祿)을 임관(臨官)이라고 불렀으며 가장 강력한 기운을 의미하였다. 실제 건록은 주체성, 추진력, 자립, 독립, 저돌성을 지니고 있으며 탱크처럼 한번 시작하면 잘못이 있더라도 인정하지 않고 밀고 나가는 고집이 있다.

그래서 건록은 실수를 인정하고 잘못을 빨리 수정하는 태도가 매우 중요하다. 올바른 길을 선택했다면 최상의 결과를 기대할 수 있지만 반대의 경우라면 최악의 상황이 될 수도 있기 때문이다.

건록은 좋은 의미이지만 지나치게 강해지면 무례하고 버릇없는 사람이 되기 쉬우므로 항상 타인의 상황을 배려하는 습관을 지녀야 한다.

남자는 자기중심적이고 추진력이 매우 강력하여 대인관계가 원만치 못하고 여자는 고집과 이기적인 성향이 강해 부모 형제 남편 등과 불화하게 된다.

그러나 자신의 생각과 의지가 강하여 올바른 계획을 실행했을 때는 매우 긍정적으로 작용한다. 때문에 건록은 어떤 일을 추진하거나 시행하기 전에 반드시 그 계획에 대해 전문가와 상의하고 수정해야 한다.

▶ 성격적 특성 : 강한 의지 추진력 확장성 순수함 동정심 공감능력 의리 믿음
▶ 사회적 특성 : 독립성 활동성 적극성 대인관계 원만 무모함
▶ 개인적 특징 : 고집 몰입력 성장성 자만심 왕성함 선명성 직설

▶ 건록일주 : 甲寅 乙卯 庚申 辛酉
▶ 건록지주 : 丙巳 丁午 戊巳 己午 壬亥 癸子

※ 12신살에서 망신(亡身)살에 해당하며 파군살(破軍殺)이라고도 한다. 주색과 관련된 일로 사람들에게 수치를 당하거나 웃음거리가 되는 살(殺)이다. 머리가 총명하고 언변이 좋으며 권모수술에 능하다. 자만심과 자기과신은 실수와 실패로 연결되는 경우가 많다. 그런 면에서 관대와 비슷한 성향이 있다. 단지 건록은 관대에 비해 그 기운이 훨씬 강한 특징이 있다.

◎ 갑인(甲寅)

구분	시(時)	일(日)	월(月)	년(年)
천간	병(丙)	갑(甲)	경(庚)	갑(甲)
지지	인(寅)	인(寅)	자(子)	오(午)
12운성	건록	건록	목욕	사

위 명조는 일지가 건록(建祿)이며 인(寅) 중 무병갑(戊丙甲)이 편재 식신 비견으로 구성되어 식신생재격이다. 장사나 사업이 적합한 구조로 되어 있다. 잠시도 쉬지 않고 성실하게 일하는 모습이지만 고란살(孤鸞殺)이 있어 배우자복은 약한 편이다.

갑인(甲寅)일주는 성정이 맑고 긍정적이지만 자기 주관이 뚜렷하고 추진력이 강한 사주이다. 특히 여자 갑인일주는 활동성이 강해 잠시도 집에 있지 못하고 사회적 활동을 많이 하는데 이로 인해 가정에 소홀하기 쉬워 부부 갈등이 있기 쉽다. 순수한 양목의 기운은 이상적이고 추진력이 강해 무모한 결정을 하게 된다. 항상 유시무종(有始無終)이 되지 않게 조심해야 한다.

◎ 을묘(乙卯)

구분	시(時)	일(日)	월(月)	년(年)
천간	무(戊)	을(乙)	정(丁)	계(癸)
지지	인(寅)	묘(卯)	해(亥)	사(巳)
12운성	제왕	건록	사	목욕

위 명조는 일지가 건록(建祿)이며 묘(卯) 중 갑을(甲乙)이 겁재 비견으로 건록도화(建祿桃花)여서 자기 고집과 추진력이 강하고 변덕이 있으나 예술적 재능은 있다. 파재(破財)의 기운과 배우자복이 약한 것이 흠이다.

을묘(乙卯)일주는 외유내강(外柔內剛)의 기운으로 겉으로 보기에는 부드럽고 유약한 듯 보이지만 내면은 강하고 현실적이며 생존력이 있다. 또한 부드러운 카리스마가 있으며 여성적이고 섬세하면서도 자기주장과 고집이 엄청 강하다.
참을성과 유연성은 을묘(乙卯)일주의 최대 장점이다. 어떤 어려움이 있어도 참고 견디며 유연하게 대처하는 능력이 있다.

◎ 경신(庚申)

구분	시(時)	일(日)	월(月)	년(年)
천간	갑(甲)	경(庚)	병(丙)	갑(甲)
지지	신(申)	신(申)	술(戌)	술(戌)
12운성	건록	건록	쇠	쇠

위 명조는 일지 시지에 건록(建祿)이 있다. 신(申) 중 무임경(戊壬庚)이 있어 편인 식신 비견이 건록에 놓여 있다. 직업적으로는 군인 경찰 교도관 등 무관직 공무원이 가장 적합하며 여성의 경우 배우자복이 약하다. 위 명조는 천간에 재생관(財生官)이 되어 조직에서 성공할 수 있는 일주이다. 다만 자기주장과 자기 기운이 너무 강하기 때문에 항상 말과 행동을 하기 전에 심사숙고할 필요가 있다.

경신(庚申)일주는 간여지동에 건록을 둔 고집과 저돌성이 최강인 일주이다. 한번 결정하면 좌면우면하지 않고 진격하며 설령 잘못된 결정이어도 끝장을 보는 성향이 있다. 그래서 경신일주는 반드시 열(熱)로 작용하는 화(火)가 있어야 한다. 이를 득화이예(得火而銳)라고 한다.
남자는 군인 경찰 검찰 등 국가조직이 잘 맞고 여성은 선생 의사 등 육영활인업에 종사하는 것이 좋은데 만일 집에서 살림만 한다면 배우자와의 관계가 오히려 나빠질 수 있다.

◎ 신유(辛酉)

구분	시(時)	일(日)	월(月)	년(年)
천간	갑(甲)	신(辛)	임(壬)	경(庚)
지지	오(午)	유(酉)	술(戌)	술(戌)
12운성	병	건록	관대	관대

위 명조는 일지에 건록이 있다. 유(酉)중 경신(庚辛)이 있어 겁재 비견이 건록에 놓여 있다. 섬세하고 여성적이면서도 카리스마가 있고 추진력과 고집이 있다.

성격이 깔끔한 편이며 호불호(好不好)가 명확하여 한번 싫어지면 영원히 안 보는 극단적인 성향이 있기도 하다. 위 명조는 육영활인업으로 큰돈을 번 여자 사주이다. 배우자와도 관계가 좋은 편이다. 성격은 깐깐하고 예민하지만 아름다움을 지니고 있는 신유(辛酉)일주는 자기 선명성이 분명하여 타인과 섞이는 것을 싫어한다.

선민의식이 강하고 아는 척 잘난 척을 하기도 하는데 그것이 가장 잘 어울리는 일주이기도 하다. 대중적으로 사랑받고 관심받는 것을 좋아하며 그것이 외면되었을 때는 상처를 잘 받는다. 신금(辛金)은 병립(竝立)되는 것을 가장 꺼려 하며 자신을 극(剋)하는 정화(丁火)나 매금(埋金)시키는 기토(己土) 무토(戊土)를 모두 싫어한다. 같은 것을 반복하는 것을 매우 싫어하며 한번 마음을 정하면 잘 변하지 않는다.

(5) 제왕(帝旺)의 특성

"제왕(帝旺)은 군주의 녹(祿)을 받고 권형(權刑)을 다스리고 천하를 세우고 정신이 강하여 그러한 까닭에서 얻는 바가 있다. 제왕(帝旺)을 상봉하면 조상의 가업을 계승하여 조상을 빛나게 하고, 직위를 잃었다 하더라도 이름은 널리 빛난다"라고 《연해자평》에 기록되어 있다.

고서에서 제왕(帝旺)은 최고의 길성(吉星)으로 표현하고 있지만 실제 육친적 관점에서 보면 오히려 불리한 경우가 많이 있다. 특히 여성의 경우는 배우자 배타성이 있어 이혼 사별 등으로 이어지는 경우가 많으며 남자는 자기 과신으로 인해 실패하는 경우가 종종 발생하기도 한다.

제왕은 인생의 정점에서 사회적 성공을 맛본 중년의 시기이다. 이미 관대와 건록을 겪으면서 쌓인 경험과 재능을 바탕으로 노후를 대비하는 기운이다. 따라서 이 시기에는 확장하기보다는 정리하는 것에 집중해야 한다. 영원히 빛나는 태양은 없다.
태양이 지고 나면 어둠이 온다는 것을 명심해야 한다.
여성의 경우 제왕의 시기에 남편 대신 가장의 노릇을 시작하는 경우가 많음으로 주의해야 한다. 여성이 남편 대신 가주 노릇을 한다는 것은 남편의 역할이 무력해진다는 것을 의미하기 때문이다.

계절적으로 보면 확장 팽창하는 여름이 끝나가는 시기이며 이미 음(陰)의 기운으로 넘어가는 상태이다. 성격적으로는 여유가 있고 다정다감하며 남에 대한 배려심도 가지고 있고 직업적으로는 가장 왕성한 활동력과 전문성을 지니고 있다.

▶ **성격적 특성** : 안정감 노련함 전문성 성공 주체성 자신감 자만심 능력 여유 배려
▶ **사회적 특성** : 전문성 숙련성 여유와 권위 명예 권력지향 독립성 대인관계 좋음
▶ **개인적 특징** : 주체성 자신감 고집 몰입력 성장성 자만심 왕성함 선명성 직설

▶ 제왕일주 : 丙午 丁巳 戊午 己巳 壬子 癸亥
▶ 제왕지주 : 甲卯 乙寅 庚酉 辛申

※ 12신살에서 장성(將星)살에 해당되며 권세를 상징하는 살(殺)로 문무를 겸비한 용맹스러운 사람이다. 집념이 강하고 고난을 극복하는 힘과 지혜가 있다. 자존심 인내심이 있고 군인이나 경찰 등 무관이 잘 어울린다.

◎ 병오(丙午)

구분	시(時)	일(日)	월(月)	년(年)
천간	무(戊)	병(丙)	병(丙)	무(戊)
지지	자(子)	오(午)	오(午)	자(子)
12운성	태	제왕	제왕	태

위 명조는 일지와 월지가 제왕(帝旺)이며 오(午) 중 병기정(丙己丁)이 비견 상관 겁재로 구성되어 양인격(陽刃格)이다. 장사나 사업 등이 적합한 구조로 되어 있다. 자기 기운이 매우 강하여 남의 밑에서 일하기 어렵다. 한번 정하면 밀고 나가는 추진력이 강하며 예의를 중시한다. 그러나 임수(壬水) 경금(庚金)을 보지 못하면 가치를 만들어 내기 어렵다.

병오(丙午)일주는 본기(本氣)인 양인(陽刃)이 제왕에 있기 때문에 승부욕과 경쟁심이 대단히 강하다. 또 중기(中氣)가 상관제왕으로 임기응변과 화술이 뛰어나고 직설적이며 뒤끝이 없다.

대인관계는 좋은 편이나 말이 앞서는 경우가 많으며 욱하는 성질이 있어 자기 통제가 잘 안 된다. 전체 상황을 파악하는 능력이 뛰어나고 낙천적 긍정적인 것은 가장 큰 장점이다. 매사 정열이 지나쳐 후회하는 일이 잦다.

◎ 정사(丁巳)

구분	시(時)	일(日)	월(月)	년(年)
천간	경(庚)	정(丁)	정(丁)	계(癸)
지지	자(子)	사(巳)	해(亥)	사(巳)
12운성	절	제왕	태	제왕

위 명조는 일지가 제왕(帝旺)이며 사(巳) 중 무경병(戊庚丙)이 상관 정재 겁재로 구성되어 있다. 스스로 주체적이고 독립적으로 할 수 있는 장사나 사업 등이 적합한 구조로 되어 있다. 자기 기운이 매우 강하여 남의 밑에서 일하기 어렵다. 특히 정사일주는 경쟁심 승부욕뿐 아니라 질투도 강하고 시기심도 있어 스스로를 괴롭히는 경우가 많다. 또한 고란살(孤鸞殺)과 배우자 배타성을 지니고 있어 부부관계가 좋지 못하고 이혼하는 경우가 많고 말년이 고독한 경우가 많다.

정사(丁巳)일주 남자는 정서적으로 불안정하며 ADHD 폭력성향 감정 기복이 심한 편이다. 또한 스스로 감정조절이 잘 되지 않아 조울증세 공황장애 등 부작용이 있고 의심과 부정망상 등으로 의처 의부 증세를 나타내기도 한다.

소유욕이 강하며 시기 질투 경쟁심이 있어서 대인관계가 협소해지고 적을 많이 만들기도 한다. 정사(丁巳)일주는 성격이 조급하므로 항상 행동하기 전에 심사숙고하는 습관을 가져야 한다.

◎ 무오(戊午)

구분	시(時)	일(日)	월(月)	년(年)
천간	경(庚)	무(戊)	갑(甲)	임(壬)
지지	신(申)	오(午)	술(戌)	술(戌)
12운성	병	제왕	묘	묘

위 명조는 일지가 제왕(帝旺)이며 오(午) 중 병기정(丙己丁)이 편인 겁재 정인으로 구성되어 있다.

임수(壬水)와 경금(庚金)이 재생관(財生官) 식신생재(食神生財) 되어 부귀한 사주이다.

무오(戊午)일주는 인성이 제왕(帝旺)이며 양인(羊刃)의 기운도 함께 지니고 있기 때문에 배우기를 좋아하고 배움에 있어서도 승부욕이 강해 빨리 배우고 빨리 활용하는 능력이 있다.

겉모습은 우직하고 둔해 보이지만 속은 비상한 두뇌를 지니고 있다. 때로는 산처럼 우직하고 고집도 있지만 승부욕이 발동되면 제왕도화로 단숨에 일을 마무리 짓기도 한다. 잘 돌아다니며 음주가무에 능하고 자기표현과 노련함을 지니고 있다.

◎ 기사(己巳)

구분	시(時)	일(日)	월(月)	년(年)
천간	갑(甲)	기(己)	갑(甲)	임(壬)
지지	자(子)	사(巳)	술(戌)	술(戌)
12운성	절	제왕	양	양

위 명조는 일지가 제왕(帝旺)이며 사(巳) 중 무경병(戊庚丙)이 겁재 상관 정인으로 구성되어 있다.

기사(己巳)일주는 인성이 제왕이며 상관의 기운도 함께 지니고 있기 때문에 배우기를 좋아하고 배운 것을 표현하는 재능도 있어서 선생 상담 등 육영활인업에 매우 적합하다. 위 명조는 술(戌)월에 기사(己巳)일주라 더욱 정신적 철학적 성향이 강하다.

기사(己巳)일주는 화술에 능하여 말하기를 즐기고 재능이 뛰어나다.
자기주장이 강하여 표현하면서도 논리성을 갖추어 상대를 설득시키는 능력이 있다. 그러나 현실성과 고집이 강하여 대인관계에서는 소외되는 경우도 있다.
특히 상관이 투간(透干)되지 못하면 불평불만이 강해지고 남을 원망한다.
직업으로는 선생 상담사 의사 아나운서 등 언어와 관련된 직종이 좋다.

◎ 임자(壬子)

구분	시(時)	일(日)	월(月)	년(年)
천간	신(辛)	임(壬)	병(丙)	경(庚)
지지	축(丑)	자(子)	술(戌)	술(戌)
12운성	쇠	제왕	관대	관대

위 명조는 일지가 제왕이며 자(子) 중 임계(壬癸)로 구성되어 비견 겁재가 제왕에 앉아 있다. 속담에 '오늘 임자 만났네'란 말처럼 임자일주는 점잖은 겉모습과 달리 속을 알 수 없고 승부욕과 경쟁심이 강하고 머리가 영리하고 지혜롭고 현실적이기 때문에 손해 볼 일은 하지 않는다.

임자(壬子)일주는 물의 속성처럼 한곳에 머물러 있기를 싫어하고 변화를 선호한다. 도화(桃花)가 제왕(帝旺)으로 있기 때문에 간섭받거나 구속되는 것을 못 견딘다.

또 도화(桃花)의 기운으로 타고난 재능과 지혜가 뛰어나며 열정과 추진력까지 겸비하고 있다. 자기주장이나 주체성은 강하지만 지혜과 유연성이 있다. 또 정(情)에 약하고 한번 마음을 주면 오래간다. 임자일주는 조용하지만 화술은 매우 뛰어나며 설득력과 감화력이 있다.

◎ 계해(癸亥)

구분	시(時)	일(日)	월(月)	년(年)
천간	임(壬)	계(癸)	병(丙)	갑(甲)
지지	자(子)	해(亥)	술(戌)	술(戌)
12운성	건록	제왕	쇠	쇠

위 명조는 일지가 제왕이며 해(亥) 중 무갑임(戊甲壬)이 정관 상관 겁재가 제왕(帝旺)으로 구성되어 있다. 외유내강(外柔內剛)의 형태를 하고 있으며 고집 추진력 깊은 생각 등 내성적이면서도 치밀하고 섬세한 기운을 지니고 있다. 위 사주는 병화(丙火) 갑목(甲木)이 재생관(財生官)되어 조직 속에서 2인자로 최고의 권세를 누린 사주이다.

계해(癸亥)일주는 정관 상관 겁재가 제왕에 있어 완벽한 두 개의 모습을 지닐 수 있는 유일한 일주이다. 스파이를 떠올려도 될 만큼 이중성을 지니고 있다. 집에서는 자상한 남편이고 아버지이지만 밖에서는 냉혹한 공작원이 될 수 있다는 의미이다.
승부욕 치밀성 섬세함 위장 감정을 잘 감추고 표정관리에 재능이 있어 스포츠 도박 첩보 활동 등에 매우 유리하다.

(6) 쇠(衰)의 특성

"쇠(衰)는 물질이 무릇 늙은 것이다. 사람의 정혈이 약해지고 신체가 쇠약해진다. 쇠병사(衰病死)가 중봉(重逢)하면 성패(成敗)의 중에 길흉(吉凶)이 나타나는데 만약 길신(吉神)을 얻으면 구조되어 재앙(災殃)이 변하여 복(福)이 되어 형통하다.

쇠(衰)와 병(病)과 겸해서 사(死)는 세상 사람이 늙도록 처자가 없고 의식이 풍족하지 않고 재난과 병이 연이어지고 결국 자기 몸도 손상된다"라고 《연해자평》에 기록되어 있다.

쇠(衰)는 계절적으로 가을이 시작되는 시기로 만물이 결실을 거두고 여유와 안정을 찾아가는 모습을 하고 있다. 따라서 일지에 쇠를 만나면 인자하고 온화하며 이해심이 있다.

특히 여성의 경우 순종적으로 부드러우며 모성애가 강해 가족애가 지극하며 남자의 경우는 경제적 정신적 여유와 배려심이 있어 가족 친구 등 대인관계가 좋다. 직업적으로도 의사 선생 등 남에게 봉사하는 활인업이 잘 맞는다.

건록과 제왕의 시기를 거쳐 쇠의 시기로 왔다는 것은 인생의 절정기를 지나 경험과 연륜이 만들어진 중년의 시기이다. 사회적 지위와 명예 그리고 어느 정도 경제적 여유가 있는 나이이다. 따라서 인생에 있어 가장 평온한 시기라고도 할 수 있다.

▶ 성격적 특성 : 평화로움 배짱 지혜 순종 편안함 희생정신 부드러움 선함 인정
▶ 사회적 특성 : 수렴의 시기 부유함 자수성가 지도력 노련함 전문성 성공 능력
▶ 개인적 특징 : 안정감 저장기능 카리스마 여유 배려 온순함 개인 취미생활 중시

▶ 쇠(衰)일주 : 甲辰 乙丑 庚戌 辛未
▶ 쇠(衰)지주 : 丙未 丁辰 戊未 己辰 壬丑 癸戌

※ 12신살에서 반안(攀鞍)살에 해당하며 부모덕이 있고 일평생 귀인의 도움을 받는다. 성품이 온화하고 신의와 여유가 있어 대인관계가 좋다. 이사방향이나 길(吉)방향으로도 널리 사용되지만 맞지 않는 경우도 많기 때문에 신중히 선택적으로 사용해야 한다.

◎ 갑진(甲辰)

구분	시(時)	일(日)	월(月)	년(年)
천간	갑(甲)	갑(甲)	임(壬)	경(庚)
지지	술(戌)	진(辰)	자(子)	오(午)
12운성	양	쇠	목욕	사

위 명조는 일지가 쇠(衰)이며 진(辰) 중 을계무(乙癸戊)가 겁재 정인 편재로 구성되어 재극인(財剋印)되는 구조이다. 재극인은 재물을 그릇에 담는다는 의미를 포함하고 있다. 장사나 사업 등이 적합한 구조로 되어 있다. 자기 기운이 매우 강하여 남의 밑에서 일하기 어렵다. 청룡백호(靑龍白虎)의 기운을 지니고 있다.

쇠(衰)의 가장 큰 특징은 여유와 배짱이다. 제왕의 시기를 지난 장년의 모습을 한 쇠(衰)는 사회적 능력이 최성기에 있기 때문이다. 부자는 망해도 3년 간다는 말은 쇠의 특성을 잘 보여 주는 예이다.

갑진(甲辰)일주는 재고귀인(財庫貴人)으로 재물복이 있으며 깊이 뿌리박고 있는 목(木)의 형상으로 강인하고 고집이 강한 특성이 있다. 일명 청룡백호의 기운을 지녔으며 경쟁심과 승부욕이 있어 지고는 못 사는 성격이다.

그러나 아군이라고 인식되면 여유와 배려 있는 모습을 보여 주기도 한다. 그러나 육친적으로는 흉화(凶禍)가 있으니 특히 남성에게 아내가 고(庫)에 들어간 모습으로 천간에 재성(財星)이 투간(透干)되어 있을 시는 이혼 사별 등 안 좋은 상황이 발생되기도 한다.

◎ 을축(乙丑)

구분	시(時)	일(日)	월(月)	년(年)
천간	경(庚)	을(乙)	정(丁)	계(癸)
지지	진(辰)	축(丑)	축(丑)	사(巳)
12운성	관대	쇠	쇠	목욕

위 명조는 일지와 월지가 쇠(衰)이며 축(丑) 중 계신기(癸辛己) 편인 편관 편재로 구성되어 재생살격이다. 장사나 사업 직장인 등 다양한 직업을 가질 수 있는 구조이다. 흔히 인동초라고도 하며 참을성과 인내심이 강하다.

을축일주의 지장간은 사회에서 요구하는 성분들이 가득하다.
특히 편관 편재인 신(辛)과 기(己)는 조직사회에서는 매우 유용하게 쓰인다. 보기엔 매사 양보하는 사람처럼 보이나 스스로는 결단력 부족으로 기회를 자주 놓치고 있다고 생각하는 경우가 많다. 편관 편재는 사주 구성에 따라 재생살(財生殺)이나 재생관(財生官)이 되기도 하는데 이는 오행적 요소와 생극(生剋)의 요소에 따라 달라질 수 있다.

또한 자립심과 인내심이 강하지만 자기 고집이 있어 타인과 조율이 잘 안되거나 사소한 것에 얽매여 큰일을 손해 보는 경우가 있고 결단력 부족으로 기회를 놓치는 경우가 많다.

하지만 타인에게 신세 지기 싫어하고 작은 일이라도 은혜는 반드시 갚는 의리 있는 사람이라 신뢰할 수 있는 사람이다.

재고귀인이나 남녀 모두 배우자복은 약한 편이다.

◎ 경술(庚戌)

구분	시(時)	일(日)	월(月)	년(年)
천간	병(丙)	경(庚)	정(丁)	계(癸)
지지	자(子)	술(戌)	축(丑)	사(巳)
12운성	사	쇠	묘	장생

경술은 괴강(魁罡)의 기운이 있다. 특히 여성에게 더 의미가 있는 일주로 지혜롭고 명석하며 능력이 있으나 배우자와는 갈등구조가 잘 만들어진다.

위 명조는 일지가 쇠(衰)이며 술(戌) 중 신정무(辛丁戊)가 겁재 정관 편인으로 구성되어 있다. 남에게 베풀기를 좋아하며 배우기를 즐기나 보수적이고 고지식하여 대인관계에서 손해 보는 일이 많다. 직업적으로는 직장인이 잘 맞는다.

경술(庚戌)일주는 타인을 압도하는 지도자의 모습을 하고 있다.
정신적인 경향이 강하고 보수적이며 카리스마가 있다.
수화(水火)에 따라 삶의 방식이 달라지기도 하는데 수기(水氣)가 있을 경우에는 사회적 목적을 재물에 두고 화기(火氣)를 두었을 때는 사회적 목적을 명예에 둔다.

그러나 가장 필요한 오행은 목(木)이다. 목(木)은 경술일주에게 재성에 해당하며 수기(水氣)와 결합하든 화기(火氣)와 결합하든 사회적 목적 달성을 위해 반드시 필요하다.

여성에게 괴강(魁罡)이 있으면 남편과 불화가 많으나 사회적으로 성공하고 남성에게 괴강이 있으면 사회적으로 성공하나 자식덕이 부족하다.

◎ 신미(辛未)

구분	시(時)	일(日)	월(月)	년(年)
천간	무(戊)	신(辛)	병(丙)	갑(甲)
지지	자(子)	미(未)	술(戌)	술(戌)
12운성	장생	쇠	관대	관대

위 명조는 일지가 쇠(衰)이며 미(未) 중 정을기(丁乙己)가 편관 편재 편인으로 구성되어 있다. 예민하고 까다로운 성격이며 재극인(財剋印)하여

자칫 탐재괴인(貪財壞印)이 될 수 있으므로 유의해야 한다. 조직 생활보다는 자영업 자격증 선생 등 사업이나 장사가 적합한 구조이다.

신미(辛未)일주는 이기적이고 자기중심적이다. 성격이 조급하고 감정적이며 욱하는 모습이 있다. 한곳에 오래 머물지 못하고 가족 간에도 따로 움직이며 직업 변동수도 많다.
자존심이 강하고 타인과 섞이기를 싫어하며 구속받는 것을 참을 수 없어 한다. 신미일주는 지장간에 편재 편관이 있어 남녀 모두 바람을 잘 피우며 성적 욕구도 강한 편이다.

(7) 병(病)의 특성

병(病)은 "물질에겐 좋은 것이 있고 사람은 병(病)이 있다"라고 《연해자평》에 기록되어 있다. 병(病)은 모든 기운이 쇠해지는 시기로 가을의 끝자락에서 죽음을 대비하는 시기이다. 그래서 성품적으로는 부정적이고 공허함을 잘 느낀다.

죽음을 앞둔 시기라 욕심이 약해져 남에 대한 배려가 많고 자신의 이익만 추구하지 않는다. 또한 죽기 전에 많은 것을 보고 느끼고 싶은 소망이 있어 잘 돌아다니고 더 많은 추억을 만들려고 노력한다. 그래서 지난날의 자기반성이나 후회를 잘하고 과거에 대한 강한 미련과 집착을 보이기도 한다.

대인관계에서 사람과 사람 사이에 가교 역할을 잘하며 온화하고 원만한 성품으로 사람들 사이에서도 인기가 있는 편이다. 조직생활에서도 중요 직책을 맡을 만큼 신뢰감이 있다.

직업적으로는 교육 공무 의료 계통에서 두각을 나타내는 경우가 많다. 즉 사업이나 장사보다는 육영활인업종이나 직장인이 더 잘 어울린다. 이 시기는 창업이나 투자는 금물이다. 남자는 개인적 여가 활동성이 강해지는 시기로 취미 동호회 동창회 등에서 어울려 놀기를 좋아하고 여자도 남자와 비슷하지만 철학적 사색적 경향을 보이기도 한다. 성격은 선한 편이며 원만한 성격을 무기로 중간자 역할을 잘하는 편이다.

▶ 성격적 특성 : 겉과 속이 다름 부정적 과거회상 자기후회 감정기복
▶ 사회적 특성 : 역마 배려심 희생 봉사 사랑 연민 대인관계 원만 취미 활동
▶ 개인적 특징 : 인간관계원만 중간자역할 배려 여유 책임감 명랑 긍정적

▶ 병(病) 일주 : 丙申 丁卯 戊申 己卯 壬寅 癸酉
▶ 병(病) 지주 : 甲巳 乙子 庚亥 辛午

※ 12신살에서 역마(驛馬)에 해당하며 객지로 돌아다니며 직주가 불안정하다. 추진력과 역동성은 있으나 마무리가 잘 안 되는 단점이 있고 주체적이어서 자기 스스로 원하여 움직이는 기운이다.

◎ 병신(丙申)

구분	시(時)	일(日)	월(月)	년(年)
천간	기(己)	병(丙)	갑(甲)	병(丙)
지지	축(丑)	신(申)	자(子)	오(午)
12운성	양	병	태	제왕

위 명조는 일지가 병(病)이며 신(申) 중 무임경(戊壬庚)이 식신 편관 편재로 구성되어 재생살(財生殺)되는 구조이다. 장사 사업 직장인 등 모두 적합하며 긍정적인 듯 보이나 겉과 속이 다른 모습을 보이기도 한다.

병신(丙申)일주는 사회성과 대인관계가 좋다. 병화(丙火)가 신금(申金)을 극(剋)하는 형상(形象)으로 두뇌회전이 빠르고 눈치가 있으나 정서적으로 불안정성이 있어 한곳에 집중하기가 어렵고 지구력이 부족해 다 된 일도 수포로 만들기 쉽다.

겉모습은 남성적이고 스케일도 웅장해 보이지만 실제는 소심하고 겁이 많기도 하다. 외향적인 성격은 시원하고 밝으며 긍정적이라 사람들에게 인기가 있다. 그러나 마음속에는 고독감 우울함 신경질이 숨겨져 있다.

병신(丙申)일주는 화려하고 호화로운 것을 좋아하고 사교성이 좋다.
직업적으로는 공무원 영업직 관리직 등 대인관계가 원만해야 하는 업무에 잘 맞는다.

◎ 정묘(丁卯)

구분	시(時)	일(日)	월(月)	년(年)
천간	경(庚)	정(丁)	계(癸)	정(丁)
지지	자(子)	묘(卯)	묘(卯)	사(巳)
12운성	절	병	병	제왕

위 명조는 일지와 월지에 병(病)을 두고 있다. 묘(卯) 중 갑을(甲乙)이 정인 편인으로 인성도화(印星桃花)로 구성되어 있어 순수한 학문보다는 보여지는 학문과 인기에 영합되는 공부를 추구하는 경향이 있다. 어릴 때는 칭찬받기 위해 공부하는 모습을 보이기도 한다. 직업적으로는 강사 선생 영업직 등이 잘 어울린다.

정묘(丁卯)일주는 인성혼잡 사주로 생각 갈등 고민 등이 많아 결단력 행동력이 부족하고 변덕과 감정기복이 있다. 머리는 영특하고 배우는 데 재능이 있지만 한 우물을 오래 파지 못하고 이리저리 옮겨 다니다 실제 목적을 미완성으로 끝내는 경우가 대부분이다. 좋은 재능을 살리지 못하는 대표 일주이다.

묘(卯)는 인성도화(印星桃花)로 조금만 알아도 많이 안다고 착각하거나 과시 자만심이 있어 실패의 원인이 되기도 한다. 또한 인성이 병(病) 역마(驛馬)에 있어 한곳에서 오랫동안 배우지 못하는 경향이 있다. 그러나 장점으로는 영리하고 암기력 기억력이 뛰어나며 재치와 눈치가 있으며 강한 집념을 지니고 있다.

또 사회적 야심이 크고 곧은 성품을 지니고 있으나 불안정으로 인해 소탐대실하는 경우가 많이 발생한다. 여성은 이성문제를 조심해야 하며 처세는 밝으나 순종적이지 않은 경향이 있다.

◎ 무신(戊申)

구분	시(時)	일(日)	월(月)	년(年)
천간	계(癸)	무(戊)	갑(甲)	병(丙)
지지	축(丑)	신(申)	자(子)	오(午)
12운성	양	병	태	제왕

무(戊)는 높이와 깊이의 토(土)이다. 그래서 약재간곤(若在艮坤)이란 표현이 쓰이기도 한다. 즉 산과 드넓은 대지를 의미하며 사람에게 적용하면 정신적 철학적 성향이 강하고 보수적이다.

그래서 무신(戊申)일주는 웅장하면서도 척박하여 개척의 기운이 있는 황무지 같은 기운이 있다. 거친 기운이 있지만 추진력과 신의로 나타나며 중후함과 절제력을 지니고 있어 가볍게 행동하지 않는다. 그러나 자만심과 거만함이 있어 완성의 기운은 다소 떨어진다. 무신(戊申)일주는 다재다능하여 실력은 있지만 대인관계는 원만하지 못한 편이며 특히 가까운 가족들과는 불화가 있다.

배움에 있어서도 한곳에서 계속 배우지 못하고 이곳저곳을 방황하는 경우가 많으며 끝내 완성을 보기가 어렵다.
지지에 신(申)이 천고성(天孤星)과 고란살(孤鸞殺)에 해당하여 배우자운이 나쁘고 외롭게 혼자 사는 경우가 많고 말년에는 종교생활에 심취하는 경우가 있다.

고란살(孤鸞殺) 일주는 갑인(甲寅)일주 을사(乙巳)일주 정사(丁巳)일주 무신(戊申)일주 신해(辛亥)일주가 있으며 무신(戊申)일주의 경우 겉과 속이 달라 외부적으로는 전혀 고독한 기운을 느끼지 못한다.

◎ 기묘(己卯)

구분	시(時)	일(日)	월(月)	년(年)
천간	을(乙)	기(己)	갑(甲)	병(丙)
지지	축(丑)	묘(卯)	자(子)	오(午)
12운성	묘	병	절	건록

기묘일주의 겉모습은 들판의 토끼의 형상으로 평화롭고 여유 있어 보이지만 실제로는 예민하고 타인에 대한 경계심과 반항심이 강해 타인

과 융화가 어렵고 다소 대인관계가 배타적이다. 그러나 현실적이고 계산이 빠르고 총명하고 자상하여 맡은바 업무수행력이 뛰어나고 자존심과 의협심이 있어 대인배적인 모습을 보이기도 한다.

직업적으로는 의학 육영 교육 종교 철학 등 업상대체 되는 일과 잘 맞으며 호불호가 분명한 편이어서 적과 아군을 구분하는 경향이 있다. 적에게는 변덕과 무자비함이 있고 아군에게는 자상함과 따뜻한 인정을 보인다.

역마의 기운이 있어 돌아다니길 좋아하고 이성에 대한 관심이 크며 학문에 대한 열정도 지니고 있다. 일지에 편관을 깔고 있고 다소 무모함과 거친 기운이 있지만 책임감이 있고 명예욕이 있어서 맡은 바 책임을 다하는 모습을 보이기도 한다.
다만 변덕과 불안정성으로 인해 근거 없는 의심과 상상에 잘 빠지며 권모술수에 능해 때로는 자기 꾀에 자신이 빠지는 모습을 보이기도 한다.

※ 기묘 특성 : 변덕 불안정성 역마 반항심 고집 무모함 책임감 명예 권모술수 육영활인업 의심 상상 자상함 인정 열정 공치사

◎ 임인(壬寅)

구분	시(時)	일(日)	월(月)	년(年)
천간	경(庚)	임(壬)	을(乙)	계(癸)
지지	자(子)	인(寅)	사(巳)	해(亥)
12운성	제왕	병	절	건록

위 명조는 일지가 병(病)이며 인(寅) 중 무병갑(戊丙甲)이 편관 편재 식신으로 구성되어 있다. 식신생재격(食神生財格)으로 남에게 베풀기를 좋아하며 깊이 있게 연구하는 직업이 잘 맞는다. 다소 보수적이고 고지식하지만 인덕이 있고 근면 성실하여 부자가 되는 구조이다.

그러나 병(病) 역마(驛馬)의 기운으로 직장 직업 등 이동수가 잦고 작은 것에 연연하는 모습을 보이기도 한다. 주로 전문직에 종사하는 경우가 많다. 임인(壬寅)일주는 자존심이 매우 강하여 남에게 보여지는 자신의 모습을 중요하게 여기지만 속은 여리고 변덕이 있는 편이다.

문창 암록이 있어 학문에 대한 갈망이 있고 어려운 순간 귀인이 나타나 도와주는 복덕이 있다. 그러나 물상적으로 호랑이가 물에 빠진 격으로 능력 발휘가 잘 안 되며 학문을 도중에 그만두는 경우가 많다. 보수적이고 부드러워서 대인관계가 좋고 처세에 능한 편이나 실속은 별로 없다.

또 성격이 급하고 조바심이 있어 오래 기다리는 것을 하지 못하고 한번 선택한 것에 대한 번복을 잘하는 편이어서 기회포착이 느리다. 직업으로는 전문자격증을 가지고 하는 자영업이 어울린다.

◎ 계유(癸酉)

구분	시(時)	일(日)	월(月)	년(年)
천간	임(壬)	계(癸)	병(丙)	을(乙)
지지	자(子)	유(酉)	술(戌)	유(酉)
12운성	건록	병	쇠	병

위 명조는 일지가 병(病)이며 유(酉) 중 경신(庚辛)이 정인 편인으로 인성도화(印星桃花)로 구성되어 있다. 배움에 대한 욕구가 강하고 강력한 집념과 인내와 끈기가 있다. 다만 예민하고 까다로운 성격이며 칭찬을 좋아하고 타인의 주목을 받는 것을 좋아한다. 또한 한번 배움을 시작하면 완성될 때까지 지속적으로 노력하고 인내하는 모습을 보인다. 계유(癸酉)일주는 두뇌회전이 빠르고 변화에 잘 적응하며 자기 생각이 매우 강하나 잘 드러나지 않는다.

계유(癸酉)일주는 세밀하고 신중한 성격으로서 안정성과 완벽을 추구하는 경향이 있다. 그래서 실수가 적은 편이며 안 되면 될 때까지 반복하는 성실함도 지니고 있다. 또한 남을 잘 믿지 못하는 성향으로 인해 자신이 직접 확인하고 실행해야 직성이 풀리며 한번 아니라고 생각하면 끝까지 변하지 않는다.

계유일주는 고지식하고 정이 많은 편이지만 한번 사람을 신뢰하면 끝까지 신뢰하는 반면에 한번 싫은 사람은 끝까지 상대하지 않는 고집이 있다.

고집과 집념이 강하여 난관 어려움이 있어도 잘 극복하는 편이다. 다소 시기 질투심이 있으나 승부욕으로 나타날 때는 좋은 작용을 하기도 한다.

(8) 사(死)의 특성

사(死)는 신체적 활동이 정지되어 있는 상태로 깊은 사색적 특성을 나타내는 시기이다. 따라서 철학적 종교적인 성향이 강하게 나타나며 새로운 도전보다는 기존의 경험을 바탕으로 반성하고 회상하기도 한다. 또한 사(死)는 지난 과거에 대한 집착이 나타기도 하는데 새로운 사람을 만나기보다는 과거에 아쉽게 헤어졌던 사람을 그리워하고 찾는 형태를 보이기도 한다. 계절로는 겨울로 접어든 시기로 안정과 휴식을 의미하기도 한다. 인생에서 죽음은 끝이지만 12운성에서 사(死)는 순환과정의 일부분이다.

남자는 사(死)운이 들어오면 철학적 종교적 성향이 나타나고 여자는 사(死)운이 들어오면 남성과 비슷하며 지난 인연을 그리워하기도 한다.

그러나 사(死)의 기운이 죽음을 의미하는 것은 아니다. 다만 평소에 하지 않았던 생각이나 염려가 생기고 행동력이 제한되는 것뿐이다. 그래서 예술가 철학가에게는 더 좋은 작품을 만들 수 있는 기회를 제공하기도 한다.

직업적으로는 선생 상담가 예술가 등이 잘 어울리며 협동이나 단체 활동보다는 개인적이고 독립적인 환경에서 더 좋은 능력을 발휘하는 경향이 있다.

그렇다고 성격에 문제가 있는 것은 전혀 아니며 사람들과도 잘 어울리는 편이다.

▶ 성격적 특성 : 생각이 많아 행동이 제약되며 과거 지향적인 면이 강하다.
▶ 사회적 특성 : 독립적 개인적 사색적 소심함 무기력함 종교적 철학적
▶ 개인적 특징 : 감정기복 공허함 고독 우울증 조울증 비행동성 부정적 수동적

▶ 사(死)일주 : 甲午 乙亥 庚子 辛巳
▶ 사(死)지주 : 丙酉 丁寅 戊酉 己寅 壬卯 癸申

※ 12신살에서 육해(六害)살에 해당하며 조상덕이 없고 부모와 일찍 헤어져 살게 되니 초년이 외롭고 의지할 데가 없다. 병약하여 단명한다.

① 병고 ② 재산탕진 ③ 가난 ④ 형벌 ⑤ 생리사별 ⑥ 사망 등 6가지 해로운 살(殺)

◎ 갑오(甲午)

구분	시(時)	일(日)	월(月)	년(年)
천간	을(乙)	갑(甲)	병(丙)	을(乙)
지지	축(丑)	오(午)	술(戌)	유(酉)
12운성	관대	사	양	태

위 명조는 일지에 사(死)를 두고 있으며 오(午) 중 병기정(丙己丁) 식신 정재 상관의 기운을 가지고 있어 직설적이고 긍정적이며 밝고 명랑하다. 호불호(好不好)가 명확하여 한번 친구는 오래가고 한번 적으로 규정되면 끝까지 변하지 않는 모습을 보이기도 한다. 물상적으로는 야생마가 질주하는 형상으로 한번 시작하면 끝장을 보는 승부욕 추진력이 강하다.

갑오(甲午)일주는 목생화(木生火)가 된 목화통명(木火通明)의 형태로 총명하고 재능이 뛰어나며 발산하고 추진하는 기운이 강하다. 상관도화를 본기(本氣)로 가지고 있고 일이든 사람이든 자신의 감정을 숨김없이 드러내는 경향이 있으며 때로는 상대에게 지나친 느낌을 주기도 한다.

그러나 자신을 늘 가꾸고 적극성 자신감이 있어 어떤 상황에서도 불굴의 의지로 난관을 극복하는 힘을 지니고 있다. 단점으로는 조급한 성격과 너무 선명성이 강해서 적을 만들기 쉽고 금전적으로 손해 보는 일이 발생할 수 있다.

◎ 을해(乙亥)

구분	시(時)	일(日)	월(月)	년(年)
천간	정(丁)	을(乙)	경(庚)	무(戊)
지지	해(亥)	해(亥)	술(戌)	신(申)
12운성	사	사	묘	태

위 명조는 일지 시지에 사(死)를 깔고 있으며 무갑임(戊甲壬) 정재 겁재 정인이 있으며 배우고 사색하길 좋아하면서도 승부욕과 경쟁심이 강하고 저돌성까지 있어 어릴 때는 공부를 잘하고 지도력도 있다.

사람은 순하고 정(情)이 많으나 비밀이 많고 음흉한 기운도 지니고 있다. 겉으로는 활기가 넘치나 속으로는 근심이 있다.
외유내강(外柔內剛)의 기운으로 학문과 풍류를 즐겨 하고 돌아다니길 좋아한다.

다소 고독하고 외로워 보이나 여러 가지 모습을 다양하게 지니고 있어 그때그때 다른 형태를 보인다. 여성은 총명하고 다정다감하며 활동성이 강해 한곳에 오래 있지 못하며 남자는 사회활동을 다양하게 하며 형제간 우애가 있는 편이다. 다만 물 위에 떠 있는 나무의 형상으로 감정기복이 있고 불안정성을 지니고 있으며 잘못된 판단이나 중요한 결단에 좌면우면할 수 있는 것이 단점이다.

◎ 경자(庚子)

구분	시(時)	일(日)	월(月)	년(年)
천간	을(乙)	경(庚)	경(庚)	무(戊)
지지	유(酉)	자(子)	술(戌)	신(申)
12운성	제왕	사	쇠	건록

위 명조는 일지에 사(死)를 깔고 있으며 임계(壬癸) 식신 상관이 있다. 경자(庚子)일주의 도화상관(桃花傷官)은 의리가 있고 강자에게 강하고 약자에게 약한 면을 보이고 있다.

또한 도화상관은 예술적 학문적인 재능이 있으며 하극상의 기질이 있어 윗사람과는 자주 마찰을 일으킬 수 있다.

경자(庚子)일주는 다재다능하고 예리한 비판력을 지니고 있으며 감성계가 발달하여 모성애가 있고 정이 많은 특징이 있다. 또 베풀 줄 아는 아량이 있으며 자기 색깔이 선명하고 개성이 있다. 간혹 직설적인 말투로 인해 오해를 사기도 하지만 본심은 정갈하고 뒤끝이 없다.

그러나 쥐가 창고에 있지 않고 절벽 위에서 좌불안석하는 형상이니 유시무종하고 냉정하며 인색한 면이 가끔 드러나기도 한다. 또한 여성은 남편복이 약하고 자궁 신장이 문제가 있어 산액이 있을 수 있으며 화기가 없을 경우 냉증 순환기 계통에 문제가 발생하기도 한다.

◎ 신사(辛巳)

구분	시(時)	일(日)	월(月)	년(年)
천간	신(辛)	신(辛)	정(丁)	갑(甲)
지지	묘(卯)	사(巳)	축(丑)	인(寅)
12운성	절	사	양	태

위 명조는 일지에 사(死)를 깔고 있으며 무경병(戊庚丙) 정인 겁재 정관이 있다.

남녀 모두 성품과 행동이 반듯하고 명예와 신의를 중요하게 생각하며 약속과 규칙을 잘 지키는 경향이 있다. 물상적으로는 밝은 태양 아래 빛나는 보석이라 여성은 남자운과 직장운이 좋고 남성은 직장운과 자식운이 좋다. 그러나 양인(羊刃)의 기운이 있어 시기 질투심이 있으며 남에게 비난 지적받는 것을 매우 싫어한다.

여성의 경우 정관이 투간(透干)되어 있으면 존경받는 남편과 인연하며 공주 대접을 받고 살아간다. 임수(壬水)가 들어와도 병화(丙火)를 극(剋)하지 않고 오히려 가치를 만들어 주어 좋다.

신사(辛巳)일주는 예절이 밝고 인품이 넉넉하나 화기(火氣)가 강하여 신약(身弱)하면 몸이 아프고 스트레스를 많이 받아 단명할 수 있으며 습토(濕土)가 지지에 있는 것을 선호하지만 지나치게 토기(土氣)가 강하면 오히려 매금(埋金)되어 우유부단하고 바람이 날 가능성이 있다. 또한 여성의 경우 정관이 암명합(暗明合)되어 비밀이 많고 남편 몰래 부정할 수 있다.

이는 겉은 강하고 깐깐해 보이지만 금(金)이 화(火)에 녹아 물로 변하는 형상이니 정에 약하고 이성에게 끌려다니는 모습을 보이기도 한다.

(9) 묘(墓)의 특성

묘(墓)는 무덤과 창고의 의미를 동시에 지니고 있다. 묘(墓)는 저장하려는 성향이 강하여 재물에 대해 인색하다. 그러나 현실감과 알뜰함이 있어 타인에게는 인색해도 가족에게는 베풀고 풍족한 생활을 하는 경우가 많고 경제적으로 안정감이 있다. 다만 육친적으로는 흉화(凶禍)가 따른다.

타인에게는 배타적이면서 가족에게 그러지 않는 이유는 소유욕 때문이다. 묘(墓)는 소유적 개념이 강한 특징을 지니고 있다.
따라서 자기 소유라고 생각되면 사물이든 사람이든 잘해 주면서도 집착하는 경향을 보이기도 한다. 다만 그 정도가 지나치지 않는다면 긍정적인 면도 많다.

남성의 경우 일지에 묘(墓)가 있으면 아내와 인연이 적고 여성의 경우는 남성과 인연이 어렵다. 즉 가까운 육친적으로는 불행한 일이 생기기 쉬운데 이는 묘(墓)가 무덤의 기능을 갖추고 있기 때문이다.

무덤은 살아 있는 사람이 있어서는 안 될 장소이기 때문이다. 또한 성격적으로는 고집과 인내심이 있고 사회적으로는 끈기와 성실함으로 사람들 사이에 신용이 있다.

직업적으로는 장사 사업 금융업 부동산 등이 잘 맞으며 축술미삼형살(丑戌未三刑殺)의 경우 업상대체(業象代替)하면 대길(大吉)하다.
묘(墓)는 육친적으로 흉화가 많은 일주이다. 그래서 항상
활인적덕의 마음으로 베풀고 살아야 복이 많이 생긴다.

▶ 성격적 특성 : 인색함 외로움 깐깐함 부정적 의심 소유욕 재물에 대한 집착
▶ 사회적 특성 : 신용 정직 성실함 인내 계산 구두쇠 창고 재물복
▶ 개인적 특징 : 자신의 마음을 잘 감춤 감춰진 욕망 육친적 불행

▶ 묘(墓)일주 : 丙戌 丁丑 戊戌 己丑 壬辰 癸未
▶ 묘(墓)지주 : 甲未 乙戌 庚丑 辛辰

※ 12신살에서 화개살(華蓋殺)에 해당하며 유산을 탕진하고 타향에서 고생하는 운명으로 차남이어도 장남 역할을 하며 좋은 일을 해도 덕(德)이 없어 성과가 없다.
　화개살(華蓋殺)의 어원은 화려함을 덮다, 라는 의미가 있는데 이는

지난 사건사고에 대한 원인이 결과로 나오는 시점이라고도 할 수 있다. 따라서 인과관계에 의해 변화가 일어나는 기운이 있다.

◎ 병술(丙戌)

구분	시(時)	일(日)	월(月)	년(年)
천간	기(己)	병(丙)	갑(甲)	기(己)
지지	축(丑)	술(戌)	술(戌)	축(丑)
12운성	양	묘	묘	양

위 명조는 일지 월지에 묘(墓)를 깔고 있으며 신정무(辛丁戊) 정재 겁재 식신이 있으며 백호의 기운이 있어 고집이 세고 추진력이 강하며 의리가 있다. 특히 여성은 식신이 묘에 들어 있어 자식과 인연하기가 어렵고 입묘현상이 발생할 경우 자식이 아프거나 사망에 이르기도 한다.

남성은 승부욕 경쟁심리가 강해 남에게 지기 싫어하고 지나친 고집이나 주장으로 인해 실속 없이 적을 만들기도 한다. 기본적인 성향은 보수적이고 철학적이며 명분과 의리를 중요하게 생각한다.

병술(丙戌)일주는 병화(丙)와 술토(戌)가 화생토(火生土)관계로 유정(有情)하여 한 몸처럼 일사불란하게 움직이는 모습을 보인다. 한번 정하면 무섭게 돌진하는 성격으로 때로 잘못된 선택을 할 경우 돌이키기 어려운 상황이 발생하기도 한다. 또한 의리 예의 명분을 중요하게 여겨서 이에 반하는 말과 행동에는 매우 강하게 반발하는 모습을 보인다.

의(義)롭고 용감하며 의협심이 있으나 성격이 조급한 것은 단점이다. 또한 충동적인 면이 강해 일처리가 깔끔하지 못하고 거친 느낌이 나기도 한다. 활동성은 강한 편이며 지도자상이다.

◎ 정축(丁丑)

구분	시(時)	일(日)	월(月)	년(年)
천간	정(丁)	정(丁)	기(己)	기(己)
지지	미(未)	축(丑)	축(丑)	축(丑)
12운성	관대	묘	묘	묘

위 명조는 일지 년월지에 묘(墓)를 깔고 있으며 계신기(癸辛己) 편관 편재 식신이 있다.
정축(丁丑)일주는 겉모습은 부드러워 보이나 내면은 강력한 기운이 숨겨져 있는 일주로 계산과 눈치가 빠르고 한번 결정하면 밀고 나가는 추진력이 대단히 강하다.

인내와 끈기 집중력이 있어서 한 분야의 전문가가 되기 쉬운 사주이다. 다만 백호대살(白虎大殺)의 기운은 배우자 배타성과 육친관계의 흉화(凶禍)로 나타날 수 있다.

지장간에 편관 편재 식신이 모두 있어 남녀 모두 자식 배우자운이 좋지 못한 경우가 많다.

정축(丁丑)일주는 처세술이 좋고 지혜가 있으며 침착한 성격으로 대중에게 인기 있는 사주이다.

언변이 뛰어나고 말을 조리 있게 잘하며 설득력이 있고 처신을 잘하여 대인관계도 좋은 편이다. 그러나 급한 성질과 강한 고집이 있어 잘못이 있어도 인정하지 않고 오히려 적반하장하는 경우도 있다.

여성은 자식에 대한 사랑이 지극하나 남편과는 불화하는 경우가 많고 남성은 자식과 관계가 나쁘거나 사주원국에 관성이 없을 경우 범죄자 사주가 되기도 한다.

◎ 무술(戊戌)

구분	시(時)	일(日)	월(月)	년(年)
천간	임(壬)	무(戊)	정(丁)	임(壬)
지지	자(子)	술(戌)	축(丑)	인(寅)
12운성	태	묘	양	장생

위 명조는 일지에 묘(墓)를 깔고 있으며 신정무(辛丁戊) 상관 정인 비견이 있다.

무술(戊戌)일주는 업상대체(業象代替) 육영활인의 일주로 첩첩산중에 고독지명이다.

무술(戊戌)일주는 학문 철학 종교적인 성향이 강하고 재물복은 있는 편이나 재물을 탐하면 오히려 빈곤해지는 일주이다. 철저하게 자기수양을 하며 육영활인으로 업상을 해야만 길(吉)한 사주이다.

무술(戊戌)일주는 경진(庚辰) 경술(庚戌) 임진(壬辰)과 함께 4대 괴강살(魁罡殺)로 카리스마가 있고 리더십이 있으며 승부욕 추진력이 강해 사회적으로 성공할 가능성이 매우 높다.

산에 산이 겹친 형태로 첩첩산중이며 빛이 들지 않는 고독지명이다. 보수적이며 융통성이 부족하여 조직생활에 불리하며 사과를 잘 못 하고 남의 비위를 잘 맞춰 주는 기능도 부족하다.

그러나 속마음은 따뜻하고 정이 많다. 특히 육친은 흉화가 많은데 형제덕이 없고 부모복은 약한 편이다. 장사나 사업은 절대 하지 않는 것이 좋으며 만약 사업을 하게 되면 육영에 관련된 교육사업을 하는 것이 좋다.

◎ 기축(己丑)

구분	시(時)	일(日)	월(月)	년(年)
천간	병(丙)	기(己)	경(庚)	무(戊)
지지	인(寅)	축(丑)	자(子)	오(午)
12운성	사	묘	절	건록

위 명조는 일지에 묘(墓)를 깔고 있으며 계신기(癸辛己) 편재 식신 비견이 있다.

물상적으로는 밭을 가는 소의 형상으로 근면성실하며 수동적인 모습을 보인다.

기축(己丑)일주는 여성적이며 침착하고 느긋한 성격으로 겉보기엔 순하고 착해 보이지만 간여지동의 기운으로 욱하고 추진력과 고집이 있다. 신앙심이 깊고 가정적이며 소심한 구석이 있다. 그러나 재물복이 있고 근면성실성으로 남들에게 환영받고 여성은 현모양처의 기운이 있어 웃어른들에게 칭찬받는 일주이다. 다만 자식이 고(庫)에 있어 유산되거나 자식이 아플 수 있다.

기축(己丑)일주는 음기(陰氣)가 강해 조용하고 수동적으로 보이나 지구력 인내심이 강하고 은근한 고집과 주체성을 지니고 있다. 남녀 모두 사람 사귀기가 매우 어렵고 강력한 음기로 인해 성욕이 매우 강한 특징이 있다.

또한 의심이 많고 소심하여 의처 의부 증세가 있으며 부정적인 면이 강하다. 남녀 모두 자존심 고집이 강해 배우자 배타성을 지니고 있으며 자기중심적이고 이기적인 성향을 지니고 있다.

◎ 임진(壬辰)

구분	시(時)	일(日)	월(月)	년(年)
천간	병(丙)	임(壬)	무(戊)	병(丙)
지지	오(午)	진(辰)	술(戌)	오(午)
12운성	태	묘	관대	태

위 명조는 일지에 묘(墓)를 깔고 있으며 진(辰) 중 을계무(乙癸戊) 상관 겁재 편관이 있다.

괴강(魁罡)의 기운이 있으며 여성은 아름답고 총명하나 배우자복이 약하며 남성은 고집 추진력이 강하나 인생의 굴곡이 많은 편이다. 임진일주는 언변이 뛰어나고 승부욕 지도력이 있으며 활동성이 매우 강해 집에 있으면 병이 나는 일주이다. 즉 사회성이 강한 일주로 공직 조직 회사 경영 사업 참모 등 다양한 곳에서 두각을 나타내기도 한다.

물속의 용(龍)의 형상으로 여성의 경우 배우자와 빨리 생리사별하지만 사회적으로는 목적실현을 하는 강인한 일주이다. 늘 긍정적이고 밝고 명랑하다. 학문적으로는 크게 대성하기 어렵지만 교육사업을 할 경우에는 성공 가능성이 매우 높다.

모사에 능하고 지혜롭고 영리하며 상황판단이 빠르고 처세술이 뛰어나 대인관계의 폭도 넓고 이용도 잘하는 편이다.

◎ 계미(癸未)

구분	시(時)	일(日)	월(月)	년(年)
천간	임(壬)	계(癸)	계(癸)	신(辛)
지지	자(子)	미(未)	축(丑)	유(酉)
12운성	건록	묘	관대	병

위 명조는 일지에 묘(墓)를 깔고 있으며 미(未) 중 정을기(丁乙己) 편재 식신 편관이 있다.
재물복이 있는 일주로 여성은 남편과 인연이 약하지만 사회적으로 성공 가능성이 높은 사주이다. 여성의 경우 남편복 자식복이 약하여 다소 외롭고 고독하다.

미토(未土)는 미역성(未驛星)이라 하여 돌아다니기를 좋아하고 현실성이 있지만 반대의 경우도 있다. 성격은 급한 편이고 욱하는 성향도 있지만 반대로 침착하고 여성적이며 희생정신을 지니고 있는 일주이기도 하다.

즉 양면성이 있는 일주이다.

계미(癸未)일주는 신중하고 치밀하고 생존력이 강하다. 융통성이 있고 눈치가 빠르나 의심이 많고 소심하여 인간관계의 폭이 넓지는 못하다. 사람 사귀기가 어렵고 목(木)이 고(庫)에 있기 때문에 시작하기가 매우 어려운 일주이다. 그러나 근면 성실하고 재물복이 있어 재테크를 잘하고 감각이 발달하여 실수가 적고 직관이 잘 맞는 편이다.

(10) 절(絶)의 특성

절(絶)은 절처봉생(絶處奉生)의 기운을 지니고 있다. 절처봉생이란 완전히 단절된 상태에서 새로운 생명이나 기운이 시작된다는 의미로 인생의 경우 50대 이후 발복하는 경향을 보인다. 절(絶)은 모든 것과 단절된다는 의미이다. 12운성 중 힘이 가장 약한 시기이며 월지나 일지가 절(絶)에 해당하면 일의 중단이나 단절이 많이 발생한다.

사주에 절(絶)이 있으면 성격은 온순하지만 부정적인 생각을 많이 하는 경향이 나타난다.
특히 사업이나 장사를 해서는 안 되며 사기 투기 등을 조심해야 한다.
그러나 50대 이후에 발복하는 경우가 많으며 위기에 강한 모습을 보인다.

절(絶)이 연지에 있을 때에는 부모복이 없어 타향살이 등 유년 시절에 고생을 많이 하고 월지에 있을 때에는 사회적으로 성공하기 어렵고 직업이 자주 바뀌는 경향을 보인다.

일지에 절(絶)이 있을 때에는 배우자와 관계가 나쁘거나 자신의 몸이 병약할 수 있고 시지에 절(絶)이 있을 때에는 자식이 아프거나 자식으로 인하여 마음고생을 할 수 있다.
육친적으로는 배우자와 인연이 약하고 부모 자식과 생리사별 하는 경우가 많다.
직업적으로는 종교인 철학인 공직 직장인 선생 의사 예술가 등이 잘 어울린다.

▶ **성격적 특성** : 불안정 부정적 피해의식 예민함 까칠함 귀가 얇음
▶ **사회적 특성** : 직업의 불안정 대인관계가 치우침 자신감 결여 우유부단
▶ **개인적 특징** : 재생력 복원력 철학적 종교적 비행동성 의지박약 착함 우유부단 절처봉생(絶處奉生)

▶ **절(絶)일주** : 甲申 乙酉 庚寅 辛卯
▶ **절(絶)지주** : 丙亥 丁子 戊亥 己子 壬巳 癸午

※ 12신살에서 겁살(劫殺)에 해당하며 겁살은 대살이라고도 한다. 12운성에서 절지가 되는 것으로 재물을 겁탈당하고 속박당한다는 의미가 있다. 노력해도 성과가 없다.

◎ 갑신(甲申)

구분	시(時)	일(日)	월(月)	년(年)
천간	을(乙)	갑(甲)	계(癸)	신(辛)
지지	축(丑)	신(申)	축(丑)	유(酉)
12운성	관대	절	관대	태

위 명조는 일지가 절(絶)이며 신(申)중 무임경(戊壬庚)이 편재 편인 편관으로 구성되어 있다.

갑신(甲申)을 물상적으로 보면 기암절벽 위에 외롭지만 당당하고 기품 있게 홀로 서 있는 소나무의 형상이다.

그래서 외부적인 모습과 내면적인 모습은 전혀 다를 수 있다. 남들이 볼 때는 자신감이 넘치고 힘찬 기세가 느껴지지만 실제 모습은 외롭고 소극적인 기운을 지니고 있다.

절(絶)이라고 하는 것은 모든 것이 끊어져 단절되었다는 의미이다. 그래서 갑목(甲木)일간에게 일지 절이란 매우 절박한 상황을 만들어 낼 수 있는데 첫 번째는 배우자 문제, 두 번째는 직업, 세 번째는 건강 문제이다. 배우자 자리와 금극목(金剋木)의 형태가 되어 인연이 되더라도 오래가지 못하고 생리사별하는 경우가 많고 직업적으로도 불안정성이 강하여 직장 변동수가 잦다.

특히 위 사주처럼 화기(火氣)가 전혀 없을 때는 더욱 그런 현상이 강하게 나타나며 절대 사업이나 장사를 해서는 안 된다. 또한 건강적인 면에서도 뼈 관련 질환 간 소화기 계통 등 각종 수술수 및 교통사고 낙상 폭행 등 사건사고까지 조심해야 한다.

◎ 을유(乙酉)

구분	시(時)	일(日)	월(月)	년(年)
천간	무(戊)	을(乙)	계(癸)	신(辛)
지지	인(寅)	유(酉)	해(亥)	해(亥)
12운성	제왕	절	사	사

을유(乙酉)일주는 일지가 절(絶)이며 유(酉)중 경신(庚辛)이 정관 편관으로 구성되어 있다.
고서에서도 을목(乙木)의 본질과 역할을 강한 생존력으로 표현하고 있다. 강한 생명력이 자신을 죽이려는 살기(殺氣)를 만났을 때 그 생존력은 더 강해질 수밖에 없는 구조이다.
그래서 을유(乙酉)일주는 어떤 척박한 환경 속에서도 끝까지 살아남는 모습을 보여 준다.

그러나 그 과정은 어렵고 힘들고 때로는 목숨을 걸어야 할 때도 있다. 만일 사주에 식상(食傷)인 화기(火氣)가 있다면 그 과정을 순탄히 극복하고 원래 모습대로 복원하거나 더 성장하겠지만 위 사주처럼 식상이 전혀 없다면 제살을 할 수 없기 때문에 모든 위험과 고통을 온전히 받아야 한다.

따라서 을유(乙酉)일주가 가을 겨울에 태어났는데 화기(火氣)가 없다면 죽을 만큼 고통스러운 삶이 되거나 실제로 단명사주가 될 수 있다. 을유(乙酉)일주는 건강 배우자 직업 이 세 가지 문제점을 어떻게 해소하는지가 가장 중요하다고 할 수 있다.
겨울생인데 화기(火氣)가 없거나 부족하다면 직업을 업상대체가 되는 직종으로 선택해야 하고 건강관리에 신경 써야 한다. 또한 배우자에 대한 사랑과 존경을 가지고 양보와 배려로 부부관계를 유지하도록 노력해야 한다.

◎ 경인(庚寅)

구분	시(時)	일(日)	월(月)	년(年)
천간	을(乙)	경(庚)	신(辛)	신(辛)
지지	유(酉)	인(寅)	축(丑)	유(酉)
12운성	제왕	절	묘	제왕

위 명조는 일지가 절(絶)이며 인(寅)중 무병갑(戊丙甲)이 편인 편관 편재로 구성되어 있다.

경인(庚寅)일주는 재물에 대한 욕심이 많아 이리저리 분주히 움직이지만 실제 소득은 앞으로 남고 뒤로 손해 보는 경우가 많다. 이는 편관편재로 재생살(財生殺)이 되기 때문인데 투기성 투자나 남의 말에 속아 잘못된 판단을 하기 때문이다. 위 사주는 금기(金氣)가 강하여 군겁쟁재(群劫爭財)가 일어나는 구조이다.

한정된 재물을 더 많이 차지하기 위해 전쟁을 벌이지만 실제 소유할 수 있는 재물의 양은 적을 수밖에 없다는 의미이다. 특히 경금(庚金)은 저돌성과 추진력이 강하여 한번 잘못된 판단을 하게 되면 그 피해가 이루 말할 수 없다.
만일 위 사주처럼 경금이 화기(火氣)가 없어 득화이예(得火而銳)가 되지 못했다면 절대 사업이나 장사 투기 투자는 안 하는 것이 좋다.

경인(庚寅)일주는 편재가 절(絕)의 형태여서 재물을 탐하면 탐재괴인이 발생할 수 있어 재물을 소유할 때 특히 지나친 욕심을 제재하고 합법적이고 정당하게 구해야 탈이 없다.
배우자 관계에서도 남자는 지나치게 여성을 억압하려는 심리가 강하여 자칫 가정불화로 이어질 수 있으니 조심해야 한다.

◎ 신묘(辛卯)

구분	시(時)	일(日)	월(月)	년(年)
천간	갑(甲)	신(辛)	계(癸)	신(辛)
지지	오(午)	묘(卯)	사(巳)	유(酉)
12운성	병	절	사	건록

위 명조는 일지가 절(絶)이며 묘(卯) 중 갑을(甲乙)이 정재 편재로 구성되어 있다.

신묘(辛卯)를 물상적으로 보면 신금(辛金)은 수확의 시기이고 묘목(卯木)은 파종의 시기이다. 즉 파종하자마자 수확을 거두려는 성급함과 욕심이 보이는 일주이다.

또한 신금(辛金)은 차가운 서리의 기운이 있고 묘목(卯木)은 변덕과 파재(破財)의 기운이 있어 타인을 대할 때 냉정하고 이기적이며 의심과 불안으로 자신의 욕망과 재물을 오히려 파괴시키는 작용을 하기도 한다.

성격적으로는 예민하고 불안증이 있으며 자신에 대한 자신감은 약한 편이며 외모는 수려하고 날씬한 편이다. 특히 성품이 기질적으로 민감하여 운(運)에서 들어오는 합충에 영향을 많이 받는 편이다. 여성의 경우 배우자복은 있는 편이나 형제 친구와는 관계가 좋지 못한 경우가 많으며 남성의 경우는 아내에 대한 소유욕과 질투심이 강한 편이다.

사업이나 장사보다는 직장생활이 더 잘 맞으며 자영업을 하더라도 자격증을 가지고 허가된 업무를 하는 것이 유리하다. 사회적으로는 예술에 재능이 있으며 위 사주처럼 화기(火氣)가 강할 경우에는 조직 속에서 능력을 발휘하기 유리하다.

(11) 태(胎)의 특성

"태(胎)는 물질로 말하면 내가 미명한 것이고 사람에겐 모복(母福)이 있는 것으로 즉 기(氣)를 받은 것이다"라고 《연해자평》에 기록되어 있다. 태(胎)는 절(絶) 다음에 다시 생겨나는 기운으로 본능적이고 원초적인 기운을 지니고 있다. 남자는 모성애를 이끌어 내는 기운이 있고 여자는 본능적인 기운이 강하게 나타난다. 따라서 참을성이 부족하고 감정기복이 심한 단점이 있다.

그래서 흔히 태(胎)를 어린아이처럼 본능적이고 철이 없다고 하는 것이다. 아이는 기본적인 욕구에 약한 존재이다. 배고픈 것 잠이 오는 것 아프고 불편한 것에 대한 인내심 참을성이 약하다는 의미도 될 것이다.

그러면서도 순진하고 선한 모습으로 인해 많은 사람들로부터 모성을 이끌어 내기도 한다. 그리고 태(胎)는 처음 생겨난 기운으로 모든 대상에 대하여 호기심을 지니고 있으며 서투른 행동으로 실수가 많은 편이다. 즉 전문성이 떨어져 한 분야에서 대가가 되기 어려운 구조인데 이는 반복 학습과 경험으로 충분히 극복될 수 있다.

여성의 경우 감정기복과 사치 허영심이 있고 남성의 경우 허세와 자만심이 있다.
성격적 단점은 욱하는 순간적 폭발성을 지니고 있고 타인과 잘 다툴 수 있지만 시간이 지나면 금세 풀려 뒤끝은 없는 편이다. 하지만 남성은 자칫 관성이 약하거나 부재하면 폭행이나 형사사건 등 관재수로 연루될 수 있어 조심해야 한다.
장점은 남녀 모두 인정이 많고 성품이 온화하며 배우기를 좋아한다.
남성은 배우자복이 있는 편이고 여성은 재물복이 있는 편이다.

▶ 성격적 특성 : 본능성 폭발성 욕망충족 허영심 사치 자만심 허세
▶ 사회적 특성 : 의존성 이상주의 가능성 권력지향 자존심
▶ 개인적 특징 : 감정기복 예민 민감 의지박약 착함 우유부단 인정 순진 호기심

▶ 태(胎)일주 : 丙子 丁亥 戊子 己亥 壬午 癸巳
▶ 태(胎)지주 : 甲酉 乙申 庚卯 辛寅

※ 12신살에서 재살(災殺)과 수옥살(囚獄殺)이라고 하여 감옥에 갇히거나 싸움을 심하게 한다. 수해나 화재가 발생하며 낙상 관재 소송 등 각종 사건사고가 일어난다. 그러나 실제 운(運)에서 수옥살이 들어오면 관재 송사보다는 인간관계에서 문제가 발생되는 경우가 많다. 수

옥살은 본능적 욕구가 강해지는 시기이며 그 욕구가 해소되지 못할 때에는 짜증 성냄 현상으로 나타나기 때문에 인간관계에서 다툼이 발생되는 것이다.

◎ 병자(丙子)

구분	시(時)	일(日)	월(月)	년(年)
천간	무(戊)	병(丙)	갑(甲)	기(己)
지지	자(子)	자(子)	인(寅)	유(酉)
12운성	태	태	장생	사

위 명조는 일지가 태(胎)이며 자(子) 중 임계(壬癸)가 편관 정관으로 구성되어 있다. 병자(丙子)일주를 물상적으로 관찰하면 바다 위에 떠 있는 태양의 형상이다.
겉모습은 평화롭고 풍요로워 보인다. 그러나 잔잔했던 바다도 먹구름이 몰려오면 한순간 거센 풍랑이 생겨나기도 한다. 그래서 병자(丙子)일주는 많은 사람들 속에서는 잔잔한 바다처럼 인자하고 편안하지만 개인적으로 어떤 문제가 발생하면 매우 거칠고 사나워질 수 있다.

또한 병자(丙子)는 재성이 공망(空亡)이다. 그래서 재물을 탐하지만 쉽게 재물을 얻기가 힘들다. 사주 구조적으로 사업이 잘 안 되는 것은 일간이 통근되지 못해 비겁득재가 안 되는 것도 있고 관성을 일지에 두고 있기 때문에 성향 자체가 사업 장사보다는 직장생활이 더 잘 맞는 것이다. 때문에 일시적으로 운이 좋아서 재물이 들어오더라도 지키고 유지하기가 어렵다.

그런데 안타깝게도 병자(丙子)일주는 관성이 태(胎)로 들어왔기 때문에 직장보다는 사업이나 장사를 선호하는 경향이 있다. 특히 관성 태(胎)는 싫증을 잘 내고 인내심이 부족하여 한 직장에 오래 머물기 어려우며 반복 단순 업무도 잘 못 하는 경향이 있다. 성격은 허세 사치 과시욕 변덕 자존심 고집 등의 요소가 있으며 그릇이 작은 편이다. 그러나 남녀 모두 이성에게 인기가 있다.

◎ 정해(丁亥)

구분	시(時)	일(日)	월(月)	년(年)
천간	경(庚)	정(丁)	을(乙)	신(辛)
지지	자(子)	해(亥)	해(亥)	유(酉)
12운성	절	태	태	장생

위 명조는 일지가 태(胎)이며 해(亥)중 무갑임(戊甲壬)이 상관 정인 정관으로 구성되어 있다.
정화(丁火)는 유중(柔中)의 불이지만 내성소융(內性昭融)이라 하여 겉모습으로 판단하면 큰코다친다는 의미를 담고 있다. 즉 겉모습은 부드럽고 연약해 보이지만 내면은 강하고 질긴 에너지를 가지고 있다는 것이다.

그래서 강한 경금(庚金)도 녹일 수 있고 갑목(甲木)도 태워 버릴 수 있는 것이다. 정해(丁亥)일주는 일지에 관성을 태(胎)의 형태로 두고 있다. 따라서 여성은 남편에게 아기처럼 사랑받는다는 의미를 지니고 있는데 이를 확대해석하면 사회적으로 가치가 있고 존중받는다는 것도 포함된다. 관(官)은 남편이면서 사회 직장 주변 사람들도 해당되기 때문이다.

이를 정득성광(丁得星光)이라고도 하는데 풀이하자면 밤하늘에 빛나는 별빛이란 의미로 평생 부귀와 공명이 따르는 운명이라고도 한다.

특히 여성에 더 품격과 가치가 있는 정해(丁亥)일주는 평생 남편과 사회로부터 사랑받으며 살아간다는 매우 좋은 일주라고 기록되어 있다. 그러나 실제 사주 분석을 해 보면 반대의 경우도 나온다. 주변오행에 따라 변화될 수 있다는 것이다.

◎ 기해(己亥)

구분	시(時)	일(日)	월(月)	년(年)
천간	갑(甲)	기(己)	계(癸)	무(戊)
지지	자(子)	해(亥)	사(巳)	진(辰)
12운성	절	태	제왕	쇠

위 명조는 일지가 태(胎)이며 해(亥) 중 무갑임(戊甲壬)이 겁재 정관 정재로 구성되어 있다.

기해(己亥)일주를 물상적으로 보면 바다 위에 떠 있는 섬으로 고립되고 외로운 형상이지만 실제 성격은 이와 정반대인 경우가 많다.

기토(己土)는 현실성과 생산성을 지녔고 해수는 역동성과 확장성을 지니고 있다. 따라서 잠시도 가만히 있지 못하고 생산적인 일에 몰두하기를 좋아한다.

특히 정재가 태(胎)로 들어와 있어 소유욕과 재탐이 매우 강한 편이고 먹는 것에 대한 집착은 물론 여성은 남편에 대한 집착도 매우 강한 편이다. 그러나 알뜰하고 꼼꼼한 성격으로 현모양처의 기질도 다분히 지니고 있다.

그리고 지장간에 겁재가 있어 항상 경쟁관계가 성립하여 정신적으로 피곤함을 느낀다. 또한 정관인 갑목과 갑기합하여 남편한테 집착하는 경향이 있거나 몰래 남편 외의 남성에게 연정을 품을 수 있다. 일지에 정관이 있더라도 관이 투간되지 못했다면 관(官)이 제 기능을 못 하는 경우가 많다. 즉 자신의 욕망을 통제하지 못한다는 의미이다. 태(胎)는 본능성이 강하기 때문에 항상 스스로를 통제하는 습관을 들여야 한다.

◎ 무자(戊子)

구분	시(時)	일(日)	월(月)	년(年)
천간	임(壬)	무(戊)	병(丙)	계(癸)
지지	자(子)	자(子)	술(戌)	유(酉)
12운성	태	태	묘	사

위 명조는 일지가 태(胎)이며 자(子) 중 임계(壬癸)가 편재 정재로 구성되어 있다.

물상적으로 무자(戊子)를 보면 태산 아래 계곡물이 흐르니 산이 풍요롭고 사철이 모두 평화로운 형상이다. 무토(戊土)는 수기(水氣)를 만나면 모든 생명이 살아나는데 이를 수윤물생(水潤物生)이라고 한다.

즉 물을 만나면 생명을 키워 낼 수 있고 화기(火氣)를 만나면 병(病)이 든다는 것인데 무자(戊子)일주는 만물을 키워 내는 데 적합한 기운이 있다. 그러나 여기에는 봄여름이란 단서가 붙는다.

무자(戊子)일주는 재성을 태(胎)로 두고 있다. 재성이 태(胎)가 되면 재물에 대한 집착이 강해지는데 무토(戊土)의 기운 때문에 이중적인 모습을 보이기도 한다.

즉 겉으로는 명분과 권위를 내세우면서 뒤로는 재물을 탐하는 것이다.

남성의 경우는 겉으로는 매우 보수적이고 명예를 숭상하지만 여성에 대한 집착과 욕망이 은근히 강하다는 것이다.

위 사주도 재성이 천간으로 투간되어 욕망이 분출되는 사주이다. 성격은 보수적 권위적이면서도 유통성이 있고 재물에 대한 욕망이 강하다.

◎ 임오(壬午)

구분	시(時)	일(日)	월(月)	년(年)
천간	경(庚)	임(壬)	갑(甲)	기(己)
지지	자(子)	오(午)	인(寅)	축(丑)
12운성	제왕	태	병	쇠

위 명조는 일지가 태(胎)이며 오(午) 중 병기정(丙己丁)이 편재 정관 정재로 구성되어 있다. 물상적으로 보면 임오(壬午) 일주는 거대한 바다 위에 뜬 달을 연상시킨다. 오화(午火)의 지장간 속 병기정(丙己丁)이 태(胎)의 형태로 있다. 이미 지장간에서 재생관이 되어 재물을 모으고 지킬 줄 알며 직장 사업 장사 모두 잘할 수 있는 구성을 지니고 있다.

사주 구조에 따라 탕화살이 있을 수 있으나 위 사주처럼 목기가 충분할 경우 상당히 완화되며 수화기제(水火旣濟)로 나타날 수 있다. 수화기제(水火旣濟)란 주역 63번째 괘로 불과 물이 균형이 이루어 아름다움으로 나타난다는 의미이다.

그래서 임오(壬午) 일주가 수화기제(水火旣濟)가 되면 부부관계가 유정하고 백년해로한다고 되어 있다.

천간의 임수는 윤하의 기운으로 아래로 흘러 적시고 지지의 오화는 염상의 기운으로 위로 오르니 중간에서 견우와 직녀처럼 만난다고 하여 남녀 부부금슬이 좋다고 한 것이다.

그러나 실제 사주 간명을 해 보면 반대의 경우도 종종 나온다.

임오(壬午)일주는 일간과 일지지장간이 정임합으로 암명합 되어 있어 남녀 모두 배우자에게 집착하는 경향이 있고 몰래 자기만의 비밀을 간직하고 있는 경우가 많다.

◎ 계사(癸巳)

구분	시(時)	일(日)	월(月)	년(年)
천간	임(壬)	계(癸)	계(癸)	신(辛)
지지	자(子)	사(巳)	묘(卯)	유(酉)
12운성	건록	태	장생	병

위 명조는 일지가 태(胎)이며 사(巳) 중 무경병(戊庚丙)이 정관 정인 정재로 구성되어 있다.

물상적으로 계사(癸巳)를 살펴보면 거센 용광로에 담금질하는 형상이다. 계수(癸水)는 지약한 기운이고 사화는 맹렬한 기운으로 상호 부자연스러운 느낌이다. 태양이 빛나는데 비가 내리거나 먹구름이 만들어지는 모습이라고도 할 수 있다.

그래서 계사일주는 의존성과 희생정신이 있으면서도 자신만의 주체적인 확장성을 유지하고 싶어 하기도 한다. 비유하자면 직장생활이 힘들어 결혼을 선택하고 직장을 그만두었지만 퇴사한 그 순간부터 불안해지고 새로운 직업을 향한 도전이 시작되는 것이다. 즉 의존적이면서도 주체적인 역동성이 있는 것인데 나서는 것을 싫어하면서도 나서지 않으면 불안해지는 이중적 심리구조인 것이다.

지장간에는 정관 정인 정재가 태(胎)로 있어 자신의 위치에서 성실하게 모범적인 모습을 보이며 특히 외향적으로 점잖으면서도 세련되거나 품격이 있다. 그러나 풍류와 유흥도 좋아하여 일할 때 모습과 놀 때의 모습은 전혀 다른 사람처럼 느껴지는 경우도 있다. 위 사주는 사화(巳火)의 역동성이 제대로 활성화되지 못해 의존적인 성향이 강하게 나타나는 구조이다.

(12) 양(養)의 특성

"양(養)은 만물이 생장하는 것이고 사람에는 부인의 배에서 비로소 태어나 사람이 된 것이다"라고 《연해자평》에 기록되어 있다. 즉 모태에서 자라고 있는 상태를 의미하며 성격적으로 활달하고 명랑하다.

모든 양(養)은 진술축미(辰戌丑未) 토기(土氣)로 이루어져 있으며 태(胎)와 달리 어느 정도 형태가 만들어져 있고 안정적이며 성장속도가 빠르다는 특징이 있다. 그래서 양(養)은 키우고 성장시키는 것에 재능이 있으며 직업적으로는 교육업 보육업 화훼업 애완동물업 등과 관련된 업종에서 두각을 나타내는 경우가 많다.

양(養)은 앞으로 태어나 맞이할 미래에 대한 기대감과 부모와 분리되는 두려움이 함께 공존하여 양면성을 지니고 있다. 성격은 자신감이 있고 여유가 있으며 온화한 편이며 감성계가 발생하여 정이 많은 편이다.

어려운 일이 발생되면 의존성이 생기기도 하는데 이는 본성적으로 모태를 인지하기 때문이다. 물질적으로는 상속성이 있어 부모덕이 있고 풍요로운 편이나 배우자관계는 다소 불리할 수 있다.

또한 양(養)은 성장성 안전성을 추구하면서도 다소 게으르고 의존성이 강한 특징이 있다.
변화와 모험을 싫어하며 기존의 가치를 유지하는 것에 만족하는 경향이 있다.
따라서 사회적 성향은 보수적이고 전통과 명예를 중시하는 편이다.

실제 일지에 양(養)을 두고 있는 사람들은 모든 생명에 관련된 것을 소중히 여기는 경향이 있어 종교적으로도 자비를 추구하고 살생을 금지하는 불교를 신앙으로 갖는 경우가 많다.

또한 연지와 월지에 양(養)이 있을 경우 부모덕과 상속성이 나타나 유년 시절 비교적 유복하게 자라는 경우가 많다.

▶ **성격적 특성** : 인정 온화함 편안함 게으름 생각이 많음 양육 성장
▶ **사회적 특성** : 의존성 정신 철학적 기운 상속성 재물복 부모 조상복 육영활인
▶ **개인적 특징** : 키우고 양육하는 일에 재능이 있음

▶ 양(養)일주 : 甲戌 乙未 庚辰 辛丑
▶ 양(養)지주 : 丙丑 丁戌 戊丑 己戌 壬未 癸辰

※ 12신살에서 천살(天殺)에 해당하며 선천적인 질병이나 자연재해 등이 생기는 살(殺) 특히 정신이상 고혈압 암 언어장애 등이 발생된다.
그러나 좋은 의미로도 쓰이는데 천살을 잘 타고 태어나면 크고 웅대하며 하늘을 넘나드는 정신세계를 가지게 되며 지도자 선생 등 철학 종교적 영역에서 위대한 인물이 되기도 한다. 따라서 살(殺)을 무턱대고 무서워할 이유는 전혀 없다.

◎ 갑술(甲戌)

구분	시(時)	일(日)	월(月)	년(年)
천간	병(丙)	갑(甲)	경(庚)	갑(甲)
지지	인(寅)	술(戌)	인(寅)	자(子)
12운성	건록	양	건록	목욕

위 명조는 일지가 양(養)이며 술(戌) 중 신정무(辛丁戊)가 정관 상관 편재로 구성되어 있다.

갑술(甲戌)일주를 물상적으로 보면 황무지에 외롭게 서 있는 소나무처럼 고유성과 상징성을 지니고 있으며 생산성보다는 정신 철학적 성향이 더 강하다.

그래서 성품과 행동이 위엄과 품위 명예를 존중하고 강인한 생명력까지 겸비하고 있으며 타인에 대한 배타성은 단점으로 작용하나 독립심과 책임감이 강하고, 아무리 어려운 환경이나 사건사고에서도 이를 극복하고 복원하는 능력을 지니고 있다. 이는 정신력이 강한 것이 원인이다. 그러나 간섭과 통제를 싫어하고 보수적이면서도 스스로에게는 자유분방함을 지니고 있어 이중적이라는 오해를 받기도 한다.

사회적으로는 경쟁심리가 강하고 승부욕이 있어 주변의 영향을 많이 받는 편이고 독단성과 선민성으로 인해 대인관계가 훼손될 위험성이 크다.

학문 학업에 대한 열정이 강한 편이지만 지구력은 다소 부족해 쉽게 지칠 수 있는 것이 단점이다. 따라서 인내심과 끈기가 뒤따라 준다면 어떤 분야에서든 큰 성과를 낼 수 있다.

직업적으로는 전문성을 지닌 교육 철학 종교 관련된 업종이 잘 맞으며 재물에 대한 숨겨진 욕망이 큰 편이나 절대 돈을 좇아서는 부자가 될 수 없는 구조이다. 지장간 구조도 상관견관과 상관생재가 되어 있어 일확천금 등 투기성이 있으나 실현되기 어렵다는 것을 명심해야 한다. 언변이 뛰어나고 호기심이 있어 교육 관련 분야에 종사하면 크게 성공할 수 있다.

◎ 을미(乙未)

구분	시(時)	일(日)	월(月)	년(年)
천간	정(丁)	을(乙)	을(乙)	계(癸)
지지	축(丑)	미(未)	사(巳)	유(酉)
12운성	쇠	양	목욕	절

위 명조는 일지가 양(養)이며 미(未) 중 정을기(丁乙己)가 식신 비견 편재로 구성되어 있다.

을미(乙未)일주를 물상적으로 보면 사막 위에 핀 꽃이라고 할 수 있다. 고서에 의하면 을목(乙木)을 규양해우(刲羊解牛)라고 규정하였다. 규양해

우란 양을 찌르고 소를 해부한다는 뜻인데 이를 풀이하자면 을목(乙木)은 뜨겁고 조열한 미토(未土)에 뿌리를 내릴 수 있고 차고 단단한 축토(丑土)에서도 살아남을 수 있다는 의미이다.

을목(乙木)의 본질은 성장이 목적인 갑목(甲木)과 달리 생존이 우선이라는 것을 알 수 있다. 즉 을미(乙未)는 척박하고 어려운 환경 속에서도 끝까지 살아남을 수 있는 최강의 생존력을 가진 일주이다.

생존조건 중 가장 절실한 것이 수기(水氣)라는 게 너무도 명확하다. 특히 계절이 사오미(巳午未)월이라면 반드시 수기(水氣)가 있어야 생존이 가능하다. 위 사주 구성을 보면 여름에 태어났지만 다행히 연간의 계수(癸水)에 의해 금생수(金生水)가 되고 있다. 임수(壬水)라면 더 좋았겠지만 사막에서 우물을 만난 듯이 반가운 기운이라 할 수 있다.

을미(乙未)가 수기(水氣)를 만나면 성장을 시작하고 갑목운(甲木運) 때 발복하는 경향이 있다. 다만 수기(水氣)가 전혀 없을 때 화기(火氣)가 중첩되면 자살 병고 파산 이혼 등 각종 불길한 사건사고들이 발생될 수 있다.

◎ 경진(庚辰)

구분	시(時)	일(日)	월(月)	년(年)
천간	을(乙)	경(庚)	병(丙)	정(丁)
지지	유(酉)	진(辰)	오(午)	사(巳)
12운성	제왕	양	목욕	장생

위 명조는 일지가 양(養)이며 진(辰) 중 을계무(乙癸戊)가 정재 상관 편인으로 구성되어 있다.

경진(庚辰)일주를 물상적으로 보면 잠자는 백룡이 승천하는 형상이다.

용(龍)은 예로부터 신성시되는 신물(神物)로 자존심이 강하고 자기 고집과 강인한 추진력이 있다. 또한 경진(庚辰)은 괴강일주라고도 하며 특히 여성이 괴강일주면 아름답고 지혜로우며 지도력이 있어 사회적으로 큰 성공을 거둘 수 있지만 배우자와는 생리사별을 할 수 있다고도 한다.

남성일주가 괴강이면 지도력과 추진력이 있지만 고집과 자기주장이 강하여 주변 사람들과 다툼이 많은 단점도 있다.

기본 성품은 신의와 포부가 크고 계획한 대로 실천을 잘하는 편이어서 통솔력과 성실성을 함께 지니고 있다.

직업적으로는 선생 교수 학원업 의료업 종교 활인업 등이 잘 맞으며 재물복과 인덕까지 갖춘 대표 미남 미녀 사주이다.

위 사주는 오월(午月)의 경진일주로 천간에 임수(壬水)가 없어 득수이청(得水而淸)이 되지 못한 것이 아쉬움으로 남는 사주이다. 천간으로 임수(壬水)가 들어올 때 발복하는 명조이다.

◎ 신축(辛丑)

구분	시(時)	일(日)	월(月)	년(年)
천간	을(乙)	신(辛)	갑(甲)	무(戊)
지지	미(未)	축(丑)	오(午)	인(寅)
12운성	쇠	양	병	태

위 명조는 일지가 양(養)이며 축(丑) 중 계신기(癸辛己)가 식신 비견 편인으로 구성되어 있다.

신축(辛丑)일주를 물상적으로 보면 흰 소가 밭을 가는 형상이다.
신축의 기본 성품은 신용과 의리가 있고 호불호가 명확하여 한번 좋은 사람에게는 끝까지 충성하는 경향이 있지만 한번 원수진 사람은 죽을 때까지 가슴에 담아 두고 미워하는 극단적인 면이 있다.

첫인상은 아름다우나 냉정해 보이고 피부가 맑고 흰색이어서 여성은 미인이 많지만 성격은 예민하고 감정기복이 심한 편이다. 신축(辛丑)일주는 목기(木氣)와 화기(火氣)를 만나면 근면 성실하고 부지런해지지만 수기(水氣)와 토기(土氣)가 강하면 책임감은 있으나 게을러지고 자신의 재능을 드러내지 못하는 아쉬움이 있다.

그래서 신축일주는 반드시 옆에서 도와주는 사람이 있어야 사회적으로 목적실현을 할 수 있다. 비견이 고(庫)에 스스로 앉아 있는 형상으로 외부적인 힘에 의해 밖으로 드러날 수 있게 주변에서 도와주는 것이 필요하다. 특히 겨울 가을 생은 더욱 그러한 경향이 강하게 나타난다.

위 사주는 오월(午月)의 신축(辛丑)이 갑목(甲木)을 만나 매금(埋金)되지 않고 사회적으로 성공하기 쉬운 구조이다. 다만 지지(地支)가 축미충(丑未沖)과 축오(丑午) 원진귀문으로 깨져 있어 배우자복이 약하고 정신적 신체적으로 병약할 수 있다. 또한 신축(辛丑)은 곡각살(曲脚殺)이 있어 수술수가 있고 잔병이 많은 단점이 있다.

☞ 12운성은 주로 성격 직업에 적용하면 잘 맞는 편이다. 신살에 비해 그 해석방식이 과장되지 않고 극단적인 것도 없어서 사주감정 시 약방의 감초처럼 사용하는 것은 나쁘지 않다.
그러나 사주해석을 오직 12운성만으로 하면 전혀 맞지 않는다.

◎ 12운성 표

간지	甲	乙	丙	丁	戊	己	庚	辛	壬	癸
長生 장생	亥	午	寅	酉	寅	酉	巳	子	申	卯
沐浴 목욕	子	巳	卯	申	卯	申	午	亥	酉	寅
冠帶 관대	丑	辰	辰	未	辰	未	未	戌	戌	丑
建祿 건록	寅	卯	巳	午	巳	午	申	酉	亥	子
帝旺 제왕	卯	寅	午	巳	午	巳	酉	申	子	亥
衰쇠	辰	丑	未	辰	未	辰	戌	未	丑	戌
病병	巳	子	申	卯	申	卯	亥	午	寅	酉
死사	午	亥	酉	寅	酉	寅	子	巳	卯	申
墓묘	未	戌	戌	丑	戌	丑	丑	辰	辰	未
絶절	申	酉	亥	子	亥	子	寅	卯	巳	午
胎태	酉	申	子	亥	子	亥	卯	寅	午	巳
養양	戌	未	丑	戌	丑	戌	辰	丑	未	辰

◎ 12신살과 12운성 비교표

12신살 (12神殺)	12운성 (12運星)	인오술 (寅午戌)	사유축 (巳酉丑)	신자진 (申子辰)	해묘미 (亥卯未)
겁살 (劫殺)	절(絕)	해(亥)	인(寅)	사(巳)	신(申)
재살 (災殺)	태(胎)	자(子)	묘(卯)	오(午)	유(酉)
천살 (天殺)	양(養)	축(丑)	진(辰)	미(未)	술(戌)
지살 (地殺)	장생 (長生)	인(寅)	사(巳)	신(申)	해(亥)
연살 (年殺)	목욕 (沐浴)	묘(卯)	오(午)	유(酉)	자(子)
월살 (月殺)	관대 (冠帶)	진(辰)	미(未)	술(戌)	축(丑)
망신 (亡身)	건록 (建祿)	사(巳)	신(申)	해(亥)	인(寅)
장성 (將星)	제왕 (帝旺)	오(午)	유(酉)	자(子)	묘(卯)
반안 (攀鞍)	쇠(衰)	미(未)	술(戌)	축(丑)	진(辰)
역마 (驛馬)	병(病)	신(申)	해(亥)	인(寅)	사(巳)
육해 (六害)	사(死)	유(酉)	자(子)	묘(卯)	오(午)
화개 (華蓋)	묘(墓)	술(戌)	축(丑)	진(辰)	미(未)

◎ 12신살의 작용과 명칭

신살(神殺)	작 용
겁살 (劫殺)	**포태법 절(絶)** 겁살(劫殺)을 대살(大殺)이라고도 하며 12운성에서 절지(絶支)가 되는 것을 의미한다. 따라서 겁살은 재물을 겁탈당하거나 속박당한다는 의미가 있다. 즉 재살(災殺) 세살(歲殺)과 함께 삼살(三殺)을 이루는데 살(殺) 중에서 가장 으뜸으로 작용하는 흉살(凶殺)이다. 자신이 어렵게 만든 소중한 가치(재물 명예 권력)들이 자신의 의사와 관계없이 약탈당하는 사건사고 등이 자주 발생된다. 또한 노력에 비해 결과가 미미하고, 관재구설에 말려들 수도 있다. 노력해도 성과가 없으나 절처봉생의 기운이 있다.
재살 (災殺)	**포태법 태(胎)** 재살(災殺)을 수옥살(囚獄殺)이라고도 하며 감옥에 갇히거나 싸움을 심하게 한다. 수해나 화재가 발생하며 낙상 관재 소송 등 각종 사건사고가 일어난다. 사기수에 약하며 본능적이고 자기중심적이지만 이성에게 인기가 있다. 모성애를 자극하여 대중적으로 인기가 있으며 항상 결정적인 순간에 도와주는 사람이 나타나는 경향을 보인다. 재살(災殺)이 무서운 것은 자신과 가족들에게 예측할 수 없는 사건사고가 혈광지사(血洸之死)로 일어날 수 있기 때문이다. 백호대살(白虎大殺)과도 비슷하지만 지나친 걱정은 불필요하다.

	포태법 양(養)
천살 (天殺)	천살(天殺)은 자연재해나 선천적 질병 트라우마 불안정성 등이 생기는 살(殺)이다. 특히 발달장애 정신이상 고혈압 암 언어장애 등이 자주 발생되는데 어머니와 자식 배우자와 인연이 불행하다. 흔히 천륜지간이라고도 하는데 전생에 잘못된 매듭을 현생에서 다시 풀 기회를 준 것이라고도 한다. 그래서 부모 자식 간에 의견충돌이 나고 자주 다툰다 하여도 끝까지 매듭을 풀 수 있게 노력해야 다음 생(生)에서 서로 행복해진다고 한다. 12신살에서 천살은 매우 무서운 것처럼 포장되어 있지만 과장된 면이 많다.

	포태법 장생(長生)
지살 (地殺)	지살(地殺)은 역마살과 비슷한 작용을 하며 타향살이 직주의 변동이 자주 일어난다. 유시무종(有始無終)의 기운이 있다. 그런데 지살은 역마살과는 달리 자신의 의지나 주체성이 약해 타인에 의한 움직임이라고도 볼 수 있다. 즉 자신의 의지와 추진력으로 변화되는 것이 아닌 강요에 의한 변화란 것이다. 따라서 변화에 대한 만족도가 떨어지고 길(吉)작용으로 나타나지 못하는 단점이 있다. 낙상 교통사고 폭행 등 수술수를 조심해야 한다.

	포태법 목욕(沐浴)
연살 (年殺)	연살(年殺)은 세 살(歲殺)이라고도 하며 도화살(桃花殺) 함지살(咸池殺)과 비슷한 작용을 한다. 과거에는 이성문제나 색난이 발생하며 주색잡기와 도박 등에 빠질 수 있고 잔소리와 의처 의부 증세가 있다고 해서 매우 안 좋은 의미로 받아들였으나 현대에 와서는 다소 그런 의미가 긍정적으로 사용되는 것도 사실이다. 특히 예술 연예인 등 인기가 필요한 직업군에서는 더욱 그러하다. 다만 반복적 잔소리와 이기적인 성향으로 인해 배우자와 갈등관계가 자주 발생하고 사랑에 대한 집착이 다소 강한 것이 단점으로 작용한다.
	포태법 관대(冠帶)
월살 (月殺)	월살(月殺)은 12운성상 관대(冠帶)에 해당된다. 관대는 직업적으로 벼슬을 한다는 의미가 있어 권력과 경제적 자립을 상징한다. 그럼에도 불구하고 부정적인 의미로 자주 쓰이는 것은 어린 나이에 경험부족으로 인한 실수와 잘못된 판단을 내릴 수 있기 때문이다. 그래서 달빛에 길을 걷듯이 매사 신중히 일을 처리하라는 것이다. 월살(月殺)을 고초살(枯焦殺)이라고도 하며 자신의 자만심과 잘못된 판단으로 각종 병고(病苦)나 장애가 일어나 삶이 힘들어진다는 의미가 있다. 운에서 월살(月殺)이 들어오면 선민의식과 자만심이 생겨나 실수가 잦아진다. 고전에 의하면 월살기간에는 동물들도 교배를 하지 않으며 부부간에 잠자리도 피해야 한다고 되어 있다. 또한 이때 아기를 가지면 산액이 있다.

	포태법 건록(建祿)
망신살 (亡身殺)	망신살(亡身殺)은 파군살(破軍殺)이라고도 하며 주색과 관련된 일로 사람들에게 수치를 당하거나 웃음거리가 되는 살(殺)로 전체 주기가 짧게는 3개월이지만 길게는 3년으로 이어지는 경우가 많다. 망신살은 12운성으로 건록(建祿)에 해당하는데 건록은 자신의 힘을 지나치게 과신한다는 의미를 담고 있다. 기본적인 성향은 자신감과 추진력이 있고 머리가 총명하며 권모술수에 능하여 사회적으로 성공하고 남들로부터도 인정받는 상태가 된다. 그런데 주로 이성문제로 인한 구설 관재가 발생해 그동안 쌓았던 사회적 가치가 훼손 되는 것이다. 운에서 년살(年殺)이 들어오면 원인이 만들어진 해로부터 2년 뒤인 망신(亡身)운에 사건사고가 발생될 수 있다. 큰 주기는 토운(土運)이 들어오는 3년마다 결과로 나타나게 된다.
	포태법 제왕(帝旺)
장성살 (將星殺)	장성살(將星殺)은 12운성으로 제왕(帝旺)에 해당하며 명예와 권세를 상징하는 살(殺)로 문무를 겸비한 용맹스러운 사람이나 시기를 의미하는 최고의 길신이다. 성품적으로는 집념이 강하고 고난을 극복하는 힘과 지혜가 있다. 자존심과 인내심이 있고 군인이나 경찰 등 무관이 잘 어울린다. 특히 어떤 일을 하던 전문성과 노련함이 있고 추진력과 여유가 있다. 운(運)에서 장성(將星)이 들어오면 남성과 여성 모두 진급 출세 등 사회적으로 목적실현이 발생되고 여인은 장차 훌륭한 인물이 되는 자식을 얻게 되거나 남편을 맞이하게 된다.

	포태법 쇠(衰)
반안살 (攀鞍殺)	반안살(攀鞍殺)은 말에 안장을 얹어 타고 다닌다는 것으로 부와 권세를 상징한다. 과거에 말은 귀한 도구로 높은 신분과 권세를 상징하였다. 반안은 12운성상 쇠(衰)를 의미하는데 쇠(衰)는 인생의 절정기인 제왕(帝旺)을 지나 가장 안정적인 시기이다. 또한 반안은 이미 조상의 음덕과 부모덕이 있어 태어나면서 신분을 보장받고 일평생 귀인의 도움을 받는다는 기록이 있다. 성품은 온화하고 신의가 있어 대인관계가 좋으며 사회적으로도 출세한다는 의미가 있다. 이사 방향 금고 방향 등 중요한 방향을 설정할 때 반안(攀鞍)방향을 사용하기도 한다. 그러나 맹신은 금물이며 상황에 따라 선택적으로 사용해야 한다.
	포태법 병(病)
역마살 (驛馬殺)	역마살(驛馬殺)은 12운성상 병(病)에 해당하며 병(病)은 과거 지향적으로 심리적인 불안정성이 강하게 나타난다. 주로 본인의 의지에 의해 쓸데없이 객지로 돌아다니며 한곳에 정착하지 못하고 항상 직주가 불안정하다. 목적성이 있으면 불안정성도 역동성과 추진력으로 변화될 수 있으므로 역마는 항상 일에 대한 목적성을 갖는 것이 중요하다. 그러나 분명한 목적성이 없을 경우에는 역동성은 있으나 마무리가 잘 안 되는 단점이 있다. 외형적으로는 밝고 명랑하지만 내면적으로는 지난 일에 연연하며 부정적이다. 대인관계는 좋으나 배우자와는 갈등 구조가 많다. 운에서 역마(驛馬)가 들어오면 이사 부서 이동 심리적 변화까지 다양하게 발현되는데 이때 소유욕과 욕망도 커지는 경향이 있다.

	포태법 사(死)
육해살 (六害殺)	육해살(六害殺)은 12운성상 사(死)에 해당하고 사(死)는 실제 죽음을 의미한다기보다는 모든 기운이 하향되어 생명이 서서히 꺼져 가는 시기로 보는 것이 더 타당하다. 인간은 죽음을 앞두면 지난 것들에 대한 애착과 지금 현재에 대한 집착이 생겨난다. 그래서 더 좋은 것을 보고 싶어 하고 더 행복해지기 위해 시간을 아낌없이 보내기도 한다. 왜냐하면 죽으면 다시는 지금의 행복감을 느낄 수 없을 것이라는 공포심 때문이다. 죽음 앞에선 한없이 약해지는 것이 인간의 마음이다. 고전에 의하면 육해(六害)가 있으면 조상덕이 없고 부모와 일찍 헤어져 살게 되니 초년이 외롭고 의지할 곳이 없다. 또한 병약하여 단명한다고 되어 있으며 6가지 재앙이 있다고 한다. ① 병고 ② 재산탕진 ③ 가난 ④ 형벌 ⑤ 생리사별 ⑥ 사망 그러나 너무 가혹한 해석이며 만일 운에서 육해가 들어오면 확장 투자 욕심 등을 부리지 않고 조심하는 것만으로도 충분히 효과가 있다.
	포태법 묘(墓)
화개살 (華蓋殺)	화개살(華蓋殺)은 12운성 상 묘(墓)에 해당한다. 묘(墓)는 죽어서 무덤에 들어가 있는 상태이다. 어떤 생명력도 없이 육신이 흩어져 다시 환생하기를 기다리는 모습이다. 그래서 이 시기에는 부정적이고 보수적이며 고집이 매우 강한 특징이 있다. 무덤 속에서 움직이지 못하고 있는 상태여서 역동성과 추진력도 약한 편이다. 고전에 의하면 화개(華蓋)가 있으면 유산을 탕진하고 타향에서 고생하는 운명으로 차남이어도 장남 역할을 하며 좋은 일을 해도 덕이 없어 성과가 없다고 되어 있다. 또한 가까운 육친에게 불행한 일들이 발생하며 사람들에게 인색하고 배우자복이 없다고도 한다. 그러나 실제 화개(華蓋)는 단점뿐 아니라 장점도 많다. 특히 재물복이 있고 근검절약하는 점은 가장 큰 장점이 되기도 한다. 운에서 화개(華蓋)가 들어오면 결과가 나오는 경우가 많고 그 결과를 통하여 변화를 추구하게 된다.

제10장

핵심 신살론
(神殺論)

1) 괴강(魁罡)

괴강(魁罡)[7]은 상관(傷官)의 기운이다.

괴강[魁罡]	특성
무술(戊戌)	지도력 고집 미남 미녀 교육 종교 사업 언변 총명 보수적 명예 권위 이중성 남성적
경술(庚戌)	지도력 고집 미남 미녀 저돌성 추진력 언변 총명 보수적 교육 철학 종교 남성적
경진(庚辰)	지도력 고집 미남 미녀 교육 집착 언변 총명 지구력 인내심 끈기 모성애 여성적
임진(壬辰)	지도력 고집 미남 미녀 공직 교육 언변 총명 개방성 추진력 여성적

---

7 괴강이란 강한 오행끼리 뭉쳐 더 강해진 기운

괴강(魁罡)은 일주에 놓여 있을 때 가장 극명한 작용을 한다.
무술(戊戌)일주는 비견을 낳았기 때문에 대단한 고집과 추진력이 있고 종교나 육영 등 전문성이 있는 일을 하면 성공할 가능성이 높다.

경술(庚戌) 경진(庚辰)일주는 인성(印星)을 낳았기 때문에 학문 종교 철학에서 큰 성과를 낼 수 있다. 그러나 지나치게 보수적이고 자기중심적이어서 설득이 잘 안 되고 변화가 어렵다는 단점이 있다.

임진(壬辰)일주는 관성(官星)을 낳았기 때문에 공직으로 진출하면 대단히 큰 성과를 낼 수 있다. 그러나 변덕과 의심이 많아서 사람들 사이에 호불호가 나뉜다. '괴강(魁罡)의 공통 특성'으로 여자는 미모가 뛰어나고 남자는 언변이 뛰어나다.
자존심이 강해 여자는 남자에게 지기 싫어하고 남자는 남자에게 특히 지기 싫어한다.

리더십이 강하고 대인관계는 좋은 편이다.
괴강(魁罡)일주는 운에 따라 길흉(吉凶)이 뚜렷하게 나타나는데, 흉운(凶運) 때는 매우 나쁘고, 길운(吉運) 때는 크게 성공한다.
한마디로 괴강(魁罡)은 '강한 지도력' 상관상진의 기운으로 추진력과 성장지향주의다.

◎ 괴강(魁罡)일주 여성

구분	시(時)	일(日)	월(月)	년(年)
천간(天干)	병(丙)	임(壬)	갑(甲)	정(丁)
지지(地支)	오(午)	진(辰)	진(辰)	축(丑)

임수(壬水)가 진월(辰月)에 태어났다. 여성이 일주에 괴강(魁罡)이 있으면 총명하고 미모와 지도력까지 갖추어 사회적으로 성공하는 경우가 많다. 그러나 배우자와는 갈등이 많아 이혼하거나 비혼(比婚)으로 혼자 사는 경우도 흔한 편이다.

이 사주는 천간이 식신생재(食神生財) 되어 사업이나 장사로 큰 성공을 거둘 수 있는 구조이다. 다만 관살혼잡(官殺混雜)으로 인해 배우자 관계는 나쁜 편이다.

◎ 괴강(魁罡)일주 여성

구분	시(時)	일(日)	월(月)	년(年)
천간(天干)	정(丁)	경(庚)	갑(甲)	정(丁)
지지(地支)	해(亥)	술(戌)	진(辰)	축(丑)

경금(庚金)이 진월(辰月)에 태어났다.

위 사주는 천간에 재생관(財生官)이 되어 있어 사업이나 장사를 하는 것보다는 큰 조직 속에서 참모나 우두머리가 되는 것이 더 유리한 구조이다. 경술괴강(庚戌魁罡)은 보수적이고 권위적이며 변화를 싫어하는 편이다. 직업으로는 육영활인업종인 교육 철학 종교 의료 분야가 잘 어울리며 성품은 보수적이고 융통성이 부족하다.

육친관계는 지지가 진술충(辰戌沖) 술해천라(戌亥天羅)로 깨져 있어 배우자와는 생리사별할 가능성이 높다.

2) 백호대살(白虎大殺)

백호대살(白虎大殺)의 근원은 별자리에서 왔다.
동방(東方)은 갑을(甲乙) 목(木) 청룡(青龍), 남방(南方)은 병정(丙丁) 화(火) 주작(朱雀), 서방(西方)은 경신(庚辛) 금(金) 백호(白虎), 북방(北方)은 임계(壬癸) 수(水) 현무(玄武)이다.

청룡은 동방의 큰 별자리이고 주작은 남방의 큰 별자리이며 백호는 서방의 큰 별자리이며 현무는 북방의 큰 별자리이다.
백호(白虎) 현무(玄武) 주작(朱雀) 청룡(青龍)은 이미 3000년 전부터 동북아지역에서는 수호신으로 신성시하였고 2500년 전 중국 춘추전국에서 하나의 수호상징으로 체계화되어 사방신(四方神)으로 제사를 지내고 모셨다는 기록이 있다.

이 가운데 백호(白虎)는 금(金)의 기운을 지니고 있는 숙살지기(肅殺之氣)로 살성(殺性)을 지니고 있다. 그러므로 백호는 생명인 목(木)을 상하게 하여 혈광지사(血洸之死)를 만든다고 생각하게 된 것이다. 혈광지사란 사건사고에 의해 피를 흘리며 죽어 간다는 의미를 담고 있다. 대표적으로 과거에는 호랑이에게 물려 죽임을 당한다고 했지만 현대에는 교통사고나 낙상 폭행 살인 등으로 나타날 수 있으며 그 외에는 자살 병마 등도 포함된다.

백호대살은 갑진(甲辰) 을미(乙未) 병술(丙戌) 정축(丁丑) 무진(戊辰) 임술(壬戌) 계축(癸丑)으로 구성되어 있다.
이를 십성과 자리로 해석하면 인성이 백호에 있거나 연월주에 백호가 있으면 부모님에게 흉(凶)한 일들이 발생할 수 있고 재성 관성이 백호에 있거나 일지에 백호가 있으면 배우자에게 흉(凶)한 일들이 발생할 수 있으며 자신까지 포함된다.

또한 식상이나 관성이 백호에 있고 시지자리에 백호가 있으면 자신의 아랫사람 자식이나 동생 형제에게 흉(凶)한 일이 발생할 수 있으며 자신의 말년에 수술수나 사건사고가 들어올 수 있다.

그러나 실제 백호의 작용을 보면 자기 기운이 강하고 주체성 추진력이 있어 타인과 융화되기 어렵고 기질적으로 남을 무시하는 경향이 있어 분쟁이나 다툼이 있는 정도이지 실제 길에서 피를 뿌리고 죽는 경우는 매우 드물다. 그러나 다소 폭력적이고 이기적인 성향이 있으므로 이를 늘 경계하여야 한다.

남의 의견을 무시하고 성급하게 자기 멋대로 행동하는 것을 삼가야 한다.

백호대살을 막는 부적이나 굿은 경험 법칙상 효험이 검증된 바 없고 다만 심적 위로의 작용으로 이해하는 것이 좋다. 자신을 구할 수 있는 것은 오직 자기 자신의 의지와 노력뿐이라는 것을 잊지 말자.

◎ 백호대살(白虎大殺) 여성

구분	시(時)	일(日)	월(月)	년(年)
천간(天干)	기(己)	병(丙)	갑(甲)	무(戊)
지지(地支)	해(亥)	술(戌)	진(辰)	진(辰)

병술일주(丙戌日柱)가 진월(辰月)에 태어났다.
연주 월주 일주가 모두 백호(白虎)로 이루어져 있다. 위 사주는 자기 기운이 매우 강하며 조상 대대로 혹은 집안의 근원환경이 매우 강하다는 것을 암시하고 있다.

고전에 의하면 이렇게 백호(白虎)가 연월일까지 연이어 내려오면 집안이 역적 집안으로 조상 때부터 가세가 풍비박산(風飛雹散)하여 가족이 모두 죽거나 흩어져 산다고 되어 있다. 그러나 현대에 와서는 질병(암 희귀병)이 유전하거나 사고가 자주 일어나는 정도로 보는 것이 더 타당성이 있을 것이다.

특히 일주에 백호가 있으면 늘 자신의 고집과 자만심을 경계하고 남을 배려하는 습관을 들이는 것만으로도 큰 개운법이 된다.

3) 원진귀문(怨嗔鬼門)과 원진(怨嗔)

※ 묘신(卯申) 축오(丑午) 진해(辰亥) 사술(巳戌) 인미(寅未) 자유(子酉)

원진귀문은 원망하고 미워한다는 의미를 지니고 있는 신살이다.

실제 사주를 해석하면 영향력이 강한데도 불구하고 정통 자평명리에는 그 근거가 없는 것이 특징이다.
수년간 임상사주와 과학적 논리를 통해 입증된 사항은 생극(生剋)의 원리였다.

원진과 귀문은 원진귀문살(怨嗔鬼門殺)인 묘신(卯申) 축오(丑午) 사술(巳戌) 진해(辰亥) 4가지가 있고 귀문살(鬼門殺)은 인미(寅未) 자유(子酉) 2가지가 있으며 원진살(怨嗔殺)은 인유(寅酉) 자미(子未) 2가지가 있다.

- 특성 : 예민 집착 오판 착각 촉(느낌) 분노 원망 미움 변덕 변태 불면 예술 활인적덕(活人積德)

◆ **원진귀문(怨嗔鬼門)의 과학적 해석**

① 묘신(卯申) 원진귀문(怨嗔鬼門)

금극목(金剋木)의 원리로 강한 신금(申金)이 묘목(卯木)을 극(剋)하면서 발생되는 현상이다. 묘목(卯木)은 특히 왕지(旺支)이기 때문에 그 충격이 가중되며 정신적 교란 증상뿐 아니라 신체적으로도 수술 등 나쁜 영향을 미친다.

궁 자리로는 월지에 신금(申金)이 있고 일지에 묘목(卯木)이 있는 경우와 반대로 월지에 묘목(卯木)이 있고 일지에 신금(申金)이 있을 때에도 매우 크게 작용한다.
시지와 일지의 원진귀문도 그 작용력이 상당하며 주변오행의 완화요소에 따라 길흉(吉凶)의 세기가 달라진다.

▶ **완화요소** : 천간에 화(火)가 있을 때, 원진귀문의 해당 글자가 합(合)이 되었을 때, 생극(生剋)의 흐름이 원활할 때, 사주가 신왕 신강할 때, 업상대체가 되었을 때(활인업 종사자)
▶ **가중요소** : 천간지지에 모두 화(火)가 없을 때, 원진귀문에 해당하는 오행이 충형(沖刑) 등이 되었을 때, 생극(生剋)의 흐름이 막혔을 때, 사주가 신약할 때, 유흥 관련 직업자일 때, 음주가 심할 때, 관살이 많을 때

② 축오(丑午) 원진귀문(怨嗔鬼門)

수극화(水剋火)의 기운이 있으며 왕지(旺支)인 오화(午火)의 기운을 화소화회(火小火晦)시키며 화식(火熄)시키려는 상태이다.

이때 축토(丑土)는 해자축(亥子丑) 수기(水氣)로 판단해야 하며 축토(丑土)가 월지에 있고 오화(午火)가 일지에 있을 때 가장 영향력이 크다고 할 수 있다. 이는 계절적인 요소가 가중되기 때문이다. 시지에 축토(丑土)가 있고 일지에 오화(午火)가 있다면 월지 축토보다는 귀문의 작용력이 상당히 약해진다.

▶ **완화요소** : 천간에 양화(陽火)가 있을 때, 원진귀문의 해당 글자가 합(合)이 되었을 때, 생극(生剋)의 흐름이 원활할 때, 사주가 신왕 신강할 때, 업상대체가 되었을 때(활인업 종사자)

▶ **가중요소** : 천간에 모든 화(火)가 없을 때, 원진귀문에 해당하는 오행에 충형(沖刑)이 되었을 때, 생극(生剋)의 흐름이 막혔을 때, 사주가 신약할 때, 유흥 관련 직업자일 때, 음주가 심할 때, 관살이 많을 때

③ 진해(辰亥) 원진귀문(怨嗔鬼門)

토극수(土剋水)의 관계로 무토(戊土)와 임수(壬水)의 관계이다. 진토(辰土)는 계절적으로 봄의 절정기이며 목(木)을 가장 왕성하게 키우는 시기이고 해수(亥水)는 모든 생명이 죽어 가는 입동의 시기이다.

진토(辰土)는 생명을 키우려 하고 해수(亥水)는 생명을 죽이려 하는 상반된 기운이 만난 것이다. 월지와 일지에 있는 것이 작용력이 가장 크며 그다음이 일지와 시지이다. 연지와 월지가 진해(辰亥) 원진귀문(怨嗔鬼門)일 경우 부모복이 없고 어릴 때 공부와 인연이 적다.

▶ **완화요소** : 천간에 양화(陽火)가 있을 때, 원진귀문의 해당 글자가 합(合)이 되었을 때, 생극(生剋)의 흐름이 원활할 때, 사주가 신왕 신강할 때, 업상대체가 되었을 때(활인업 종사자)
▶ **가중요소** : 천간에 모든 화(火)가 없을 때, 원진귀문에 해당하는 오행이 충형(沖刑) 등이 되었을 때, 생극(生剋)의 흐름이 막혔을 때, 사주가 신약할 때, 유흥 관련 직업자일 때, 음주가 심할 때, 관살이 많을 때

④ 사술(巳戌)원진귀문(怨嗔鬼門)

사화(巳火)는 금(金)의 생지이고 술토(戌土)는 화(火)의 고(庫)이다. 술토는 생금(生金)을 할 수 없으며 생금이 안 되는 사화는 화(火)의 고(庫)에서 죽음을 맞이한다.
즉 사화(巳火)가 아무런 가치 없이 죽음을 맞는 것이다. 지장간의 동태를 살펴보면 사화(巳火)의 지장간 속 경금(庚金)과 술토(戌土)의 지장간 속 정화(丁火)가 화극금(火剋金)을 하며, 사화(巳火)의 지장간 속 병화(丙火)가 술토(戌土)의 지장간 속 무토(戊土)에 가려 그늘이 만들어진다.

사화(巳火)는 여름의 시작이고 술토(戌土)는 가을의 끝이다. 사화(巳火)는 양기(陽氣)가 극(極)에 달하는 시기이고 술토(戌土)는 모든 생명이 진멸되는 시기이다.

하여 사화(巳火)는 양기지이진(陽氣之已盡)이고 술토(戌土)는 만물진멸야(萬物盡滅也)라고 하였다. 생명과 죽음이 만난 두 오행의 관계는 유금(酉金)이나 오화(午火)가 있을 때 상당히 완화된다.

▶ **완화요소** : 천간에 양화(陽火)가 있을 때, 원진귀문의 해당 글자가 합(合)이 되었을 때, 생극(生剋)의 흐름이 원활할 때, 사주가 신왕 신강할 때, 업상대체가 되었을 때(활인업 종사자)
▶ **가중요소** : 천간에 모든 화(火)가 없을 때, 원진귀문에 해당하는 오행이 충형(沖刑) 등이 되었을 때, 생극(生剋)의 흐름이 막혔을 때, 사주가 신약할 때, 유흥 관련 직업자일 때, 음주가 심할 때, 관살이 많을 때

◎ 묘신원진귀문(卯申怨嗔鬼門) 남성

구분	시(時)	일(日)	월(月)	년(年)
천간(天干)	무(戊)	정(丁)	경(庚)	정(丁)
지지(地支)	신(申)	묘(卯)	신(申)	축(丑)

위 사주는 묘신원진귀문(卯申怨嗔鬼門)이 매우 강하게 작용하는 명조이다. 묘신귀문(卯申鬼門)은 화기(火氣)가 없는 상태에서 월지가 금왕절(金旺節)일 때 묘신귀문(卯申鬼門)은 가장 위험한 상황에 놓이게 되는데 정신적 심리적으로 매우 불안정해짐은 물론이고 신체적으로도 각종 폭행 교통사고 수술수 등 다양하게 나타난다. 다행히 위 사주는 정화(丁火)가 있어 화극금(火剋金)으로 어느 정도 묘신귀문작용을 완화시키고 있다.

◎ 축오원진귀문(丑午怨嗔鬼門) 남성

구분	시(時)	일(日)	월(月)	년(年)
천간(天干)	정(丁)	정(丁)	경(庚)	정(丁)
지지(地支)	미(未)	축(丑)	오(午)	축(丑)

위 사주는 축오원진귀문(丑午怨嗔鬼門)이 강하게 충돌하는 명조이다.

축오귀문은 수극화(水剋火)의 형태로 탕화(湯火)의 기운이 있다. 탕화란 폭탄처럼 어느 순간 자신의 의지와 관계없이 폭발하는 현상을 의미하는데 심할 때에는 자살 폭행 상해 살인 등 극단적인 행동도 벌일 수 있다. 순간적으로 자신의 행동이 통제되지 못하는 것이다. 위 사주는 일지와 시지가 축미충 된 상태에서 또다시 축오원진귀문이 작용하기 때문에 더욱 위험하다고 할 수 있다.

◎ 진해원진귀문(辰亥怨嗔鬼門) 남성

구분	시(時)	일(日)	월(月)	년(年)
천간 (天干)	계(癸)	무(戊)	을(乙)	무(戊)
지지 (地支)	해(亥)	진(辰)	해(亥)	진(辰)

위 사주는 진해원진귀문(辰亥怨嗔鬼門)이 강하게 작용하는 명조이다.
해월(亥月)은 정신적 심리적으로 가장 취약한 시기이다. 고서에 의하면 귀신이 준동하는 시기라고 되어 있는데 이는 육음(六陰)의 시기로 그만큼 음기(陰氣)가 가장 강하기 때문에 붙여진 명칭으로 사료된다. 진해귀문은 심리적으로 불안정성과 배우자 의처 의부 망상 의심 등이 잘 발현되며 심할 경우 자살하는 경우도 있다.
병화(丙火)와 인목(寅木)이 있으면 습기가 제거되면서 다소 귀문의 기운이 완화된다.

◎ 사술원진귀문(巳戌怨嗔鬼門) 남성

구분	시(時)	일(日)	월(月)	년(年)
천간(天干)	병(丙)	을(乙)	정(丁)	갑(甲)
지지(地支)	술(戌)	사(巳)	해(亥)	진(辰)

위 사주는 사술원진귀문(巳戌怨嗔鬼門)이 작용하는 명조이다.

사술귀문은 생극으로만 보면 화생토(火生土)로 구성되어 있어 유정해 보이지만 실제 사화(巳火)는 육양(六陽)의 기운이 있고 술토(戌土)는 육양의 묘지 역할을 하기 때문에 서로 상극관계가 되는 것이다.

육양(六陽)의 사화는 성장하려는 기운이고 술토(戌土)는 모든 만물을 죽이는 기능을 하는 것이다. 위 사주는 이미 월지와 일지가 사해충(巳亥沖)된 상태에서 사술귀문까지 중첩되어 매우 상태가 위급하다. 사술귀문은 주로 하던 일이나 사회적으로 문제가 발생되는 경우가 많다.

4) 천라지망(天羅地網)

> 술(戌)과 해(亥)는 천라(天羅) 진(辰)과 사(巳)는 지망(地網)이다.
> 무릇 화명(火命)의 사람이 술해(戌亥)를 만나면 천라(天羅)가 되고
> 수토명(水土命)의 사람이 진사(辰巳)를 만나면 지망(地網)이 된다.
> 오행의 묘절(墓絶)에 처(處장소)가 된다.
> 곧 암매(暗昧)하여 밝지 않고 분별하지 못하는 곳이기 때문이다.
> 남자는 천라(天羅)를 꺼리고 여자는 지망(地網)을 꺼리는데
> 주(主)에 악살(惡殺)이 더해지면 사망한다.
> – 《연해자평》 논신살 중

천라지망(天羅地網)의 근거는 《연해자평》 논신살(論神殺)에 기록되어 있다. 따라서 신살(神殺)을 무조건 배격하기보다는 음양오행의 원리로 해석하여 사용하는 것이 타당하며 실제 천라지망은 음양오행적으로도 상당히 의미가 있는 신살이므로 명확히 그 원리를 아는 것이 중요하다.

화일간(火日干)이 연(年)에 술(戌)과 해(亥)가 있으면 천라(天羅)이고 수토

(水土)일간이 연(年)에 진(辰)과 사(巳)가 있으면 지망(地網)이라고 기록되어 있다. 또한 천라지망은 괴강(魁罡)이며 천을(天乙)이 임하지 못한다고 되어 있다. 그러나 실제 임상을 통해 현대적으로 해석하면 몇 가지 주의해야 할 점이 있다.

첫 번째, 연지뿐 아니라 일지까지 적용해야 한다는 것이고 자평명리에서는 연지보다 일지 월지간 천라지망이 더 크게 작용한다는 것이다. 일지 월지는 가장 활동성이 강한 청장년 시기이고 현재의 내 삶이 적용되기 때문에 그 작용이 훨씬 더 클 수밖에 없다.

두 번째, 화일간(火日干)과 수토(水土)일간 외에도 목금일간(木金日干)까지도 천라지망을 적용해야 한다는 것이다.
화수토일간(火水土日干)에 비해 그 영향력은 적지만 흉운(凶運)이나 충극(沖剋)에 의해 발현되기 때문이다.
천라지망을 음양오행적으로 해석하면 병정(丙丁)은 화기운으로 성장의 기운이 있어 위로 상승하려 하고 임계무기(壬癸戊己)는 수토기운(水土氣運)으로 결실을 맺으려는 기운이 있어 아래로 흐르고 스며드는 기운이 있다.

그런데 술토(戌土)는 성장하려는 병정(丙丁)을 묘절(墓絶)로 훼손한다. 즉 화기(火氣)를 무덤으로 끌어내려 성장을 멈추게 하는 것이다. 술토(戌土)는 인오술삼합(寅午戌三合)의 고지(庫支)이며 해수(亥水)는 음기(陰氣)가 가장 강한 육음(六陰)의 시기여서 모든 생명력은 성장을 멈추고 죽음을 맞이하게 되는 것이다.

임계무기(壬癸戊己)는 성장을 멈추고 수렴과 결실을 추구하는 기운이 있는데 이때 오히려 성장과 확산의 기운인 화기(火氣)가 들어오는 것이다. 마치 결실을 앞둔 과일이 익지 않고 크기만 성장하는 것과 흡사하다.

사화(巳火)는 병화(丙火)를 지니고 있으며 진토(辰土)는 수(水)의 묘절(墓絶)에 해당한다. 사주팔자는 사계절이 순환하는 자연과 같다. 봄 여름 가을 겨울이 제각기 다른 기능을 하면서 생명의 순환과정을 만들어 내는 것이다. 겨울이 따뜻하고 여름이 시원하다면 이는 자연의 교란행위로 생명의 순환은 파괴될 것이다. 천라지망(天羅地網)은 이러한 자연의 파괴현상처럼 인생의 교란행위를 나타내며 예측불가한 사건사고를 만들어 내는 것이다.

그러나 너무 걱정할 필요는 없다. 병이 있으면 약이 있고 위험이 있으면 대비할 수 있기 때문이다. 천라는 소극적 부정적으로 심리 상태가 바뀌고 작은 일조차 제대로 하지 못하는 상태가 될 수 있다. 특히 배우자나 인간관계에서 오는 스트레스가 크게 작용하며 불안 초조 긴장 과대망상 의심 등으로 잘못된 판단을 하거나 극단적인 행동을 할 수 있다. 이는 성장의 기운이 급격히 멈췄기 때문에 일어나는 현상이다.

지망은 천라와는 달리 한겨울에 꽃이 피는 이상현상으로 지나치게 능동적이고 낙관적이어서 주로 일을 크게 벌이다가 실패하는 경우가 대부분이다. 잘 다니던 회사를 나와 사업이나 장사를 하거나 남의 말만 믿고 큰 투자를 했다가 손실을 보는 등 확장성에 기인한 사건사고가 많이 발생하게 된다. 따라서 지망시기는 수성하고 현상유지하는 것이 최선이다.

천라지망은 원진귀문과 함께 가장 무서운 흉살로 알려져 있다.
음양오행적으로 충분히 근거 있는 논리이다. 따라서 이를 정확히 알고 대처하는 것이 중요하다. 특히 대운에서 천라지망이 원국과 가중되면 그 흉은 훨씬 더 강해지므로 운과 연계해서 판단하는 것이 무엇보다도 중요하다.

◎ 천라지망(天羅地網) 여성

구분	시(時)	일(日)	월(月)	년(年)
천간(天干)	을(乙)	임(壬)	을(乙)	갑(甲)
지지(地支)	사(巳)	진(辰)	해(亥)	진(辰)

위 사주는 일지와 시지에 진사지망이 있다.
해월에 태어난 임수(壬水)는 모든 생명이 성장을 멈추고 겨울잠에 빠져드는 죽음의 시기이다. 그런데 사화(巳火)가 확장성으로 성장을 지속하며 진토(辰土)는 임수일간을 무덤으로 끌고 들어가 가두려는 형상이다. 특히 임진(壬辰)일주는 괴강이며 관성을 묘지에 두고 있기 때문에 여성의 경우 더욱 조심해야 한다. 이 시기에 여성은 생리사별이 일어나게 되며 직장이나 일에 관련해서도 문제가 발생할 수 있다.

◎ 천라지망(天羅地網) 남성

구분	시(時)	일(日)	월(月)	년(年)
천간(天干)	을(乙)	병(丙)	을(乙)	무(戊)
지지(地支)	미(未)	술(戌)	해(亥)	진(辰)

위 사주는 월지와 일지에 술해천라(戌亥天羅)가 있다.

술해천라는 남성에게 더 나쁘다고 되어 있으며 이는 남성이 양(陽)적인 기운이 강하기 때문이다. 술해천라는 모든 생명이 성장을 멈추고 휴식기에 들어가는 입구이며 병화(丙火)가 가장 약한 시기이다. 따라서 성장의 기운인 병화가 묘절(墓絶)로 전혀 힘을 쓸 수가 없는 상태에 놓이게 된다.

병술(丙戌)일주는 인오술화국(寅午戌火局)의 묘지(墓支)를 일지로 지니고 있어 더욱 약하다고 할 수 있다. 이 경우 남성은 심리적으로 불안정성이 가중되고 부정적 소극적인 성향이 더 강하게 나오게 된다. 운(運)에서 가중되어 들어오면 더욱 극단적인 성향을 보이기도 하는데 이런 경우 혼자서 해결하려 하지 말고 전문가나 가족의 도움이 필요하다. 술해천라는 부정성으로 인해 우울증 공황장애 등이 심하게 나타날 수 있다.

◎ 천라지망(天羅地網) 남성

구분	시(時)	일(日)	월(月)	년(年)
천간(天干)	무(戊)	무(戊)	을(乙)	기(己)
지지(地支)	오(午)	술(戌)	해(亥)	묘(卯)

위 사주는 월지와 일지에 술해천라가 있다.

연지에 묘목(卯木)이 있어 해수(亥水)와 해묘합(亥卯合)과 시지와 오화(午火)가 있어 오술합(午戌合)이 된다. 천라지망도 다른 합충처럼 길흉의 영향을 받으며 위 명조처럼 합이 되면 천라의 기운이 상당히 완화된다. 술토(戌土)는 만물진멸의 시기로 천문이 닫히는 것을 의미한다. 천문이 닫힌다는 것은 생명의 성장이 멈춘다는 것이다. 따라서 이 시기에는 스스로 긍정적으로 능동적인 자세를 갖는 것이 중요하다.

5) 양인살(羊刃殺)

흔히 겁재(劫財)를 양인으로 명칭하는데 실질적으로 보면 겁재와 양인은 다른 면이 있다.

겁재는 정재를 빼앗는다는 욕망의 의미가 강하지만 양인은 비겁득재(比劫得財)뿐 아니라 심리적 성격적으로 강인하고 추진력이 있으며 승부욕이 강한 특성을 보인다. 직업적으로도 경찰 군인 사정기관 등 권력지향적인 직종이 잘 맞으며 관성이 무력한 경우 폭력성이 나오기도 한다.

양인은 2가지로 나눌 수 있는데 첫째는 격(格)으로의 양인(陽刃)이고, 두 번째는 신살(神殺)로서의 양인(羊刃)이다.

격으로의 양인(陽刃)은 양(陽)일간의 월지에 겁재가 있는 것을 말하며 살(殺)로서의 양인(羊刃)은 일간과 지지와의 관계에 따라 정해진다.

다만 양인(羊刃)이 살(殺)로 표현되는 것은 고서마다 조금 다른 부분이 있으니 참고적으로 사용해야 한다.

◆ 격(格)으로서 양인(陽刃)

▶ 양간 甲 丙 戊 庚 壬
▶ 월지가 겁재일 때

양인은 승부욕 강인함 결단 추진력을 지닌 강력한 기운이다.
이것이 제도권 안에서 제대로 잘 쓰여진다면 오히려 좋은 길성(吉星)으로 나타나기도 하는데 대표적인 직업은 군인 경찰 검찰 사정기관 등이다.

일간	甲	丙	戊	庚	壬
월지	卯	午	丑, 未	酉	子

※ 양일간에 월지가 반드시 겁재가 있어야 한다.

◆ 신살(神殺)로서의 양인살(羊刃殺)

▶ 양(陽)일간과 음(陰)일간을 구분해서 보아야 한다.

일간	甲	乙	丙	丁	戊	己	庚	辛	壬	癸
양인	卯	辰	午	未	午	未	酉	戌	子	丑

※ 양(陽)일간은 해당오행이 지지 어디에 있든지 양인살(羊刃殺)이 되고 음(陰)일간은 해당오행이 일지에 있을 때만 양인살(羊刃殺)로 해석한다. 을진(乙辰) 신술(辛戌)은 양인살에 해당하지 않는다는 해석도 있다.

원래 양인의 어원은 형벌에서 왔다. 죄에 관련해 합당하고 무자비한 형벌을 규정하는 수단으로 양인이 사용된 것이다. 고대에서 양(羊)은 신에게 제물로 바치는 신성시되는 동물이었다. 그래서 흔히 양(羊)을 신수(神獸)라고도 하였는데, 국가와 사회의 질서 규칙 등을 정하고 집행할 때 판단해 주는 신의 역할을 해 주었다. 그 신이 지니고 있는 것이 칼(刀)이다.

따라서 양인살에는 신수(神獸)와 칼을 함께 지니고 있으면 법칙 질서 형벌의 단호함이 있다고 믿었다. 그래서 기본 성정은 무자비하고 성급하며 결단력이 있다.

그렇다고 양인살을 무조건 나쁘게 판단하는 것은 매우 잘못된 해석이다. 특히 신약한 사주에 양인살은 오히려 길로 작용할 가능성이 높다. 양인은 편관과 함께 있으면 좋다고 되어 있는데 이는 양인의 기운을 편관이 중화시켜 주기 때문이다.

다만 지나치게 양인이 발달하면 남을 무시하고 자기중심적이어서 대인관계가 나빠질 가능성이 매우 높다.

자리별로 양인을 살펴보면 일주에 양인이 있으면 재성을 파괴하니 배우자 관계가 나빠지고 연주에 양인이 있으면 조상덕이 약하고 초년에 고생할 수 있으며 월주에 양인이 있으면 부모덕이 없고 성정이 포악하고 급하여 실수가 많아 사회생활을 하는 데 어려움이 많이 생긴다. 시주에 양인이 있으면 말년이 힘들고 자식 문제로 고생한다.

하지만 이러한 내용은 흉할 때 그렇다는 이야기이다. 만약 양인이 길한 작용을 한다면 오히려 좋다.

◎ 양인격(陽刃格)이면서 양인살(羊刃殺) 남성

구분	시(時)	일(日)	월(月)	년(年)
천간(天干)	병(丙)	경(庚)	계(癸)	기(己)
지지(地支)	술(戌)	신(申)	유(酉)	유(酉)

연지와 월지가 모두 양인격과 양인살에 해당한다.
연월지에 양인은 조상과 부모덕이 약하고 초년에 고생했을 가능성이 높고 사회적으로 고립되거나 실패할 가능성이 높다.

위 명조는 신왕(身旺)한 사주로 양인이 흉으로 작용하며 말년으로 갈수록 점차 좋아지는 구조이다. 남성은 양인이 강하면 반드시 관성을 사용해야 사회적으로 성공할 수 있다.
만일 반대로 여성이 양인으로 작용할 경우는 부모와 남편복이 약하고 자신이 가주 노릇을 해야 하는 경우가 많다.

다만 이 사주처럼 시간에 병화(丙火)가 있다면 남편복과 직장복이 있다. 현대에는 여성의 사회적 진출이 보편화되어 있기 때문에 양인의 관점을 남성과 동등하게 해석해야 한다.

◎ 양인격(陽刃格)이면서 양인살(羊刃殺) 남성

구분	시(時)	일(日)	월(月)	년(年)
천간 (天干)	병(丙)	병(丙)	갑(甲)	을(乙)
지지 (地支)	신(申)	오(午)	오(午)	유(酉)

위 사주는 병(丙)일간이 오월에 태어났다. 월지는 양인격이고 일지는 양인살에 해당하며 극 신강한 사주여서 남성의 경우 처복과 재물복이 약하다. 또한 관성이 없어 사회적으로도 성공하기 어렵고 직장이나 공적 조직에 종사하기도 힘들다.

다만 초년 대운이 관성으로 흐르기 때문에 운을 이용하여 직장과 직업을 선택할 수 있다. 남성 양인의 특성은 승부욕과 호승심이 강하고 자기중심적이고 고집이 있어 타인 및 배우자와 화합하기 어려운 구조이다.

◎ 양인살(羊刃殺) 여성(신살양인)

구분	시(時)	일(日)	월(月)	년(年)
천간 (天干)	임(壬)	계(癸)	갑(甲)	병(丙)
지지 (地支)	자(子)	축(丑)	진(辰)	진(辰)

위 사주는 계수(癸水)일간이 진월(辰月)에 태어났다. 음일간으로 양인에 해당하는 일주는 정미(丁未)와 기미(己未)와 계축(癸丑) 3가지뿐이다.

음일간의 양인도 그 기세가 강한 편인데 특징은 승부욕이 강하여 남에게 지기 싫어하고 마음씨는 약하나 쓸데없는 고집이 있으며 배우자 관계가 나쁜 경향이 있다. 그러나 재물복이 있고 부모덕이 있는 경우가 많다.

6) 고란살(孤鸞殺)

고란살(孤鸞殺)은 여성에게만 해당되는 살로 흔히 고독살이라고도 한다. 일주를 기준으로 하며 일주가 아닌 것은 고란살에 해당하지 않는다.
갑인(甲寅) 을사(乙巳) 정사(丁巳) 무신(戊申) 신해(辛亥)일주만 고란살에 해당한다.
여성일주가 고란살에 해당하면 남자와의 인연이 어렵고 결혼하더라도 이별 사별하는 경우가 많다.

고란살의 구조를 보면 일지가 식신 상관이거나 비겁이다. 즉 식상(食傷)은 관성을 극하는 오행이므로 여성 사주에 식상이 많다는 것은 배우자와의 이별을 암시하고 있다는 것을 의미한다. 그러나 실제 사례를 보면 여성의 경우 사회적 활동을 많이 하고 지도력이 있으며 사회적으로도 성공하는 경우가 많았다. 괴강살과 비슷한 기운이 있다. 다만 남성과의 관계는 좋지 않은 것으로 나타난다.

※ 갑인(甲寅) 을사(乙巳) 정사(丁巳) 무신(戊申) 신해(辛亥)
※ 일주를 기준으로 한다.

◎ 고란살(孤鸞殺) 여성

구분	시(時)	일(日)	월(月)	년(年)
천간(天干)	계(癸)	신(辛)	을(乙)	기(己)
지지(地支)	사(巳)	해(亥)	유(酉)	유(酉)

위 사주는 신해(辛亥)일주로 고란살에 해당한다. 일지에 상관이 있어 시지의 정관과 상관견관되어 있다. 상관견관은 배우자와 이별을 의미하며 혼자 사는 경우가 많다.

일지 상관은 고란살이란 명칭이 아니더라도 배우자 관계는 나쁘다는 것을 의미한다. 상관의 기본 속성은 정관을 바꾸거나 파괴하기 때문인데 이런 경우 일에 몰두하거나 떨어져 있으면 위기를 극복할 수 있다. 정관은 기존의 질서 규칙 가치 등을 의미하고 상관은 그 기존의 질서나 가치들을 변화시키려는 기운이기 때문에 문제가 발생하는 것이다.

◎ 고란살(孤鸞殺) 여성

구분	시(時)	일(日)	월(月)	년(年)
천간(天干)	경(庚)	무(戊)	갑(甲)	을(乙)
지지(地支)	신(申)	신(申)	인(寅)	유(酉)

위 사주는 무신(戊申)일주로 고란살에 해당하며 일지에 식신이 있다. 월지의 편관과 인신충(寅申沖)되어 배우자와 인연이 어렵고 사회적으로 직장생활도 어려운 구조이다. 여성에게 관성이 불안정하면 삶이 고단해질 수밖에 없다. 여성의 삶이 안정되기 위해서는 남편이나 직장을 의지해야 하는데 두 개 다 불가해지기 때문이다. 다만 위 명조는 정관이 투간되어 있어 인성이 들어올 때 직업을 보장받을 수 있고 재성이 들어올 때 재물운이 생긴다. 고란살은 식상과 비겁이 만든 고독한 변화의 기운이다.

◎ 고란살(孤鸞殺) 여성 (합이 된 경우)

구분	시(時)	일(日)	월(月)	년(年)
천간 (天干)	을(乙)	을(乙)	정(丁)	기(己)
지지 (地支)	유(酉)	사(巳)	축(丑)	유(酉)

위 사주는 을사(乙巳)일주로 고란살에 해당하지만 사유축(巳酉丑) 삼합으로 배우자궁이 유정하고 편관과 합살(合殺)되어 배우자복이 있는 사주로 변화되었다. 따라서 고란일주라 하여도 생합(生合)으로 완화 요소가 있다면 배우자복이 좋아지기도 한다.

이런 경우 남편을 적극적이고 긍정적인 면으로 변화시켜 사회적으로 성공시키는 역할을 하기도 한다.

7) 천을귀인(天乙貴人)

《연해자평》 논신살 편에 의하면 아래와 같이 천을귀인을 설명하고 있다.

"이것은 귀인의 방이다, 명 중에 이것을 만나면 궁궐의 사람이 된다.
십간에 십지가 임하면 모두 귀인이 임하는 곳인데
그런데 오직 진술 2궁은 귀인이 임하지 않는다. 왜 그런가?
진술은 괴강의 처가 되는 곳을 천을이 임하지 않는다."

천을귀인(天乙貴人)					
일주 천간	갑무경 (甲戊庚)	을(乙) 기(己)	병(丙) 정(丁)	신(辛)	임(壬) 계(癸)
지지	축(丑) 미(未)	자(子) 신(申)	해(亥) 유(酉)	인(寅) 오(午)	사(巳) 묘(卯)

흔히 천을귀인(天乙貴人)은 최고의 길신(吉神)으로 흉(凶)을 길(吉)로 바꿔주는 신살이라고 말하지만 실제 임상을 통해 본 결과 안 그런 경우가

많았다.

그럼에도 불구하고 아직까지도 천을귀인이 최고의 길신으로 추앙받고 있는 이유는 희망적인 믿음 때문이 아닐까 싶다. 자평명리보다는 당사주적인 면이 더 강조되고 있는 것이다.

자리로 보면 연주(年柱) 또는 월주(月柱)에 있으면 조상과 부모덕, 형제덕이 많고 시주(時柱)에 있으면 자녀덕, 일주(日柱)에 있으면 배우자덕, 형제덕이 많다고 한다. 그러나 음양오행적으로 해석할 때 그 근거가 약하여 신살로 적용하기가 어렵다.

'천을귀인(天乙貴人)'이라 할지라도 좋은 위치에 있으면 좋은 작용을 할 것이고 나쁜 위치에 있으면 나쁜 작용을 할 수밖에 없다.

그래서 현대 명리에 와서는 천을귀인의 범위를 축소하여 사용하는 경우가 늘어나고 있는데 정유(丁酉) 정해(丁亥) 계묘(癸卯) 계사(癸巳) 일주만 천을귀인으로 인정하는 경우도 있다.

하지만 중요한 것은 명칭이 아닌 사주의 수기유통(秀氣流通)이다. 해당 오행이 사주 전체에 어떤 영향을 미치는지를 보고 길흉을 판단해야 할 것이다.

8) 공망(空亡)

공망(空亡)의 근거는 《연해자평》 논신살 편에 간단하게 설명되어 있다. 이후 《삼명통회》 등 고서에서 다루어졌는데 정작 사주의 교과서 《적천수》에서는 사용하지 않는다고 기록되어 있다. 일명 천중살이라고도 하는데 천간지지가 수치적으로 맞지 않아 발현된 현상이라고 되어 있다.

> "갑자(甲子) 순 중에 술해(戌亥)가 없고 갑술(甲戌) 순 중에
> 신유(申酉)가 없고 갑신(甲申) 순 중에 오미(午未)가 없고
> 갑오(甲午) 순 중에 진사(辰巳)가 없고 갑진(甲辰) 순 중에
> 인묘(寅卯)가 없고 갑인(甲寅) 순 중에는 자축(子丑)이 없다.
>
> 갑자(甲子)는 금(金)에 속한다. 유(酉)에 이르면 십간이 충족하게 되어
> 오직 술해(戌亥)에는 간(干)이 없어 공망이 된다.
> 음궁(陰宮)은 공(空)이 되고, 양궁(陽宮)은 망(亡)이 된다.
> 즉 술(戌)은 공(空), 해(亥)는 망(亡)이 된다. 대궁인 진사(辰巳)는 공허가 된다.
> 남은 것은 이에 준한다."
>
> – 《연해자평》 공망 중

◎ 공망(空亡)

일주									공망
甲子	乙丑	丙寅	丁卯	戊辰	己巳	庚午	辛未	壬申	癸酉	戌亥
甲戌	乙亥	丙子	丁丑	戊寅	己卯	庚辰	辛巳	壬午	癸未	申酉
甲申	乙酉	丙戌	丁亥	戊子	己丑	庚寅	辛卯	壬辰	癸巳	午未
甲午	乙未	丙申	丁酉	戊戌	己亥	庚子	辛丑	壬寅	癸卯	辰巳
甲辰	乙巳	丙午	丁未	戊申	己酉	庚戌	辛亥	壬子	癸丑	寅卯
甲寅	乙卯	丙辰	丁巳	戊午	己未	庚申	辛酉	壬戌	癸亥	子丑

우선 공망(空亡)이 나쁘다면 왜 나쁜지에 관한 이유가 명확해야 할 것이다.

고서에 의하면 천간과 짝을 짓지 못하여 해당 글자가 힘이 없고 활동을 하지 못해 죽은 것이나 다름없다고 되어 있다. 그러나 음양오행적으로 해석하면 그것은 심각한 오류일 뿐 근원적으로 천간과 짝이 없는 것이 아니라는 것을 알 수 있다.

그런데도 불구하고 공망은 적중률이 높은 편이며 많은 분들이 실제 사용하고 있다. 실제 임상을 통한 통계를 보면 약 50% 정도 적중률이 나타난다. 그러나 중요한 것은 그 적중률도 고서의 주장처럼 그 효과가 완전히 사라지고 헛된 것이 아니라 약하게 작용한다는 것이었다. 예를 들어 갑자(甲子)일주가 술해(戌亥) 공망이라면 술토(戌土)와 해수(亥水)가 전혀 작용하지 않는 것이 아니라 왕지처럼 강하게 작용하지 못하고 마치 생지나 고지처럼 자기 기운을 설기시킨다는 것이다.

공망은 크게 육친적 형태와 심리적 형태로 구분할 수 있는데 육친적 형태는 적용하기 어렵고 심리적 형태에서만 선택적으로 사용하는 것이 유용하다.

육친적 형태의 공망은 흔히 관성공망 재성공망 식상공망 인성공망 등으로 나뉘는데 관성공망은 여성에게는 남편이 없거나 무능력하고 재성공망은 남성에게 아내가 없거나 악처이며 식상공망은 여성에게 자식이 귀하거나 없으며 인성공망은 부모덕이 없거나 부모를 일찍 여의거나 한다.

그러나 실제 임상결과 맞지 않는 경우가 더 많았다. 사회적 형태에서도 비슷한데 관성공망은 직장이나 직업이 불안정하고 재성공망은 가난하며 식상공망은 아무리 열심히 일해도 성과가 없고 인성공망은 문서운이나 자격증운이 없다고 하는데 이 또한 의미 없는 통변이다.

그에 비해 심리적 관점에서 공망은 어느 정도 유의미한 유효성이 있었다. 우선 관성공망은 좋은 직장 명예 권력 남자에 관한 집착과 동경이 있었고 재성공망은 재물과 여자에 대한 욕심 집착이 있으며 식상공망은 재능 표현 행위에 관한 두려움이 있고 인성공망은 인정욕구와 학문 자격에 대한 열망과 집착이 있다.

이처럼 공망은 버리기도 아깝고 취하기도 어려운 사주의 계륵 같은 존재이지만 현실적으로 많이 사용하고 있고 심리적인 측면에서 어느 정도 타당성이 있으므로 음양오행을 기반으로 적용하면서 적절히 감초처럼 사용할 것을 권하고 싶다.

공망 삼재 백호대살 괴강살 고란살 등 대표적인 악살이 실제로는 그리 위력적이지 않다는 것을 이해해야만 올바른 사주해석이 가능할 것이다.

◆ 공망 궁의 의미

고서에 의하면 공망의 기준은 연주와 일주 자리가 중요하다고 되어 있다. 그러나 자리는 참고 사항일 뿐이며 궁보다는 생극합충에 의한 변화가 훨씬 더 중요하다고 볼 수 있다. 앞서 이야기했듯이 공망이 되었다고 그 글자의 작용이 멈추거나 사라지는 것이 아니라는 것이다.

만일 글자 자체가 사라진다면 합이 해소되었을 때 본래 모습으로 돌아올 수 없을 것이다. 합이든 공망이든 힘의 세기는 변화할 뿐이지 사라지는 것이 아니라는 것을 반드시 기억해야 한다.

◎ 자리별 공망

구분	시(時)	일(日)	월(月)	년(年)
천간	각 일주별			
지지	공망	공망	공망	공망
내용	자식이나 아랫사람 복이 없고 말년에 힘든 삶이 기다린다	배우자 덕이 약하고 열심히 일을 해도 성과가 없거나 적게 나타난다	부모 형제 간에 정이 없고 어릴 때 가족들과 떨어져 살게 되며 직업이 불안정하다	근원환경이 좋지 않고 조상 부모덕이 없으며 초년운이 어렵다

※ 큰 의미는 없는 논리이니 참고적으로만 사용하여야 한다.

9) 암록(暗祿)

암록은 길신으로 《연해자평》에 근거하고 있으며 숨어서 도와주는 길신(吉神)이란 의미로 흉(凶)한 작용이 있을 때, 숨어서 길한 작용으로 바꾸는 작용을 한다고 한다. 해석을 하자면 흉(凶)한 작용을 완화하는 역할이라고 할 수 있겠다. 암록이 연지(年支)에 있을 때 조상덕, 월지(月支)에 있을 때 부모덕, 윗사람에게 덕을 본다고 한다.

또한, 암록이 일지(日支) 있을 경우 배우자 덕을 보며, 시지(時支) 있을 때는 자식 덕을 본다고 한다.
일간을 기준으로 하면 지지에 해당 글자가 있으면 암록에 해당한다. 그러나 모든 신살은 음양오행과 생극제화에 위배되면 무효이며 암록 역시 마찬가지이다.

그러나 임상 결과 암록이 용신작용을 할 경우 육친의 덕뿐만 아니라 어려운 상황에서 귀인의 도움을 받는 경우가 많았고 배우자복이 있는 편이었다.

일주천간	갑(甲)	을(乙)	병(丙)	정(丁)	무(戊)	기(己)	경(庚)	신(辛)	임(壬)	계(癸)
지지	해(亥)	술(戌)	신(申)	미(未)	신(申)	미(未)	사(巳)	진(辰)	인(寅)	축(丑)

※ 지장간에 있는 오행까지 포함한다.

10) 건록(建祿)

건록은 《연해자평》에 근거하고 있으며 관직운을 의미한다.
왕조시대에는 벼슬하는 것이 출세의 길이었다. 벼슬을 하려면 관운이 있어야 하는데 건록(建祿)이 있는 남성은 관운이 있어 입신양명하기 쉽다고 여겨졌고, 여성의 경우는 훌륭하고 잘생긴 남편을 둔다고 여겼다.

일간을 기준으로 하면 지지에 해당 글자가 있으면 건록에 해당한다. 벼슬하는 관직에 임한다고 해서 임관(臨官)이라 하고 녹을 받을 수 있는 벼슬아치라고 해서 건록(建祿)이라고도 하였다.

실제 건록이 일지 월지에 있을 때는 추진력 주체성이 강해 어려운 난관도 극복하고 성공하는 경우가 많았다.
그러나 남자의 경우 배우자복은 약한 편이고 형제 자매 친구 동료 간의 경쟁심리가 강해져 대인관계는 훼손될 수 있다.

일주천간	갑(甲)	을(乙)	병(丙)	정(丁)	무(戊)	기(己)	경(庚)	신(辛)	임(壬)	계(癸)
지지	인(寅)	묘(卯)	사(巳)	오(午)	사(巳)	오(午)	신(申)	유(酉)	해(亥)	자(子)

표제: 건록(建祿)

◆ 삼재(三災)

삼재(三災)란 인간에게 9년 주기로 돌아오는 재난으로 크게는 화재 수재 충재(불 물 바람의 재앙)를 의미하며 이를 세분화하여 여덟 가지의 괴로움으로도 표현하였다.
팔난은 어려움 배고픔 목마름 추위 더위 물 불 칼 전쟁 등인데 이를 다시 크게 3가지로 나누어 보면 천재 지재 인재로 구분할 수 있다.

천재(天災)는 인간의 힘으로는 어쩔 수 없는 자연재해(홍수 가뭄 태풍)이고 지재(地災)는 전염병 교통사고 수술수 등이며 인재(人災)는 살인 폭행 전쟁 등이다. 이야기만 들어도 무시무시한 삼재(三災)는 실제 적용해 보면 근거가 조금 미약하다는 것을 알 수 있다.

가장 대중적으로 유명한 흉살(凶殺)인데도 불구하고 전혀 맞지 않는 모순이 있다. 삼재(三災)란 생년지를 기준으로 포태법으로 따져 병(病) 사(死) 장(葬)이 닿는 삼 년간의 재앙이라 해서 붙여진 이름이다.

◎ 삼재(三災) 연주기준

태어난 해	들삼재	눌삼재	날삼재
사유축(巳酉丑)	해(亥)	자(子)	축(丑)
신자진(申子辰)	인(寅)	묘(卯)	진(辰)
해묘미(亥卯未)	사(巳)	오(午)	미(未)
인오술(寅午戌)	신(申)	유(酉)	술(戌)

에필로그

선(善)이란 자신과 만물을 이롭게 하는 행위이다.
선행(善行)은 자신을 변화시키고 남을 감동시키며
세상을 밝아지게 한다.
사주명리를 공부하는 것도 선행을 이루는 가장 좋은
개운법 중 하나이다.
사주를 통해 자신의 과유불급을 받아들이고 남을 이해하는
마음이 생겨난다면 우리는 마음의 불안정에서 벗어날 수 있다.

투명한 햇살이 꽃을 더욱 아름답게 만드는 것처럼
우리 마음속에서 선이 피어날 때 비로소 삶도 밝아지게 된다.